南京农业大学金善宝农业现代化发展研究院专项经费资助

长三角地区的乡村社会及其治理

谭 涛 周 军 著

中国财经出版传媒集团
中国财政经济出版社

图书在版编目（CIP）数据

长三角地区的乡村社会及其治理 / 谭涛，周军著．
--北京：中国财政经济出版社，2021．12
ISBN 978－7－5223－0931－6

Ⅰ．①长…　Ⅱ．①谭…　②周…　Ⅲ．①长江三角洲－农村－群众自治－研究　Ⅳ．①D638

中国版本图书馆 CIP 数据核字（2021）第 231203 号

责任编辑：陆宗祥　　　　　　责任印制：史大鹏
封面设计：卜建辰　　　　　　责任校对：胡永立

中国财政经济出版社 出版
URL：http：//www.cfeph.cn
E－mail：cfeph@cfeph.cn

社址：北京市海淀区阜成路甲 28 号　邮政编码：100142
营销中心电话：010－88191522
天猫网店：中国财政经济出版社旗舰店
网址：https：//zgczjjcbs.tmall.com
北京财经印刷厂印刷　各地新华书店经销
成品尺寸：170mm×240mm　16 开　14 印张　216 000 字
2021 年 12 月第 1 版　2021 年 12 月北京第 1 次印刷
定价：66.00 元
ISBN 978－7－5223－0931－6
（图书出现印装问题，本社负责调换，电话：010－88190548）
本社质量投诉电话：010－88190744
打击盗版举报热线：010－88191661　QQ：2242791300

序

当下，“长三角区域”在区域一体化发展中，显然已成为我国社会经济发展的一个最强经济“增长极”，它显现出经济发展最活跃、创新能力最强、开放程度最高的特点，可以肯定，这一区域在中国社会整体发展格局中，已具有重要的战略地位。上海华夏经济发展研究院编制的《长三角高质量发展指数报告（2020）》显示，2019 年，长三角高质量发展指数达到 127. 1，较 2013 年以来累计提升 27. 1 个点，较 2018 年提升 4. 9 个点，其中创新发展指数增幅最高；绿色发展指数、共享发展指数均逐年攀升，这预示着“创新驱动”成为长三角地区高质量发展的持续动力。而且，从经济发展规模上看，长三角区域内经济总量领先全国水平，高质量发展态势初见成效；从区域空间的协同水平上看，区域内经济联系更加紧密，多中心匀质化发展态势明显；从科技创新能力的角度看，区域科技创新能力显著提高，区域协同创新能力获得长足发展；从基础设施建设角度看，区域内互联互通已取得新进展，同城化水平建设明显领跑全国。

在此背景下，围绕长三角地区“三农”发展的理论研究，也呈现出异彩纷呈的景象。比如，在长三角空间发展格局上，有人认为，区域内乡村地区发展呈现出较强的空间郊区化、农居分散化、产业非农化和生活方式现代化的独特趋势。在长三角农民收入特征上，有人认为，2000 年以来长三角地区农民收入水平总体上呈现出持续上升态势，其中工资性收入是长三角地区农民收入结构中最重要来源。在乡村市场发展上，有人认为，长三角地区农村生态市场协同发展还未有实质性进展，需要建立多层次的综合性发展的区域乡村生态市场。在乡村旅游发展上，有人认为，江浙沪田园综合体发展丰富多彩，其发展还需要增强区域统筹、丰富业态、建立利益联盟等路径。此外，关于长三角地区乡村治理体系方面的研究成果更是成果丰硕。

在长三角区域发展一体化推进，长三角区域乡村发展理论研究不断创新的社会与学术背景下，由谭涛教授与周军副教授主笔的《长三角地区的乡村社会及其治理》一书出版了。该书与目前学术界秉持的乡村社会及其治理的研究视角——关注典型的、传统的乡村社会有所不同，其研究特点主要体现在以下三个方面：一是立足于长三角地区经济社会发展相对成熟、乡村自治水平相对较高的这一客观现实。列宁曾强调“观察的客观性”，即理论研究与实践观察必须具有社会客观性。本书的理论观察将立足于这一“观察的客观性”。二是以服务型政府及其引导型职能为其理论分析原点，把长三角区域的乡村社会及其治理，放置在中国服务型政府建设的实践目标上进行审视。三是重点分析面向农业农村现代化发展前沿水平的乡村，以探讨基层政府以及其他合作治理主体，是如何进行以协同性治理、包容性发展、前沿性技术、融合性路径、合作型民主为表征的乡村治理前沿理论与实践创新的。

本书值得我们阅读的看点有：

第一，在后工业化的社会背景下，如何来理解长三角地区乡村发展的后工业化倾向，以及乡村社会由“生产主义”向“后生产主义”转变的趋势。生产主义乡村是一种以农业生产为主的乡村社会模式，但是在长三角地区，我们发现有些乡村已经不再是以农业生产为主导了，其产业发展模式变得丰富而多样。换言之，有些乡村已基本具备“后生产主义”的某些特征了。要深刻理解这一趋势，我们可以阅读本书。

第二，在信息技术时代，如何理解“技术赋能”对乡村治理方式深刻而全面的影响。说我们现在已进入一个“技术时代”“技治时代”，一点都不为过。尤其是当信息技术革命扑面而来之时，“技术赋能”与“技术赋权”理所当然被提上乡村发展的重要议程。如何理解或解释这些问题，本书为我们提供了一些有价值的思考。

第三，长三角地区，不仅整体经济社会发展呈现强劲势头，乡村地区的发展也处于全国最好水平。在长三角地区，乡村社会及其治理的新理念、新思路、新模式不断涌现，事实上，长三角地区已经成为中国社会及乡村改革的“试验场”。那么，如何观察一个个鲜活的改革个案，如何理解这一改革的社会意义及其推广价值，当你阅读这本书时，会有一些新的启发。

是为序。

2021 年 11 月 22 日于南京农业大学

目　录

第一章

绪　论

人类社会在全球化、后工业化进程中的当务之急是建构支持合作的服务型政府及其引导型职能，乡村社会特别是成熟的乡村社会更应当以全球化、后工业化进程为时代背景，以服务型政府及其引导型职能为理论分析框架。西方乡村发展与治理最新研究进展整体呈现出注重实践的务实化趋势，在这一趋势下，科技创新驱动乡村发展能够弥合乡村数字鸿沟，有益于乡村经济、环境和社会的可持续性，从而引导乡村社会及其治理逐步走向成熟自治。

我国长三角地区乡村经济社会相对较为成熟，其向现代化转型具有较好的科技基础、治理基础和乡村基础，因而在乡村社会分类、人—地—村良性互动和科技创新驱动等方面具有较强的发展优势。基于这些优势，长三角地区乡村社会及其治理需要在行动策略、对象识别、决策过程、价值实现四个领域实现重大转变。

在城乡发展方面，长三角地区在城市“包容”乡村发展取得重大成就的同时，也存在着明显的区域发展不平衡问题，反映在乡村经济发展、民生福利、社会保障、公共政策、乡村社会建设等诸多方面。在新型城镇化方面，农民工市民化的关键环节在于提高农民工的城市融入水平；集中居住后被搬迁农户职业非农化趋势更加明显，生产生活方式已截然不同，庭院经济基本消失。其中最为突出的问题是“人”“地”“村”城镇化进程不匹配问题。在乡村经济方面，演进中的苏南集体经济、多元化经营和智慧农业共同助力长三角地区乡村经济的高速发展，同时要注意处理好多重互动关系。在社会生态方面，医疗保险的支撑作用、村“两委”的“社会资本”和“微权力”分配等为长三角地区营造了“强富”的乡村社会生态，但其中依然存在由此滋生出来的各类“微”问题亟待破解。

未来，长三角地区的乡村建设应当在协同性治理、包容性发展、前沿性技术、融合性路径、合作型民主等五个方面体现成熟乡村社会的治理智慧，把长三角地区打造成乡村治理前沿理论的重要试验场。

一、主要内容

1. 启：分析框架。

长江三角洲（简称“长三角”）地区是中国经济发展最活跃、开放程度最高、创新能力最强的区域之一，本书以长三角地区乡村社会为现实的治理场景，以公共管理理论前沿中的服务型政府及其引导型职能为理论分析框架，着力探索研究在相对较为成熟的乡村社会中，基层政府如何以全球化、后工业化进程为时代背景，凸显科技创新驱动乡村治理创新的内外部变革力量，转变自身角色定位和行动逻辑，最终引导乡村社会走向成熟自治的创新思路和变革路径。

2. 承：现实场景。

尽管长三角地区乡村社会的成熟程度仍存在差异，但总体上走在了中国前列，并基本实现了从传统乡村向现代化的转型，它有良好的科技基础、治理基础和乡村基础，具有乡村社会成熟度高、人—地—村互动关系优良、科技创新驱动经济社会发展的多方面优势。据此，我们研判，长三角地区乡村社会治理变革应实现从回应性向前瞻性的行动策略转变、从模糊化向精准化的对象识别转变、从经验性向科学性的决策过程转变、从碎片化向总体性的价值实现转变。

3. 转：问题聚焦。

不可回避的是，长三角地区乡村经济社会发展逐渐走向成熟自治所面临的基本现实是成就与问题并存。通过聚焦问题，本书认为，这种成就与问题并存的局面主要体现在三大方面：一是城市“包容”乡村发展。长三角地区城乡包容性发展实现程度较高，但也存在一定差异性。例如，苏南地区与苏北地区、皖江地区和皖北地区等。同时，农民工城市融入、集中居住对新型城镇化和城市包容乡村发展的影响较为深远，需要进一步加以重视和深入研究。二是乡村经济“领跑”前行。“苏南模式”是中国乡村经济社会发展前沿的“缩影”，其集体经济演进路径、多元化经营、家庭农场生产、智慧农业等都具有领先性和前沿性，但同时也要注意处理好小农户与现代化、城市与乡村、机器职能和人类职能之间的良性互动关系。三是乡村社会“强富”生态。长三角地区乡村经济社会发展相对成熟，其“微权力”运行、村民自治、社会保障等都具有超前性，而这也为运行不良问题的滋生提供了肥沃的“土壤”，因而，要关注由此滋生出来的“微”问题。

4. 合：治理智慧。

基于服务型政府及其引导型职能的理论分析框架，深入观察长三角地区相对成熟的乡村社会，本书认为，作为中国乡村治理理论研究和实践创新的重要试验场，长三角地区的乡村社会应在不同侧面上拓展、创新和应用乡村治理的前沿理论研究成果：一是着力解决乡村治理与经济社会发展的共轭问题的协同性治理；二是体现包容性发展的农村公共服务内生型和延展型供给模式；三是以科技创新为驱动力的乡村精准治理及其实现的技术赋能路径；四是通过“三治”融合路径解决村干部“微腐败”问题；五是通过合作治理来实现基层实质民主。

二、研究方法

1. 场景选择。

位于长江下游的长三角地区具体包括：上海市、江苏省、浙江省、安徽省，共41个城市。2019年，长江三角洲地区常住人口城镇化率超过60%，地区生产总值23.72万亿元，作为中国经济发展最活跃、开放程度最高、创新能力最强的区域之一，长江三角洲地区在国家现代化建设大局和全方位开放格局中具有举足轻重的战略地位。研究该地区乡村社会的具体治理场景和现实治理问题，对于我国其他发展水平相对落后、尚不成熟的地区具有重要的参考价值和实际意义。

2. 资料收集方法。

（1）文献法。基于本项目的研究问题，我们采用了文献法来收集有关乡村治理、乡村经济社会、服务型政府等的研究资料，对国内外学者研究成果进行充分搜集和总结。

（2）问卷法。针对本书要回答的问题，我们选择长三角地区乡村经济社会的农户作为调查对象，通过发放调查问卷的方式收集调研数据，系统分析长三角地区乡村经济社会的转型基础和发展优势，研判长三角地区乡村社会治理变革趋势，深入研究传统乡村的现代化转型。

（3）访谈法。为了获得更加具体的调研数据，选择访谈的方式是比较合适的。我们针对乡村经济社会的具体情况，正式访谈50余名相关人员，每次谈话的时间控制在45分钟左右。访谈以开放式问题开始，在逐步深入的交流过程中引出预先设定好的提纲。在访谈过程中，我们主动告知对方访谈的目的，并在访谈过程中做好记录，访谈之后做好小结。

（4）观察法。针对具体的乡村经济现象和治理行动，采用参与式观察的方法。我们直接参与到乡村治理的过程中，观察长三角地区相对成熟的乡村社会是如何运转与治理的。预先确定好观察的问题，制订观察计划，进入现场观察并做好记录，每次观察结束后立即进行资料整理和初步分析。

3. 资料分析方法。

（1）回归分析法。本书在研究过程中采用了回归分析法。采用 Multinomial Logit 模型检验并估计家庭收入差距的影响因素；采用李克特量表法、KMO 和 Bartlett 检验得到村庄发展水平综合得分；利用 OLS 建立多元回归模型，构建全要素生产率（TFP）模型、多元线性回归模型；建立个体效应模型，经豪斯曼检验得出实证结果；利用有序 Probit 模型、有序 Logit 模型进行“微腐败”等相关问题的回归分析。

（2）案例分析法。根据要回答的问题以及资料收集整理的情况，本书采用案例法来分析这些资料。以长三角地区无锡、张家港、南京、盐城、绍兴等城市为例，把不同地区乡村发展状况看成是独立的个体，对其进行系统分析。同时，在此基础上，通过对不同地区案例的研究，进行交叉比较，对所有案例进行归纳总结，力图回答本书提出的问题。

（3）类属分析与情境分析法。基于长三角地区的乡村社会及其治理的复杂情况，本书结合类属分析和情境分析两种方法整理分析资料。首先从类属分析的角度将长三角地区乡村经济社会的诸多经济现象进行分类，然后再根据乡村治理的具体情境对乡村社会及其治理进行情境分析。通过点线结合的方式，不仅对长三角地区的乡村社会有了整体了解，而且对治理情境也有了具体感受。

4. 伦理问题。

我们对受访者的身份保密，在未经许可的情况下，研究结果、结论和成果的表述中不会公开出现受访者和观察现场，从而可以避免相关伦理问题。

三、创新之处

1. 理论创新程度。

与大多数的乡村治理研究成果关注典型的、传统的乡村社会不同，本书呈现如下特点：一是立足长三角地区经济社会相对成熟、自治程度相对较高的乡村现实；二是以服务型政府及其引导型职能为理论框架；三是重点分析面向农业农村现代化发展前沿水平的乡村、基层政府以及其他合作治理主体是如何以协同性治理、包容性发展、前沿性技术、融合性路径、合作型民主为表征的乡村治理前沿理论与实践创新智慧开展治理行动，引导乡村走向成熟自治的。

2. 学术价值。

一是以服务型政府及其引导型职能为宏大理论叙事，以长三角地区乡村社会为具体治理场景，实现学术研究的理论创新成果与乡村治理具体场景的巧妙契合；二是形成乡村治理研究的“中国风格、长三角样板、南农学派特色”；三是建构乡村治理模式研究中相对成熟的乡村社会及其治理的学术新高地。

第二章

分析框架：服务型政府的引导型职能

全球化、后工业化进程造就的是一个具有流动性、开放性和复杂性的世界，这个世界通过网络虚拟世界的生成和社会结构的网络化——以网络技术为代表的创造性技术的发展——向现有社会管理的制度设计、治理方式以及思维模式提出了挑战，要求建立一种基于这种网络结构之上的社会治理方式来实现社会的良好治理以及社会秩序的重建。也就是说，全球化、后工业化的时空坐标系是与政府模式变革及其社会管理体系创新紧密联系在一起的，两者是缺一不可的。对于社会管理体系创新来说，我们必须面向全球化、后工业化的社会现实，在社会网络结构生成中去建构多元合作的社会管理模式——服务型政府模式，并在其积极引导下，开展社会管理体系创新来促进社会的成熟自治。在这一过程中，政府和公众的创造性都得到充分和有效的发挥，成为富有创造性的行动者并紧密地连接在基于“行动者网络”的合作治理体系中。①

服务型政府追寻的是满足公众的个性化需求，并尽可能地促进公众进入“自己动手做”的生活模式和个性化定制的治理方式，它在其中起到一种引导的作用。公众可以在任何时间、任何地点通过现实和虚拟的途径获得来自政府、企业、非政府组织以及其他社会治理力量的更加个性化和多样化的服务。这些服务的获得并不取决于社会治理力量本身的意图，而是日益取决于公众自己的选择，政府的引导性职能就体现于此。这样的政府职能模式是一种面向后工业社会的、自觉的、旨在通过推动服务型政府建设而引导社会实现科学发展的一种全新政府职能模式，它既能保证社会的相对独立与自主，

① 周军、程倩：“全球化、后工业化对社会治理的挑战”，《党政研究》2014年第6期，第29－36页。

又能较好地发挥政府作为社会总体利益代表者的作用。它能够很好地结合“自己动手做”的生活模式和个性化定制的治理方式，从而走向一种合作型社会治理方式，并在这一社会治理框架下反过来强化“自己动手做”的生活模式和个性化定制的治理方式。①

基于乡村社会现实的个性化治理方式兼具政府在场与乡村自治的双重属性，政府的服务与引导职能在乡村治理过程中发挥着举足轻重的作用，其掌握着更加智能化的社会治理方式以及公共产品和公共服务供给技术，这些先进科学技术在乡村社会治理活动中的广泛应用，促成了乡村社会治理活动的非群体化以及公共产品和公共服务的个性化定制，成为驱动乡村治理变革与实现成熟自治的关键性力量。

全球化视野与后工业化取向要求我们建构一种支持合作行动的治理模式与政府模式，在这种特定时空坐标系中，服务型政府的发展理念介入乡村社会治理实践，并在积极行动的意义上指向了一种真正的合作，使得乡村治理模式步入成熟发展阶段，其既可以说是合作治理的，也可以说是服务型的。本章将探索研究这种成熟的乡村治理模式如何以全球化、后工业化进程为时代背景，凸显科技创新驱动乡村治理变革的内外力量，引导乡村走向成熟自治的创新思路和行动逻辑，最终服务于乡村社会成熟自治的现实场景。

第一节　全球化视野与后工业化取向

一、乡村人眼中的“地球村”

20 世纪七八十年代以来，人类社会开始进入全球化、后工业化时代，在这一进程中，不仅社会呈现为高度复杂性和高度不确定性的总体特征，而且整个世界的人类都处在了流动性、开放性、复杂性的环境中。乡村社会也不外乎在这一历史化进程中“随波逐流”。在乡村社会变迁的过程中，“地球村”的概念唤起了人们关于村庄共同体的想象，乡村社会的标签化逐渐向多

① 周军：“在社会网络结构生成中变革政府模式”，《行政论坛》2016 年第 2 期，第 53－58 页。

元创新演变。人们对于“地球村”的想象同样也遵循着多元创新的逻辑演变趋势，这种想象是一个由地域化向全球化转变的过程，这一转变意味着新的时空规则的出现改变了人们的思维方式、交往方式以及行为方式，意味着人们的眼中社会是技术、信息、知识以及它们所带来的各种可能性交织在一起的网络结构，意味着这一网络结构中一种新兴感知模式——在包容差异性走向合作的过程中，放大了人们的个性化追求。

人类社会在逐渐拥有足以定居的技术和条件的历史进程中走上了地域化的道路。地域化进程所带来的结果是游牧生活的结束和农业文明的兴起，使人类走向农业社会成为可能。因而，就地域化与农业社会的关系而言，一方面，地域化的自然演进过程为农业社会的身份等级制以及治理方式奠定了稳定的人口基础。另一方面，在人类迈入农业社会之后，农业社会的统治者又通过制度促进和强化了地域化的进程，比如户籍制度。当人类社会在14世纪逐渐开启工业化进程时，人类首先遭遇的是“脱域化”，也就是将人从地域的结构镶嵌中分离出来，从农业的生产、生活、生存方式中分离出来，而走进工业化的生产、生活，以及生存方式之中。如果说，在人类进入农业社会之后，地域化在自然演进和制度强化中逐渐成为农业社会的一个基本特性，即地域性。那么，人类在工业化进程中也同样经历了另外一个进程，即世界化进程。世界化发生在工业化进程的早期阶段，但它却一直延续到20世纪五六十年代殖民地民族国家纷纷独立。随着殖民地民族国家的独立，资本主义世界化便已经结束了它的历史使命而寿终正寝。随之而来的则是：一方面，工业社会走向了顶峰，并逐渐呈现出后工业化的迹象，直至20世纪80年代，种种迹象和趋势都清晰地表明人类社会已经处在了后工业化进程中。另一方面，伴随着世界化的结束和后工业化进程的到来，出现了一场关涉世界上几乎一切国家和地区新的历史运动，即全球化运动。因此，人类社会从农业社会向后工业化社会的演变同样是地域化向全球化的演变。[①]

在人类社会由地域化向全球化转变的过程中，乡村社会面临的同样是全球化引发的时空规则的改变。随之，人们的思维方式、行为方式以及交往方式也发生了改变。在乡村人眼中，全球化时代的到来，首先是互联网技术的

① 訾大丽、周军：“正确定位全球化及其制度创新诉求”，《行政科学论坛》2015年第6期，第45－50，第60页。

兴起，这种局限意义上的“网络”缩短了现实的时空距离，人们可以通过手机、电脑等的“网络”进行生产和生活的交流。然而，整个乡村社会所面临的则是创造性技术的涌现以及社会网络结构的生成。高度复杂性和高度不确定性的社会环境要求人们充分发挥想象力和创造力，创造性地提出问题的解决方案。从问题出发去寻求解决方案，这就形成了相应的研究领域或学科领域，那么，基于复杂性社会条件，人类社会发展出了创造性科学技术。在这个维度上，我们看到的是以网络技术、纳米技术以及克隆技术为代表的创造性科学技术的涌现以及网络化生产体系的生成等一系列以想象力和创造力为基础的人类创造智慧的展现。如果说20世纪后期以来的人类社会在创造性科学技术上所取得成就预示着人类社会后工业化进程的开启和后工业社会的到来的话，那么，反过来，这些以网络技术为代表的创造性科学技术的发展也同样在影响和构建人类社会，并正在改变人们的思维方式、交往方式以及行为方式。实际上，网络技术正在改变的是人类在工业社会所形成的线性结构，并努力构建起一种网络结构，也就是我们所能够“看到”的网络化虚拟世界。在其中，我们能够深切地感受到这个全球化的时代正在以惊人的速度和节奏发展、变化、更新着。因此，乡村人眼中所看到的地球村蕴含着一种具有创造性思维的人与社会的共同发展，推动乡村社会现实开始走向成熟。

“地球村”于乡村人眼中充满着构成乡村社会网络结构的各种技术、信息以及知识所带来的各种可能性。如果说早期的信息技术发展，比如有线电、计算机、人造卫星、电视、电话等，就已经给人类社会带来诸多可能性的话，那么，随着网络技术等创造性技术的发展，人类社会的各种可能性都逐渐呈现在人类面前，并时时处处蕴含着未来发展的各种潜能。这些可能性的出现推动着人类的生活空间从物理世界扩展到虚拟世界，人们在这个虚拟世界里进行着各种各样的交往活动。如果说人类在物理世界中的交往活动时刻受到线性时空的限制的话，那么，在虚拟世界里，社会交往活动则无疑在许多层面上超越了这种时空的限制而立体化、多元化地进行着。因此，乡村人眼中的“地球村”是一个突破了地域的限制、具有全球性的大型“村居地”。当时空规则发生改变时，人们的思维方式和行动逻辑也跟随着这种变化而变化，甚至在非常深刻和广泛的层次上去重塑人们的生活方式和思维观念。

历史地看，全球化、后工业化进程造就了一个不同于以往的乡村社会现实，它是全球性与乡村性的碰撞，是线上网络虚拟世界与线下现实物理世界的碰撞，同时也是多功能性乡村与全球性乡村的不断融合发展。这种全球性乡村中的乡村人面对的是知识的增长与广泛共享的过程，在积极意义上，科学技术的发展为人类实现知识的共享和低成本获取提供了各种可能性，并为这些可能性的实现提供了一个创新平台。也就是说，在这个意义上，知识的增长和应用给人类社会带来了无尽的福祉。在这一过程中，乡村人所接受到的知识具有两种属性，包括认知性和技术性。认知性回答了“是什么”的问题，而技术性回答了“怎么做”的问题。通过这两种属性，人类积累起来的对自然界的认识被复制和扩散到人类社会的建构过程中。如果我们用“严谨性”来测度知识的话，那么，这种严谨性无疑反映在两个层面上：一是自信度，这是说知识能否有效地自我辩护以及被清楚地论证或检验，因而说服人们接受这项知识；二是接受者的意愿，这是说知识能否给予人们以信心并愿意运用这项知识去开展行动。在一个知识逐渐增长的社会里，知识的严谨性越高，则意味着人们越乐意将之视为其观念、信念，以及话语规则中的一部分，因而抵制这种知识的可能性就越低。显而易见的是，乡村人对于在对知识的获取、接受以及应用过程中的严谨性是越来越高的。①

由此，乡村人在严谨地看待知识的获取、接受以及应用的过程中首先发现的便是其中的差异性。在社会多元化进程中，差异性已经成为复杂社会的基本特征。伴随着对知识的获取、接受以及应用的敏感度越来越高，人们对乡村社会中出现的差异性形成了一种新的感知模式：在追求个性化的过程中对差异性的包容性对待。在后工业化进程中，人与人之间的差异性不仅不会消失，反而会在人们的个性化追求中变得越来越大。在这种意义上，活跃于乡村社会中的新人类对个性化和差异性的追求是以知识和信息共享为基础的，他们接受来自乡村之外的新知识和新技术，同时将接收到的知识和信息在乡村社会现实中生根发芽。先进技术和知识的沉积要求其在乡村社会中的广泛应用，由此，乡村社会的治理责任意识进化为：在承认和包容差异的知识共享基础上，治理责任承担的路径指向合作关系的建构。因此，乡村社会呼唤一种寻求承认和包容差异性的合作治理方案，鼓励和要求人民在相互合作中建立起知识增长和技术应用的共享关系，探索协调机制的介入，以服务型政

---

① 周军：“从管理到服务：知识视野下的政府模式变革”，《南京农业大学学报（社会科版）》2014 年第 2 期，第 111 – 118 页。

府这一全新的政府模式引导乡村社会迈向成熟发展阶段。①

二、长三角地区的后工业化

如果说全球化是一场全新的世界性历史运动，那么，这意味着它将承载一项新的历史使命，即破解资本主义世界化留下来的影响并帮助人类建构起后工业社会。它是人类社会在后工业化进程中连接世界各个国家和地区通向普遍合作的一座桥梁，在这场运动中表现出来的以及它意图建构起来的是"一个平等交往、互惠合作的全球性平台"。在后工业化进程中，人类社会的交往方式、行为方式以及思维方式都在发生巨大改变，人类向往全球范围内的交往与沟通，而现代科学技术的发展也为这种全球活动提供了实现的条件。因而，我们要在全球化的视野中去认识和把握后工业化进程中所涌现出来的一切形式的新问题、新现象，用创造性的思维去看待人类社会的生产、生活以及交往活动，用全新的态度去应对和处理人类社会面临的危机和风险。②

在这场世界性的历史运动中，一切领域都表现出合作、互动的特征。乡村社会不外乎于此。受全球化和后工业化影响，长三角地区——这一中国经济发展最活跃、开放程度最高、创新能力最强的区域之一——的成熟乡村社会能够把握时代前进的步伐，能够建立一个共同的伦理基础，能够制定、展开和落实新的规则，从而架构起支持合作行动的服务型政府模式，为我们必须共同居住的地球村提供一个灵魂、一种意义、一些规则、一种公平和一种前途。

然而，在以服务型政府建构促进乡村社会成熟发展的道路上，长三角地区乡村社会面临的后工业化社会现实是架构在其与全球化进程所造就的这个流动性、开放性、复杂性的世界上的。在这个世界里，社会整体呈现出高度复杂性和高度不确定性的特征。总的来说，随着社会环境的复杂性和不确定性的迅速增长，长三角地区乡村社会的后工业化进程表现为两个特征：理论知识的首要性以及相对于制造业经济的服务业部门的扩张。就农村服务业的

---

① 周军："后工业化进程中社会治理责任承担的新路径"，《社会主义研究》2014 年第 3 期，第 132 - 139 页。

② 訾大丽、周军："正确定位全球化及其制度创新诉求"，《行政科学论坛》2015 年第 6 期，第 45 - 50，第 60 页。

扩张而言，长三角地区农村服务业的发展相对于我国其他地区处于领先地位，其农村服务业主要包括农业生产服务业，农村流通服务业，农村中介服务业，农村旅游服务业，农村信息、技术、教育服务业，农村文化、生活、基础设施等公共服务业，这一系列农村服务业的发展构成了长三角地区成熟乡村社会的经济基础。

对后工业社会的描述存在一种“概念图式”，其基础是中轴原理，并具有一个中轴结构，那么，后工业社会的中轴原理和中轴结构是什么呢？显然，在这个问题上，有两个方面需要强调：一是社会变迁的间质性和过渡性；二是突出它的中轴原理是知识技术，即理论知识的集中与具体化。贝尔指出：“后工业社会的概念强调理论知识的中心地位是组织新技术、经济增长和社会阶层的一个中轴。我们可以从实践中设法表明这种中轴原理正在先进的工业社会中变得越来越处于主导地位。”在贝尔这里，要想搞清楚他所说的中轴原理，只有在实践中去认识了。因此，长三角地区后工业化社会现实的中轴原理，蕴含在其走向成熟乡村社会过程中的一个又一个实践中，这些实践是知识技术在乡村社会的集中、应用与具体化，是农村服务业的扩张与发展现实，是乡村社会中的新人类对后工业化社会现实的接纳与创新发展。①

随着人类社会后工业化进程这一事实逐渐被人们接受，后工业社会的概念被越来越广泛地使用。在社会治理领域，越来越多的学者将此作为其理论研究和设计的一般背景，在思考后工业化进程中的社会治理新需求、新期望时，将后工业化分析作为主要切入点。其中具有代表性和启发性的有：后工业行政中的服务要素、把信息技术应用于组织设计、后工业经济的质量增长方式，以及服务型政府建设的理论构想。那么，将这四个切入点②对应于长三角地区乡村社会治理的后工业化分析会产生怎样的火花呢？

首先，后工业行政具有三个基本特征，即服务、知识和选择，其中在社会治理领域最突出的是服务要素。卡罗尔认为，“后工业行政的第一个要素是服务行政（service administration）。这一要素是后工业的，在这里，它并非

---

① 周军：“政府模式变革的后工业化取向——一种概念史的考察视角”，《行政科学论坛》2014年第1期，第17－22页。

② 周军：“社会治理后工业分析的四个切入点”，《天府新论》2014年第1期，第102－109页。以下叙述均参考此文献。

直接指向生产物品的过程或规制物品的生产，而指向由他者提供给人的服务”。[①] 因而，在卡罗尔的叙述中，公共行政在工业社会和后工业社会中所表现出来的特征是不同的，与工业社会相对应的公共行政是工业行政，与后工业社会相对应的公共行政是后工业行政。也就是说，在认识上，卡罗尔将人类社会的行政活动看作是同一的、连续的历史范畴，尽管在不同的社会特征或背景下，其态度、价值和过程等特征呈现出不同。同样，乡村社会中的行政也活动于同一的、连续的历史范畴中，由此发生的各种行政活动实际指向的是公共服务活动。也就是说，在后工业化背景下的服务行政这一要素去考虑基层政府的服务行为时，实际上考虑的是服务的需求、生产、提供、评价等程序性问题。目前，长三角地区已经处在后工业化进程中，服务经济已经变为一种服务政体，卡罗尔认为，“服务政体是强大的政治——行政实体”，[②] 在转变为服务政体的这一过程中的变化主要体现在围绕服务的需求和供给而产生的公众、行政专家以及在国家政治舞台及框架中的权利和责任，那么，长三角地区的行政便在态度、价值和过程上产生了一种从行政的工业形式到个人服务的后工业形式的转向，从而，实现乡村社会成熟自治的政治社会背景已经做好准备。

其次，人类社会在后工业化进程中生成了一种新的组织形式，即“合作制组织”。这一新的组织形式的重心是信息技术在组织设计中的应用，它能够处理支持各种复杂决策活动的各种来源、各种形式的信息流。信息在组织中流动所形成的信息流，是一种从人或计算机到其他的人或计算机的流动。这样所形成的人与计算机之间的分工实际上是一种符号转化和流动的过程，也就是说，人将所需要解决的决策问题进行编码，设计为计算机可识别和运算的语言和程式，而计算机则通过数学和逻辑运算提供给人以最优化的决策结果。因此，将信息技术应用于组织设计的最直接目的，便是通过人与计算机之间的这种分工的益处来将庞大、复杂的决策问题以简单化、符号化、程式化的方式转化为计算机语言，以实现最优化的决策结果。后工业化进程中长三角地区在组织形式转变过程中，面对信息技术的广泛应用，经历了信息的稀缺、充足以及过度充裕，这其中涉及信息多元化存在与标准化处理的问

---

①② Carroll, James D. (1975). Service, Knowledge, and Choice: The Future as Post - Industrial Administration. *Public Administration Review*, 35 (6): 578 - 581.

题。在实际现实中，由于信息多元化的存在，对信息的标准化处理有着很大的不确定性，这是长三角在后工业化进程中所面临的经常状态。所以说，组织形式的变革是长三角地区乡村社会走向成熟必不可少的一步。

最后，后工业社会远远超过工业社会的话语体系和解释框架的三种社会发展趋势之一，便是服务业在经济生活中的地位日益重要。对长三角地区的经济生活进行一种后工业分析所得出的是，其经济生活被注入了信息、网络、智能等与以往经济生活不同的核心要素，而这些要素之间的相互关系又构成了后工业社会中实体经济生活的主要关系，这样的经济生活不是一种简单的投入—产出模型，它是整个社会走向成熟的重要基础。在长三角地区的经济生活中，符合后工业社会的资本是多元的，诸如市场、劳动力等资本的相互依赖、相互作用构成了一种全新的经济形式。在新的经济形式的影响下，长三角地区“建立了一个以质量优先增长为中心组织起来的社会”。

总的来说，长三角地区在后工业化进程中扮演着多元化的角色。在不确定性以及复杂性的社会现实中，为适应后工业社会的治理需求提出了一种全新行政模式“服务行政”，并且在其实践形态上提出服务型政府建设的全新理论构想。同时，面对不同角色所带来的差异性，长三角地区的后工业化进程同样生成了社会治理的新需求，这种新需求将治理责任承担的路径指向了在承认和包容差异的基础上的合作关系的构建以及服务型政府的建构——即未来时代前进的方向。

三、把握时代行进的步伐

在全球化、后工业化进程中，社会运行和社会变化加速化、复杂性和不确定性急剧增长，使整个社会呈现为高速流动性、高度复杂性和高度不确定性的总体特征。这种在全球化、后工业化的时空坐标系中生成的加速化社会正在解构工业社会中管理型政府及其固化治理模式，并提出了社会治理的新需求，这种新需求将治理责任承担的路径指向了承认和包容差异基础上的合作关系构建。在这时代前进方向的指引下，乡村社会呼唤一种更具灵活性、弹性的治理行动方案的生成与积极建构，使其与后工业社会现实相吻合。这一治理方案将基于多元行动者的创造性思维，以“行动者网络”为结构基础，采用更具流动性特征的合作治理行动。也就是说，对于政府模式变革及其社会管理体系创新来说，乡村社会必须面向全球化、后工业化的社会现实，在社会网络结构生成中去建构多元合作的社会管理模式，在服务型政府模式的积极引导下，以流动性、开放性、复杂性的社会特征和网络化的社会结构为基点去开展社会管理体系创新。

乡村社会中社会管理体系的创新主要包括三个方面：

（1）乡村社会治理方式在社会网络结构生成中的变革。正如张康之教授所指出的，“网络已经远远超出了它作为一项技术的价值，它对于社会变革的意义在于：促成了社会的网络化，让人类社会在它的启发下重新以网络的形式来加以建构。甚至可以说，网络技术直接作用于社会，造就了一个拥有网络结构的社会。这个社会由于拥有了网络结构而正在迅速打破它在以往各个历史阶段中生成的地域以及族阈边界，朝着总体化的方向迅速迈进”。[①] 因而，以网络技术为代表的创造性技术的社会意义是远远大于它的技术价值或符号象征意义的，其不仅帮助乡村社会在网络化过程中建构起了一个互动系统，而且以“技术赋能”的方式促使各种各样具有实践意义的新兴治理方式与方法的涌现。[②]

在全球化、后工业化进程中，乡村社会的社会结构、经济结构、村民的思维和行为方式都发生了重大变化，创新乡村社会的治理方式是这样一个时期所必须要做的事情。在这一时期，各种各样探索乡村社会治理的新方式与新路径层出不穷，有以网络信息技术为基础的各种“互联网＋”治理方式，有“自治法治德治智治融合”的治理方式，有以“城市公共服务供给包容乡村发展”的治理方式，有“技术赋能乡村精准治理”的治理方式，等等。这些新的治理方式与路径是打造共建共治共享的乡村社会治理新格局，为促进乡村全面振兴、率先基本实现农业农村现代化的“有效治理”基础。

（2）乡村社会治理主体的多元协同合作性。与以往的消极防范不同，在全球化进程中，人类社会将建构起一种谋求积极合作的方案，在应对和处理社会治理问题上开展积极、自觉、主动的合作，并通过合作行动的开展和合作话语体系的建立去建构关系良好、交往频繁的治理主体多元网络。这样一个理论构想和现实途径，能够将乡村社会中处于不同层面上的各种因素都吸

① 张康之：“论社会的网络结构”，《理论学刊》2008年第3期，第72－77，128－129页。

② 周军，程倩：“全球化、后工业化对社会治理的挑战”，《党政研究》2014年第6期，第29－36页。

纳到积极合作的相互关系中来，也只有在这一合作治理体系的建构中，乡村社会才能获得长足的发展。[①]

从乡村社会发展的现实来看，不论在何种角度上去看乡村社会当前的社会治理，政府都不再是社会治理的唯一主体。大量涌现出来的非政府组织以及其他社会治理力量，越来越多地在社会治理过程中发挥出积极的作用，政府需要听取它们的治理意见，更需要与多元治理力量在合作行动的开展和合作话语体系的建构中去实现优良的社会治理。因此，使以政府单一主体的治理格局，转型为一个由政府主导，农民和社会组织共同参与的多元主体协同治理的格局，成为乡村治理路径创新的现实选择。通过多元主体协作，形成治理合力，可达到事半功倍的成效。

“合作行为是根源于人的共在本性和共在事实的秩序，这种秩序不以强制性的外在统治和管理为前提，从根本上消除了人对人的依附和依赖，彻底抛弃了惩罚和威胁的手段，因而是自由的秩序。”[②] 在全球化、后工业化进程中，合作已经成为乡村社会发展的一个客观趋势，是乡村社会在这一历史阶段所提出的新要求，并且也只有在合作话语体系中开展合作行动，才能实现乡村治理模式的真正有效变革。将协同理论运用到乡村治理领域，也是对乡村治理模式的一项创新。作为国家治理的一项基本内容，随着社会的发展，乡村治理在“乡政村治”模式下，其运作遇到诸多难题，如政府失灵、农村利益冲突等。随之协同治理理论被应用到乡村社会治理领域，为解决乡村治理中的难题和困境提供了有力的理论保障和实践指导。一方面，随着各级政府治理责任的强化，使得服务型政府的职责向着综合领域不断延伸，涉及的利益体也不断多元化；另一方面，通过创新与拓展参与治理的通道和机制，引导多元主体参与治理，实现各主体在协同、互动中，维护各自在治理中的利益途径的构建。从政府职能转变、机构调整、体制转型、流程再造等方面进行综合考量，跳出操作层面的手段创新，在协同治理视角下关注实践创新和乡村治理机制的突破，实现乡村治理制度与机制突围。

（3）乡村社会治理行动方案的多维度构建。在为乡村社会治理创新寻求

---

① 周军：“在全球合作体系建构中探寻政府模式变革的方向”，《河南师范大学学报（哲学社会科学版）》2016 年第 4 期，第 54 – 60 页。

② 张康之：“论合作”，《南京大学学报（哲学·人文科学·社会科学）》2007 年第 5 期。

一种全新的治理行动方案时，从结构、行动、思维三个维度[①]进行考虑来建构一种灵活性治理行动方案。

①结构弹性化。弹性化的结构包含着两层基本内涵：一是结构的弹性，即我们所要建构的治理方案所具有的结构形态可以随着社会环境、治理条件、行动目的而发生适应性改变。二是弹性的结构，即当治理行动需要何种结构来提供支持时，行动者便从中选取何种结构或多种结构的混合。所以说，“行动者网络”是用来表征弹性化结构的最佳状态。在这种状态中，每个积极投身治理行动中的行动者都是网络的节点，它们之间的交往与互动又构成了网络的“链”，并使由其构成的网络具有很强的灵活性、流动性和弹性。因而，在“行动者网络”建构上，我们力图促使其朝着松散、灵活、流动的构成方式发展，由此生成的弹性化结构能够给行动者及其行动——特别是积极的、主动的、自觉的行动——提供足够的支持性资源。

②行动流动化。从支持性资源角度去观察“行动者网络”及其结构方案，可以看到，基于“行动者网络”的行动是流动性的行动。这种流动性来源于资源的流动特性。如果资源仅被特定行动者所控制或者根本不被任何行动者所拥有，不能在行动者之间自由流动和有效分享，那么，这也就意味着，行动者及其行动得不到足够资源的支持而无法克服资源稀缺性的约束条件。在社会治理体系中，为了获得或拥有资源的竞争模式只能短暂地促进共同福利的增长，而只有通过行动者的公共支付以及对资源的有效共享才能保证共同福利增长的可持续性。因而，对于“行动者网络”的建构，我们主张用支持性资源取代限制性规则在合作网络中的关键地位，并进而在合作治理中建构一种流动性的行动体系，而非固化的行动。

③思维创造性。在高速流动性、高度复杂性和高度不确定性的社会现实条件下，建构“行动者网络”需要打破依赖结构化知识的定势思维，建构基于无限想象力的创造性思维。在合作治理的“行动者网络”建构中，我们主张寻求理性和想象力的双重支持，并更多地依靠人类无限的想象力在各种奇思妙想中寻求创造性的问题解决方案，实现创造力的回归。总而言之，在乡村社会陷入“治理失灵”和“改革失灵”的双重困境时，我们以高速流动

---

① 周军：“加速化社会的治理方案：从固化模式到灵活行动”，《河南师范大学学报（哲学社会科学版）》2021 年第 1 期，第 17－25 页。对于下文中对这三种维度的叙述均参考此文献。

性、高度复杂性和高度不确定性的社会总体特征和现实条件为历史方位，积极寻求一种具有弹性化结构、流动性行动以及创造性思维的新的治理行动方案的构建是促进乡村社会有效治理的“刚需”。对于这一行动方案的建构，我们采取的是不同于制度主义逻辑的行动主义建构方案，当然它是开放的、包容的、合作的。可以说，就实现合作治理理论建构的目标而言，我们目前的工作还远远不够，它需要不断吸纳更多的积极合作成分，将这一建构方案延伸至政府、企业、非政府组织等多元行动者，打造更具包容性和开放性的“行动者网络”平台，积极开展合作的话语体系和行动方案的建构。

总的来说，在全球化视野与后工业化取向的背景下，因高度流动性、高度不确定性和高度复杂性的时代特征而衍生出的改变、变革的需求已经足以说明时代前进的方向。在政府模式不断变革过程的“落地生根”中，乡村社会是其变革的落脚点之一。独特的乡村社会现实使得政府模式的变革呈现出新的特点：在建设服务型政府的过程中，充分发挥政府的引导职能，建构与整个社会特征相匹配的具有前瞻性、预见性和创造性的乡村社会治理行动方案，从而促进乡村社会成熟自治。

第二节　科技创新驱动乡村治理变革

一、技术聚合蕴含乡村治理变革力量

自 20 世纪七八十代以来，随着会议电话、电子邮件、互联网等越来越广泛地应用于家庭、企业等领域之后，时间和空间的限制正在变得越来越微弱，正如凯恩克罗斯所说的“通信价格的下降将影响人们在哪里工作和在哪里生活。工作和家庭之间古老的分界线将会消失。取而代之的将是工作地点的转换、城市的新角色、家庭的新功用，以及重塑了的社区”。① 以互联网为代表的信息技术正无限制地降低人们之间的信息传递成本，人类社会在技术和社

① Cairncross，Frances. The Death of Distance：How the Communications Revolution Will Change Our Lives. Harvard Business School Press. 1997.

会这两个层面上都生发出了网络结构。在后工业化进程中，网络技术发展的种种迹象都表明人类的生产、生活都将连接到这个虚拟世界之中，它同时也意味着人类原本生活的自然界和社会将以一种更加灵活、复杂的方式存在。创造性技术的涌现可以帮助人们在越来越短的时间内完成工作而因此有了进行其他活动的时间和机会，与此同时，它又使人类社会可以在任何时间、任何地点并行地进行同一项或多项工作。也就是说，以网络技术为代表的创造性技术正在改变着人类的生产、生活，以及交往活动，变革着人类的思维方式和行动逻辑。“距离的消失”不仅意味着把人集中在特定区域的成本将越来越高于信息传递的成本，收益将越来越低于通过信息技术从事生产活动的收益，而且它还意味着人们可以在任何时间、任何地点并行地从事生产活动。

在政府模式及其治理方式变革上，我们从网络化生产体系的兴起过程中获得这样一个启示：与工厂生产体系相适应的社会规范体系将在后工业进程中不断地向边缘位移，直至一种与网络化生产体系相适应的社会规范体系逐渐建构起来。因而，在这种位移的过程中，政府模式及其治理方式也将实现从管理型到服务型的根本性变革。与管理型政府阻碍人们之间自由畅通的交往不同的是，服务型政府的建构支持了人类的交往、沟通方式的变革，它使得人们重新意识到工作场所的直接接触和联系的真正意义，因而，也就发出了重建工作场所的要求，使它不再是一种开展监督和控制活动消极、乏味的场所，而成为人们进行积极、广泛的交往和沟通，建构人与人之间的信任关系，从而开展真正意义上的合作行动的场所。对于人类社会及其治理来说，距离消失和远程工作的意义或许远比人们可以自由选择工作和休闲的时间和地点还要重要，因为它蕴含着人的解放和人的自由全面发展的深远意义。如果说与工业社会分工—协作的生产体系相适应的是法律制度和管理型政府模式的话，那么，在人类社会的后工业化进程中，创造性技术所引发的生产体系变革——网络化生产体系——将要求一种全新的制度安排和全新的政府模式。因此，在后工业化进程中，我们呼唤政府从管理型向服务型的模式变革，后工业社会的治理也只有通过服务型政府所开展的合作治理行动，才能真正实现人类的解放以及人的自由全面发展，反过来，获得自由全面发展的人又以行动者的自我定位积极建构社会治理的合作体系。

在后工业化进程中，通过服务型政府展开的合作治理行动以一系列网络信息技术为基础，随着新一轮科技革命到来，一系列重大技术创新逐步渗透到乡村社会发展各个领域并呈现逐步蓬勃发展的态势。正因如此，技术效能向乡村地区的延伸对乡村社会治理具有革命性意义。在乡村地区的技术聚合过程中，技术的嵌入为传统乡村治理注入了新鲜血液，形成了推动乡村治理变革的巨大能量场，也就是说，技术可以提升乡村的治理能力。

技术对乡村治理能力提升的有效性首先体现为其在现实生活与生产中不断赋予乡村能力，也就是所说的“技术赋能”。技术对治理的赋能主要体现为对治理主体的赋能，主要指个体及组织——村民个体、政府、市场和社会组织——借助现代技术，综合运用各种技术手段，通过技术扩散、场景改造和提供平台等方式，赋予个人和组织行动能力。从个体层面来看，技术对村民的赋能是通过提高村民内在素质、保障村民权利、提供各种资源等方式提升村民参与治理的意愿和能力。再加上信息化、网络化的交往方式以及各种网络平台的构建，为村民实现其意志、利益和价值提供了多样化途径。村民参与意愿和能力的提升是基层民主政治发展的重要内推力，同时也是实现村民“自我管理、自我教育、自我服务”的重要催化剂。从组织层面看，技术赋能所针对的是政府组织的决策能力，市场组织的资源配置能力，以及政府、市场和社会组织提供公共服务的能力。各种以大数据技术为依托建立的政务平台为政府以外的个体即组织提供了接受信息与表达意愿的途径，在降低决策成本的同时提升政府决策的科学化和民主化。市场组织提供公共服务的方式偏经济化，主要面向农产品的生产、销售等，利用互联网等信息技术建立连接生产、运输、销售、服务的有序链条来实现农产品的跨区域、全方位、多路径营销，实现对乡村资源的优化配置与集中利用。在乡村公共服务供给上，政府、市场和社会组织扮演着举足轻重的角色，政府借助技术手段为乡村提供精准到位的公共服务，例如，大数据技术的应用实现了政府高效工作方式的可多样化选择，政府利用云计算统计分析村庄的道路交通数据来了解村庄道路的现实状况，从而能够使得现实路况与居民需求无缝对接，为村民提供精准服务并营造顺畅的交通环境。而社会组织则为乡村提供政府与市场所不能及的更具体化、个性化和集聚化的公共服务，例如，通过互联网的各种线上平台与外界展开合作交流，以吸引资本流入，从而为乡村发展诸如活力。

其次体现为对治理结构的重塑。技术对乡村治理结构的重塑主要表现在两个方面：一方面，技术与信息链的融合使得信息能够在政府内部横向层面以及外部社会自由流动，在保证各个主体“信息知情”的同时，为各个主体的平等对话提供机会和平台。另一方面，当前乡村的治理结构包含自上而下的政府渗透，又包含自下而上的村民参与，大数据技术的精准分析将政府与村民上下联通，促进上下双向流动，形成开放、多元的新型治理结构，实现良性共治。

此外，技术在乡村的应用所催生的“技术治理”这一新兴治理模式对提升乡村治理能力具有重大意义。乡村“技术治理”模式的构建提出了四个要求：第一，进行制度创新，构建新型的乡村技术治理制度体系；第二，各级政府部门借助技术手段，加大乡村资金、人才、项目等方面的投入力度，推动数字乡村建设与发展；第三，构建互联互通的基础设施体系，实现宽带网络和电商平台的覆盖，加强信息化基础设施建设；第四，加强政府对技术应用的监管，确立数字乡村建设的统一标准，完善技术管理体系。这一系列要求在推进乡村治理绩效不断提升的同时，将带领乡村社会走向新的高度。

总而言之，乡村治理正处于向“技术治理”转型的过程。在此过程中，充分挖掘现代技术的潜力与价值，使之与乡村振兴战略的有效治理相结合，成为当前实现乡村社会良善治理的策略选择。但是，如果将“技术治理”演变成工业化社会所追求的技术理性取向，那技术赋能便会走向它的反面。因此，圈定技术治理的边界显得尤为重要。在乡村治理技术化的过程中，始终坚持以人为本的行动逻辑，尊重农民的主体性，建立利益共享的技术应用机制，有效提升乡村治理能力。

二、社会网络结构生成中的基层政府

在后工业化进程中，复杂性和不确定性迅速增长的社会系统在经历创造性技术的兴起与应用的过程中促成了社会结构的网络化，获得了一种总体性的社会依存结构，其形式上必然是一种在打破线性决定论基础上而建立起来的网络结构模式。换言之，社会网络结构的生成打破了以往社会由各种边界确立起来的线性结构，从而使生活于其中的人们获得了自主性的空间，并在自由、开放的创造性实践活动中去充分发现人类的想象力和创造力，为人类自主性的获得和想象力和创造力的生长提供了各种可能的条件。

作为对人们之间社会关系的深刻理解，人类在后工业化进程中地社会发展现实证明了社会网络结构是一种立体的、多样的、复杂的关系模式，它在任何层面上都显示出无原点、无中心、无开端的网络关系以及在此基础上的合作关系。为此，工业社会那种从个体需要出发而改造和建构社会的制度安排以及从共同体需要出发而教化和形塑个体的治理方式都失去了其现实合理性。因而，在后工业化进程中，社会网络结构的生成要求我们跳出在这两种制度模式当中“二选一”的思维窠臼，而应基于社会的网络结构去积极建构支持合作的制度方案、政府模式和治理方式，这也就意味着政府模式从管理型到服务型的转变。当前，服务型政府的建设已经逐渐从宏观的政治理念，走向更为实践的地方治理阶段，也就是说，置身于社会网络结构中的基层政府在乡村治理中扮演的是服务者的角色，致力于满足农民日益增长的公共服务需求，并在这一过程中实现了在思维方式、行动逻辑以及治理方式的根本性变革。

当变换一种思维方式去思考服务型基层政府的建构方案时，就会看到，人的能力和技术的应用的有机契合发挥着重要的作用。在高度复杂性和高度不确定性的环境中，按照传统的设计—使用的线性思路去建构起来的政府及其程式往往在其设计方案刚刚投入使用之后便早已过时。因而，政府模式的变革及其建构过程或许能够从“作为开发者的使用者”（user as developer）的概念和思路中获得一些启示。人的能力和技术的应用不是一种非此即彼的竞争关系，而是一种共生共在的合作关系。技术的应用将人从简单、重复、疲累的劳动中解放出来，使他们有更多的时间和精力去从事更加复杂、更加重要的活动，这些活动往往将人的判断力和创造力作为合作行动的基础；而人的判断力和创造力的提升则又反过来促进科学的进步和技术的应用，并按照创造性科学的原理去不断改善技术应用，使之更好地服务于人类行动能力提升和生活品质提高的需要。

在社会网络结构生成的虚拟世界里，空间上的距离、时间上的穿行，以及人类有限的记忆能力都将发生根本性的变革，通过虚拟世界的建构而产生的这种思维方式的转变，使得因地理意义上的距离而进行的行政区划及其集权或分权设置变得没有什么意义。在行政区划和行政等级的意义上，边远地区将社会治理的相关活动从物理世界接入虚拟世界，那么，整个行政体系都可以轻而易举地读取到各个地方社会治理的实况，并根据公众需求做出及时回应，根据社会发展趋势做出前瞻性规划。换言之，通过创造性技术的应用，社会治理行动超越了官僚制组织等级化的中心—边缘结构，实现了整个行政体系的快捷、流畅、低成本的网络化流动。因而，服务型基层政府这一全新的政府模式及其治理方案将放下集权和分权的陈旧思维及其争论，而实现对物理世界和虚拟世界互动联结之下的非中心化的社会治理模式的积极建构。

与此同时，原本需要穿行完成的事务则可以通过并行的方式来完成，而这里只需要在每项事务的完成中设定一个逻辑前提，即前项事务是顺利完成的，最终政府和公众只需要对结果进行确认即可。因而，在虚拟世界里，通过并行的方式所进行的时间消耗就更具弹性。为此，在进行适合于后工业化现实的政府模式变革时，我们就需要建构与这种时间弹性相适合的业务流程，这种流程表面上体现为社会治理事务的符号化—虚拟化流动和运行，而在其内容上则体现为政府内部各部门之间以及政府与多元社会治理力量之间的合作关系的建构。

此外，服务型基层政府内部将内嵌性控制规则应用于虚拟世界，但它并不指向对线性逻辑的强化，而指向了高度复杂的网络关系的建构，在这样一种关系结构中，规则、标准、程序等形式化的治理工具不再是社会治理行动的全面内容，它们将完全地从属于社会治理目标实现之需要，而这个目标也不再是政府对社会的控制，而是政府为社会服务，并培育成熟自治的社会，建构多元力量共同行动的合作治理体系。

从现实的政府模式变革来看，当信息系统的建构越来越多地帮助政府从事更多的非等级化、非控制性的工作任务时，网络的跨边界意义变革了政府所扮演的角色和所承担工作的内容。信息技术的应用可以帮助政府来实现某种程度上更富弹性的行动模式，然而，这并不能从根本上变革政府模式。我们看到，虚拟世界中的符号化现实在信息的跨边界流动和组织决策中的应用促进了政府社会治理能力的增长，并从根本上改变了政府运行的规则。在符号化—虚拟化的连续体中，经过整合的符号化信息不仅极大地提高了政府社会治理跨边界的虚拟化运行，还迅速提升了政府与企业、非政府组织以及其他社会治理力量之间合作的可能性。多元社会治理力量将在虚拟世界中建构起一种网络关系。按照虚拟世界的运行逻辑，在不同行动者之间所建构起来的互动关系将直接延伸到虚拟世界中任何区域的个人和组织，因而，当公众从物理世界接入到虚拟世界并试图通过某个社会治理力量的某个机构或部门来实现其需求时，整个虚拟世界都将接收到他们的这项需求，并可能积极地回应。在物理世界和虚拟世界的联动关系中，公众的社会治理需求将从虚拟和实体的社会治理力量那里获得满足。因而，从这个意义上来说，管理型政府不可能在保持自身的官僚制组织形式和分工协作体系的同时，又实现了对虚拟世界运行逻辑的适应性。虚拟世界中的运行逻辑必然要求物理世界中的运行规则发生改变，而这种改变显然不是被动适应或修修补补的，而是根本性、革命性的。

后工业化进程正在朝向一个更加个性化、多样化以及非群体化的社会转变，这是乡村社会一次重大的文明跃进。网络化、智能化、自动化的机器和设备并不一定意味着人类在相互关系的建构中进一步失去个性；相反，这些先进的机器和设备的广泛使用恰恰为人类追求个性化创造了无限可能性。在后工业化进程中，人们在努力追求自己的个性，寻求那些能够重新塑造其性格的生活方式，并且在任何时间、任何地点通过现实和虚拟的途径获得来自政府、企业、非政府组织以及其他社会治理力量的更加个性化和多样化的服务。这些服务的获得并不是取决于社会治理力量本身的意图，而是日益取决于公众自己的选择。基层政府模式变革的未来进路就在于此，这是一种富有想象力和创造性的变革方向，它与管理型政府通过各种公开或隐蔽的方式抹杀公众的观念和意见不同，服务型政府则不断地追寻公众个性化的需求，并尽可能地促进公众进入“自己动手做”的生活模式和个性化定制的治理方式。

服务型政府乐意于同其他社会治理力量以及具有个性化需求的公众开展密切合作，它的社会治理方式以及公共产品和公共服务的规格并不是由政府或者企业、非政府组织等社会治理力量决定的，而是由公众预订的。如果说管理型政府在进行社会治理方式的选择以及公共产品和公共服务的提供时所采取的模式通常是“内制外销”的管理方式的话，那么，在这种“自己动手做”的生活模式和个性化定制的社会治理方式中，服务型政府则往往采用的是“外定内制”的服务方式。通过个性化定制来吸纳公众对社会治理过程的介入和提高政府的服务水平是非常理想的变革途径。在后工业化进程中，服务型政府将掌握更加智能化的社会治理方式以及公共产品和公共服务供给技术，这些先进科学技术在社会治理活动中的广泛应用，促成了社会治理活动的非群体化以及公共产品和公共服务的个性化定制。在这个意义上，公众对社会治理过程如此深入的介入程度实际上已经超越了简单、被动的参与行为，并在积极行动的意义上指向了一种真正的合作。

在社会治理过程中，多元主体的合作行动并不是在必要性的意义上探讨的，而是在互动、有效性的意义上进行的。在这一合作治理框架下，政府和公众的创造性都将获得充分和有效的发挥，不仅政府将成为富有创造性的行动者，公众也将成为富有创造性的行动者。在社会走向成熟自治的过程中，不论是“自己动手做”还是个性化定制都在网络化、智能化科学技术的广泛应用中将政府和公众紧密地连接在基于行动者网络的合作治理体系中。而随着这种趋势的不断发展，我们将彻底改变管理型政府模式及其控制导向的思维方式和行动逻辑，从而建构起一种全新的政府模式。这种政府模式能够很好地结合“自己动手做”的生活模式和个性化定制的治理方式，而走向一种合作的社会治理模式，并在这一社会治理框架下反过来强化“自己动手做”的生活模式和个性化定制的治理方式。

总之，在后工业化进程中，一种全新的基层政府模式将服务于人们对后工业化现实的建构，促进乡村社会在未来社会治理中的优异表现，促进人的全面自由发展。向服务型政府转变是基层政府行政方式改革的最终目标。我国长久以来实行管制型政府模式，这种模式对政府的“服务”属性重视程度不够。因此，建设服务型基层政府有助于改进基层政府行政方式，强化自身的公共服务职能。另外，这还有助于市场经济的和谐发展，并且可以让广大基层群众享受到更多实实在在的利益，对社会稳定也起着重要的作用。因此，不论是复杂性理论、创造性技术，还是社会的网络结构，只要是能够用于帮助建构后工业化进程中基层政府模式的变革和创新的理论和思想都可以作为去吮吸的养分，同时，还要在虚拟世界中去思考和建构那些以往没有或被忽略掉的虚拟性思维以及充满知识和智慧的创造能力。

三、服务型基层政府的治理虚拟化

在服务型政府建设过程中，各地政府开始积极探索乡村领域基层服务型政府的建设路径，并形成了大量的制度创新，由此形成的基层服务型政府的建设效果对推动政府角色的公共转型具有至关重要的意义。在全球化、后工业化进程中，作为一种生态环境，虚拟空间的生成是从技术支持和思维方式变革两个维度推动基层政府模式向服务型政府变革的，因而，在政府模式建构的意义上，基于这一虚拟生态而建构起来的虚拟政府，是从属于服务型政府理论范式的，是服务型政府治理虚拟化的理论概括。

如果说人类社会正在迈入一个崭新的时代，并且我们可以从技术维度上将之称作为“网络化时代”，那么，基于这样一个特定的时代背景，电子政府建设正在成为“政府改革与发展的模式之一，其迅猛发展的态势得益于技术、社会公众与学术界的三方支持”。[①] 从这三股支持力量出发，我们看到，与其他政府模式相比，电子政府有着强烈的技术依赖性，或者说，技术已经成为电子政府这一政府模式的结构性要素。因而，信息技术和网络技术的发展进程正是政府模式走向电子政府的技术性支持。与此同时，社会公众通过互联网及其物质介质而实现网上生活，既是电子政府出场的物质支持，也是它的行为支持。如果说在电子政府的学术话语及其独特场域形成之后，关于电子政府的理论与实践走向了线性、平面与立体的三维建构的话，那么，电子政府的一个理论视角则是虚拟政府。

在工业化进程中，科学技术进步所改变和建构的只是自然界和人类社会本身，而在全球化、后工业化进程中，以网络技术、纳米技术，以及克隆技术为代表的创造性技术的涌现则在自然界和人类社会之外建构一个同它们并行但又彼此联结的符号化的虚拟现实。在这个并非“真实”的虚拟现实中，人们建构起了一种虚拟空间，而在这一正在生成的空间里，自然界和人类社会在符号化的过程中映射到虚拟世界当中，与此同时，流动的符号又依据虚拟世界的运行逻辑自我建构地生成，这样，正在生成的虚拟世界既与已存在的客观现实保持着一种紧密的联系，同时又涌现出了符合其自身运行规则的符号化现实。通过符号化、虚拟化的网络空间，政府的各项公共服务活动开始通过符号化而在虚拟世界中流动和运行，因而，这就使得通过接入到虚拟世界的终端，公众可以轻松、快捷地通过互联网甚至物联网来实现信息的获取和公共服务的接受。因而，从这个意义上来说，符号化、虚拟化的网络空间的生成，不仅拓展了人类活动的空间范围，而且正在改变人类社会这样的虚拟性存在的组织方式，正在改变政府等实体性存在的组织方式。

在虚拟世界的自我建构中，新的行政模式将首先表现出其所拥有的虚拟

---

① 周军：“虚拟空间生成中政府模式建构的路径——兼评刘祖云教授《十大政府范式》之电子政府”，《党政研究》2015 年第 5 期，第 96－101 页。

性思维，而不是实体性思维。在实体性思维当中，人们总是认为实体性存在是真实存在的，因而也就逻辑地认为它们是真的，而虚拟性存在则是不真实的存在，因而也就会将它们作为假的东西来对待。然而，当我们将这些虚拟性存在看作是虚假的幻象时，它们却时刻地影响着人类社会的生产、生活，以及交往活动，甚至会给人类社会的正常运行秩序造成极其严重的冲击，因而，我们也就不能将这些虚拟性存在当作假的东西来对待。换句话说，尽管它们是虚拟性的存在，但它们同样也是真实的，同样也是人类社会现实的一个构成部分。这也是人类社会在后工业化进程中所展现出来的与以往社会现实的不同之处。因而，处在这样一种社会现实当中的人们需要的是一种虚拟观。我们看到，自 20 世纪 80 年代以来，以网络技术为代表的创造性技术正在创造一个虚拟世界，而在这一虚拟世界中运行的则是符号化的现实。自然界和人类社会都在符号化、虚拟化的进程中走向了多重存在和多元运行的格局。

在符号化—虚拟化的连续体中，符号则是在虚拟世界中流动和运行的，实体性存在的符号化以及符号的符号化共同构成了虚拟世界中的符号化现实，它与真实世界的现实彼此联结、相互作用、相互影响。在虚拟世界中，符号并不完全是用来传送的信息和意义的载体，而更多的则是虚拟世界中流动的存在物，虚拟世界是它进行流动和运行的空间。而正是由于它们在流动和运行才使得虚拟现象得以建构成一个有时间、有空间，但同时又超越时空束缚的虚拟世界。符号化、虚拟化的连续体对人类的实体性思维方式提出了重大挑战，并因而对一切建立在实体性思维之上的制度设计、治理方案，以及行政模式提出了质疑。如果说思维方式的转变意味着一种全新的思维范式的建构的话，那么，人类社会则需要在这一全新的思维范式之上去重建人类生活的世界，这是一个由自然界、人类社会，以及虚拟世界构成的既有时空也超越时空的世界。而这正是公共行政理论与实践所身处其中的虚拟行政生态。

由此而言，服务型基层政府的构建所必不可少的治理虚拟空间和行政生态是通过以下三种虚拟化路径来推动实现基层治理科学化、民主化的。首先，通过信息技术的应用建构虚拟公共服务方式，在供给途径、供给方式以及供给思路上走向电子政府建设。电子政府是需要我们在技术层面上去加以理解的，而虚拟公共服务则不仅体现在这种技术意义上，而且它更多地展现了一种虚拟世界观和虚拟性思维。与此同时，充分意识到电子政府和虚拟公共服务之间的互动关系，既为电子政府的建设提供了良好的方向，同时也使得虚拟公共服务体系建构具有更大的发展空间，使它能够很快地走出资源有限共享、重复建设的困境。在建设现代化、数字化、虚拟化公共服务体系的过程中，服务方式的变革、管理能力的提升、业务单元的良好合作，以及业务流程的合理再造都在很大程度上推动了政府在虚拟公共服务体系建设上走向成本低廉、效果优异的建构方向。此外，在政府和多元治理力量之间互动关系的建构上，虚拟公共服务体系不仅能够“创建一个更开放、更具竞争力的市场，并在此寻求服务和解决方案”,[①] 而且我们更能够在创造性技术的有效利用中提高政府的工作效率和服务质量，并因而促进政府模式及其治理方式的根本性变革。

其次，在虚拟世界中开展社会治理活动，实现信息运行和流动的非中介化。在空间运行规则上，通过虚拟世界去开展社会治理活动使得符号化的信息在网络空间中的运行和流动实现了非中介化，因而，它不仅节约了社会治理的工作量和工作成本，而且还大大地节约了公众的通勤费用和时间成本。虚拟世界中的信息流动和运行具有非常独特的成本结构，当这种符号化、虚拟化的网络空间被特定的利益集团所利用时，它会使所有能够自由进入它的利益相关方获益，它所蕴含的商业潜能的挖掘正在振兴整个虚拟经济行业。

在社会治理活动中，当公众与政府的某一机构或部门开展互动时，我们就会发现，在虚拟世界中，每一个政府机构或部门都通过互联网而与其他机构或部门保持极其紧密、快速的联动，“正是通过这些关系网络和网上服务，政府机构正越来越趋向网络化。当我们谈论这些现象的时候，所谈论的可能就是虚拟政府。将那些没有关联的、权限上分离的、地理上经常分散的组织或者服务整合起来以至于表面看来天衣无缝，虚拟指的就是这样一种整合功能”。[②] 因而，政府的各个机构或部门尽管是按照分工—协作体系分立开来的，但在虚拟世界中，它们则又通过超越时空限制的互联网以串联的方式整合到一起。

最后，通过信息系统的构建转变政府角色。在社会治理变革上，当信息系统的建构越来越多地帮助政府从事更多的非等级化、非控制性的工作任务时，网络的跨边界意义变革了政府所扮演的角色和所承担工作的内容。信息系统的建构改变了信息在政府中的流动方式，大量自动化的信息处理系统使得各种复杂性和不确定性的任务处理都变得轻松、快捷，甚至可以说，如果

① 沈大风：《电子政务发展前沿（2012）》，中国经济出版社 2012 年版，第 5 – 6 页。

② ［美］芳汀著：《构建虚拟政府——信息技术与制度创新》，邵国松译，中国人民大学出版社 2010 年版。

信息系统的建构是足够完善的，那么，信息就可以不受时空约束地在任何时间、任何地点进行提取、存储、交流等。在符号化、虚拟化的网络空间中，经过整合的符号化信息不仅极大地提高了社会治理跨边界的虚拟化运行，而且还迅速提升了政府与企业、非政府组织，以及其他社会治理力量之间合作的可能性。多元社会治理力量将在虚拟世界中建构起一种网络关系。按照虚拟世界的运行逻辑，在不同行动者之间所建构起来的互动关系将直接延伸到虚拟世界中的任何区域的个人和组织，因而，当公众从物理世界接入虚拟世界并试图通过某个治理力量的某个机构或部门来实现其需求时，整个虚拟世界都将接收到他们的这项需求，并可能做出积极的回应，甚至已经采取前瞻性行动。在物理世界和虚拟世界的联动关系中，公众的社会治理需求将从虚拟的和实体的社会治理力量那里获得满足。

总之，治理虚拟化所展现出来的是在符号化、虚拟化的网络空间中去变革政府模式及其社会治理方式的一种可能性，这种可能性在技术应用的和思维方式的层面上走向了虚拟政府，而在政府模式变革的意义上则走向了服务型政府模式，在这一过程中，地方基层政府同样踏着服务型政府建设的脚步前进。

第三节　引导乡村走向成熟自治的行动逻辑

乡村社会治理是国家和社会治理的重要组成部分。乡村社会治理体系与治理能力的现代化影响着国家治理体系与治理能力的现代化。在传统的和发展不成熟的乡村社会中，基层政府往往以主导者的身份存在于乡村社会治理的方方面面。随着新农村建设和治理现代化的推进，在不同发展程度的乡村社会中，村集体经济的发展，村级组织人员能力的提升，以及乡村社会中其他社会力量的兴起等因素的影响对乡村社会自我治理提出了新的诉求，基层政府的主导作用当需逐渐转变为引导作用，乡村也逐渐实现从传统的社会治理走向成熟自治的转变。一般说来，成熟自治的乡村中的各种力量能够以行动者的角色，以在村集体经济发展的基础上获得的雄厚财政能力为推力，以村民的需要为依据，提供公共服务、保障公共利益，促进乡村社会的稳定和发展。但是乡村社会环境的复杂性和多变性以及村民自治的发展不禁让我们思考：在不同发展程度的乡村，基层政府应该担任什么样的角色？应该如何进退以确保乡村社会的发展进一步走向成熟自治？

一、进退互动模式：乡村治理关系图景新解

乡村社会治理是国家治理的基石，乡村治理体系构成国家治理体系的重要组成部分，乡村社会治理的成效关乎国家治理现代化的实现程度。中国由于地理位置、资源禀赋、产业集聚效应等因素的差异，所孕育出的乡村社会的治理状态也大有差异。从追求基础的经济发展到追求更高质量的美好生活的乡村，治理的内生动力和外部推力也在发生变化。我们认为，这样追求更高质量的美好生活的乡村社会，正是基层政府引导乡村社会走向成熟自治的最终结果。这样成熟自治的乡村的主要内生动力是村集体产业的发展带来的村集体经济收入增长，这使得村级组织和其他社会力量有能力去提供更高质量的公共服务，促进乡村社会的高质量发展。基层政府在乡村社会发展的不同阶段发挥着不同的重要作用，承担着不同的角色。处于贫弱的乡村地区，基层政府发挥着处处在场的作用；处于发展中的乡村地区，基层政府面临缺位现象应该及时向乡村渗透力量，由于制度惯性和依赖致使基层政府在乡村社会的发展和治理中该退不退时，会阻碍乡村社会内生发展力量的萌发和走向成熟自治的趋势；处于比较成熟的乡村社会，由于资源禀赋、产业集聚和城市辐射作用，有雄厚的经济基础，基层政府引导其走向成熟自治。不同发展程度的乡村基层政府进退逻辑见图 2－1。

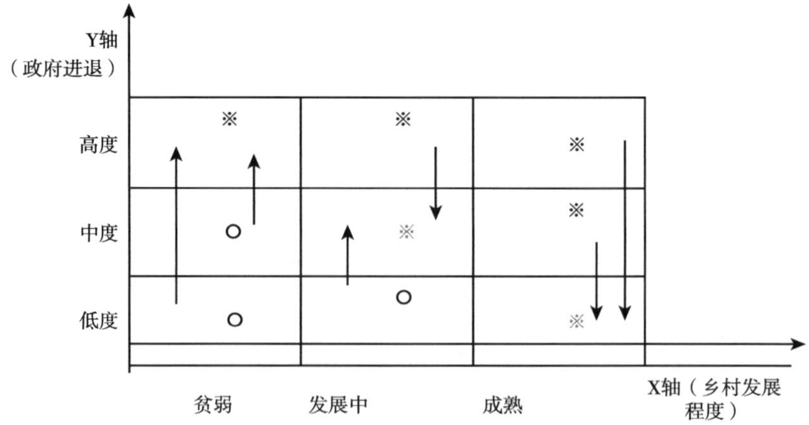

图 2－1　不同发展程度的乡村中基层政府进退逻辑

（一）贫弱的乡村：基层政府的处处在场

政府承担着代表民意、发展经济和维护社会公序的责任。计划经济体制下的政府被认为是万能的政府。至今很不成熟的乡村一般是处于边缘地区的乡村，仍然像是处在计划体制下一般，处处依赖基层政府。政治上，国家各项计划的贯彻执行依靠自上而下的层层分解而到达各级政府，基层政府作为行政政权的末端，领导并联接着乡村的各个方面，宏观政策的执行全靠基层政府的把控。政府尽职尽责的最佳表现即是保证国家政策毫无偏差、不折不扣地实施，政府的各职能部门相应做好管理亦即管控工作。经济上，基层政府对于乡村经济的发展起着带头和决定作用。诸如乡村的产业规划，产品的生产、分配、交换、消费，资源的利用等方面皆由基层政府来决定。村级财务支出和日常办公开支也都来源于乡镇政府的每月拨款。社会上，乡村社会的稳定、乡村环境的整治、公共物品的提供等方面全部依靠基层政府力量，村委会也习惯依赖于基层政府的力量来决策，村民对乡村发展的参与度低，乡村发展的内生动力不足。

同时，在有的贫弱乡村中，需要政府处处在场时，政府“缺位”现象却严重，这又往往会产生系列问题并导致乡村社会自治效果不佳。一方面，没有基层政府的指导或者指导不到位，加之村级干部素质低，缺乏有效的工作手段和方法，眼光不够长远，全局意识不足，致使上级指派的任务很难完成，公共事务的处理效率也表现得比较低下。另一方面，没有基层政府财政资金的支持，导致村级组织不能及时、有效地提供公共服务，满足群众日益多元化的需求。乡村社会的稳定方面存在隐患，民众的不满与抱怨很难依靠乡村社会内部力量得以解决。

（二）发展中的乡村：进退有度的再考量

随着乡村社会经济环境的不断发展和知识经济的不断渗透，乡村自身有了新的诉求，此时有必要对基层政府在乡村社会治理中的进退进行再考量。乡村社会治理的价值和制度是随着适应环境的需要而变迁和完善的，同时政治环境、经济环境和社会环境也决定了乡村社会治理价值追求的变迁和村民自治自身的完善与发展。简而言之，乡村社会的环境塑造了乡村社会自我治理的价值追求，而价值追求决定了乡村社会村级组织及其他社会力量的功能选择和治理目标。

处于中心和边缘之间地区的乡村社会环境在发展时，乡村发展的价值追求也在发生变化，而此时基层政府的力量仍然处于主导地位。如此，基层政府在乡村社会治理中进得过多会使得乡村的内生发展力量不能被发掘。这主要表现为在政府主导村委服从的状态下，管制大于自治，仍然是不充分的村民自我治理。一是村干部行政化。村两委人员的选任，主要体现乡镇政府的意图，村民民主选举不能落到实处；村民事务的处理也要符合乡镇政府的要求，民主决策亦不能落到实处。二是村级事务行政化。作为国家构建的制度文本的《村民委员会组织法》等相关法律规定，村民委员会的职能主要包括两个方面：依法履行自治职能，办理“村务”；配合乡镇政府工作，协理“政务”。受财政转移支付制度和村干部绩效考核制度化的影响，村干部被乡镇政府吸纳成为其实际“下级”，比起本村一般村务，村委会更倾向于优先选择带有压力性的行政任务的交付，民主管理比较浮于表面；这种表面自治实为官治的状态体现为村民自治的“空壳化”，即是不充分的自治。

而且，此时发展中的乡村已经谋生出自我发展的意识，但由于基层政府该退不退，影响乡村社会的整体发展。首先，由于制度惯性等致使基层政府该退不退，会束缚村民自治发生作用。发展中的乡村中村委自觉行动的积极性和公民自觉参与的主动性因为基层政府的主导性而不能表现出来，如村集体建设、土地流转、房屋拆迁等兼具复杂性和多样性并且关乎村民自身切实利益的问题处理上，基层政府能力有限不能很好解决却也不愿意退居到引导者的次要地位，如此，乡村自然也不能实现充分的社会治理。其次，也阻碍了其他社会力量的兴起以及对乡村社会所需公共物品提供的贡献作用。乡村社会公共物品的提供、公共服务的供给主要还是依靠政府，而政府对于公共物品和公共服务的供给也只是按照其自身认为公民应该需要的那些公共物品和公共服务来提供，而不是按照公民的实际需要来提供，致使公共服务供给结构不均衡，供给主体单一。最后，也会增加基层政府的负担和压力。几乎事务都由基层政府处理，难免会因为负担过重而出现懈怠与不作为的现象。

发展中的乡村社会的治理，仍然存在政府缺位的情况，也就是基层政府在乡村社会治理中进得不够。此时出于乡村发展需要，基层政府应该帮其抓重点，比如是因地制宜进行特色产业发展还是依托地域特色文化发展旅游促进经济，需要大力培育和促进哪一类型社会性组织的发展，类似的问题都需要基层政府帮助乡村抓住重点，推动乡村政治经济的发展。这时政府的缺位往往导致乡村会抓不到重点或者抓错重点，不能实现乡村社会的有效治理和有效发展。

面对乡村社会治理中基层政府缺位的现象，基层政府的力量该进不进，也会导致乡村社会治理的低效甚至是无效。乡村社会的自我发展意识仍然需要基层政府适时地将转化成为实际的、方向正确的且切中要害的发展实践。但是基层政府介入过慢会使得基层政府的公信力缺失，政府在促进乡村社会发展中表现出来的低效率会加剧民众对政府的不信任程度。

发展中的乡村中，基层政府的进和退应该有一个度的考量，在乡村社会治理中的作用点应该随着乡村社会的发展程度而适时改变，基层政府进得多或进得不够都会导致乡村社会内生发展力量不足，在这样的乡村，基层政府的力量该进不进或者该退不退，都会导致乡村社会治理的低效，很难向成熟自治迈进。

（三）成熟的乡村：作为引导者的基层政府

基于以上讨论，我们认为基层政府实现了从主导者到引导者的转变时，乡村便接近成熟了，而其主要动力和主要原因则是村集体经济的发展使得村级组织拥有了比较雄厚的财政能力，有了比较好的孕育社会组织的环境。在产业集聚，并且具有便利的交通和优越的区位条件的乡村地区，村级组织既有自我发展的诉求，也有自我发展、自我服务的能力，此时政府放权，引导村级组织和其他社会组织以一个行动者而非执行者的角色保障村民利益、实现公共事务管理、提供公共服务。在这样成熟的乡村地区，基层政府与民意实现充分沟通，加上社会组织的参与，公共服务的供给结构相对均衡，供给主体除了政府，还有村委会、市场和其他社会组织，供给的主体多元性也更能满足村民日益多元化和复杂化的需求。

现阶段，各类型乡村的状态，随着最后一批贫困县的成功退出，我国脱贫攻坚的工作取得阶段性胜利，从这个角度看，已经没有绝对的贫弱乡村，但相对贫弱的占少数，成熟的占少数，发展中的却占多数，我们乡村社会的治理追求的正是绝大多数处于发展中的乡村能够迈向成熟自治的乡村。对于发展中的乡村，基层政府应该把握好进退的度，进一步引导和规范社会组织分担乡村社会的管理责任，引导乡村走向成熟自治。

二、政府角色转换：成熟的乡村该如何治理？——以 Z 镇 C 村为例

在新时期，人民对于美好生活的向往以及国家治理体系和治理能力现代化的要求使得乡村社会治理已经不仅仅满足于实现在基层政府主导下的自我管理，而是有了注重自主自治和自我提供服务以走向成熟自治的趋势。从不同发展程度的乡村社会治理走过的历程中可以看到，基层政府对乡村社会发展的作用在逐渐改变；同时，村级组织的能力增强使其在完成基层政府的“行政事务”的同时，依托经济职能进一步发挥服务职能在乡村社会治理中的作用。在调研中发现，Z 镇 C 村就是如此，在顺应环境变迁的过程中，既很好地完成了上级政府下派的行政任务，也促进了本村经济发展，同时还注重本村公共服务的供给。可以说，是在基层政府的引导下正在向成熟自治转型的典范。

（一）C 村实现成熟自治了吗

试图从 C 村的治理现状看 C 村是否实现了成熟自治。乡村社会的治理状态表现有很多指标，但是在 C 村的比较突出的表现为以下几个方面：

1. 村民自治制度运行有效。

村委会结构明晰。村委会成员皆为本村人，村干部对学历有要求，呈现出结构年轻化特征，村干部由村民通过民主选举的方式产生。村两委组织人员分工明确，与基层政府各职能部门相对应。如 2003 年成立的村级调解委员会，就和上级司法所相对应，并且条线关系随上级行政机构变化而变化。在党委领导下，推进村民自治进程不断向前推进，村民自我管理的主体意识增强，村民自我服务的参与意识较高，村民自治机制相对健全。

2. 村民主体地位有效凸显。

一是在村庄事务的决策中，政府、村级组织和民意实现充分沟通。乡村社会依旧是熟人社会，村干部知晓村民真正的需求所在，尊重村民在公共物品供给、公共服务提供中的主体地位，促进公共服务供给结构均衡。村民的意见被采纳，进一步激发和鼓励了自觉参与的积极性。二是注重人居环境整治，建立起生态良好、美丽宜居的乡村，村委会在环境治理中每年投入 70 多

万元。三是有畅通的监督渠道。切实做到了村务公开，村民也可通过网络渠道监督村两委行为。

3. 社会保障体系完善。

在党委领导下，村级组织基于经济实力自觉行动，构建了比较完善的社会保障体系。一是便民服务中心体系完善，一站式服务。与村民相关的各项事务办理不用出村，村民可以直接在便民服务中心方便、快捷、高效办理完成。二是福利性保障到位。村级组织雄厚的财政基础让村委会为村民提供福利性支出成为可能。村里有社区医疗服务站，村里也承担费用。对于无社保的村民，村委出钱帮买新型农村合作医疗保险；高龄老人补助，村委承担费用；退休工人的补助，村委也承担三分之一的费用。65 岁以上村民的意外保险全覆盖村里帮买。三是注重精神文明建设。新时代文明志愿服务组织、义工队伍提升了村民的幸福感。

村级组织人员能力提升，明确的分工与上级条线对应，完善的社会保障体系的建立以及在经济职能之外的服务职能的发挥，为基层政府退居引导者的角色奠定了基础。

（二）基层政府是如何促进 C 村自治的

1. 要素流动促进村集体经济发展。

城市集群的影响、良好的交通区位优势以及产业条件是乡村经济发展的基础和要件，劳动力人口亦是乡村社会经济发展的稳定性因素。一是土地要素的流动盘活经济。C 村处于苏南地区，在周围中大城市的经济辐射作用下村集体经济蓬勃发展，为乡村社会的正常运转提供充分的物质基础 C 村村级组织财政来源主要是集体土地和房屋的租金、电费、水费等租金性收入。资产、土地等要素的流动促进村集体经济的收入增长，进一步完善了 C 村的基础设施，改善了村民的生活条件。集体经济越是发展壮大，越需要通过村民自治扩大群众参与，保障集体收益再分配的公平性和有效性。二是劳动力要素的就近流动促进经济稳定发展。C 村人口较少外流，在册户籍人口 10 300 人，固定常住人口 8 000 多人，从企业发展角度看，较好地保障了企业劳动力的稳定性。

2. 政府引导塑造良好营商环境。

营商环境的本质内涵是市场主体在其运营全生命周期所付出时间成本、

制度交易成本的效度，其衍生的外延包括法治环境、政务环境、市场环境、要素环境、设施环境、开放环境和社会环境。① 正确处理好政府与市场的关系是塑造良好营商环境的核心，C 村里的民营企业有开有关由市场决定，政府主要是服务职能。纺织类和化纤类产业链齐全，带来了规模效益。村里会根据既定标准对各个民营企业的税收和产值进行评价，贡献率比较大的被保留，由此激活各个竞争主体的活力，让市场发挥很好的资源配置作用。在法治环境方面，构建了比较健全、完善的监管机制，建立起自然资源、公共场所安全、企业排污监测监管平台，为企业有效运作和社会治理提供保障。

3. 利益再分配坚持以人为本。

成熟的乡村社会的自主治理根本原因在于村集体经济的发展，但经济的发展以及发展成果的共享与利益的再分配注重的皆是以人为本的原则，注重公共利益的实现，这也是基层政府始终坚守的原则。由于村集体经济发展的土地这一关键要素来源于村民，最后利益的再分配的主体理应是村民。基层政府通过向村级组织传达这一理念，具体到村级利益再分配的形式便可以多样化，包括征地补偿、以基金形式存在并用于村民的综合费，水稻田流转过程中的植保款，耕地补助和生态补偿由村里保障兜底，保证公共利益，提升村民的幸福感。

（三）C 村的自治与他治冲突了吗

自治与他治这两者的力量在乡村社会发展过程中相互之间有一定的联系。但是它们是否冲突呢？通过以上进退互动关系模式的讨论及解释，我们认为，C 村在自治与他治中没有发生冲突，其原因在于基层政府很好实现了该进则进，该退则退。在发展的早期阶段，民办企业的兴起很大部分原因在于距离上海等大城市比较近，资源和技术直接带回村里，靠着自己的力量发展。发展的中期，基层政府开始介入，自己的实力加上发挥政府、市场、村集体组织的共同作用。在前期和中期，乡村社会的整体发展政府的他治作用较自治作用更为突出。后期经济发展后基层政府逐渐退出，更多地提供引导性的服务，村集体经济的进一步发展和其他非政府组织等力量使得乡村社会在基层

① 李海鹏：“优化营商环境需处理好十个关系”，https：//theory. gmw. cn/2020 - 12/11/content_34453400. htm。

政府的引导下，向多元合作有序互动的治理方向迈进。

三、政府引导职能：乡村治理的他在性逻辑

政府作为乡村治理主要主体之一，在不同发展程度的乡村中，应该发挥其引导型的政府职能，即政府在乡村治理行动过程中，乡村要走向成熟自治，政府扮演的角色应该是一个“他者”。从进退互动模式这一框架下来看政府的作用，政府遵循的是乡村治理的他在性逻辑。

（一）乡村发展类型的划分

中央始终把促进农业农村发展和保障农民利益放在重要的突出位置。乡村社会的治理作为国家治理体系的重要组成部分，在国家治理体系与治理能力现代化这一背景下，基层政府如何履行好引导性职能，扮演好乡村社会合作治理中的“他者”形象也就显得尤为重要。我国乡村类型复杂多样、情况各异。按照发展程度可以分为贫弱的乡村，发展中的乡村以及发展成熟的乡村。乡村发展程度可以从人均GDP、村民自治制度的运行效率、村民主体地位的凸显、社会保障体系的完善等方面以及历史发展角度进行考量。也可以按照中心—边缘结构去理解，随着工业化和城市化的不断发展，不同乡村地区受到的影响和辐射程度不同，导致出现不同发展程度的乡村。贫弱的乡村往往是处于“中心—边缘”这一结构中边缘地区的乡村，这一类别的乡村受工业化和城市化影响的程度最低，辐射范围最小，村民组织和其他组织的自身发展力量不足，没有自我发展的意识，往往需要基层政府的大力扶持，以保证其稳步向前发展。发展中的乡村往往是处于“中心—边缘”这一结构之间的乡村。这一类别的乡村受工业化和城市化影响的程度中等，辐射范围也中等，但由于此类乡村已经萌生了自我发展的意识，并且由于受到多个中心—边缘结构的交汇影响，比一般处于单个中心—边缘结构之间区域的乡村发展劲头更足。发展成熟的乡村往往是处于“中心—边缘”这一结构中的中心地区的乡村。这一类别的乡村受工业化和城市化的影响程度最高，辐射范围最大，甚至有的乡村地区集体经济快速发展，实现了就地城镇化，自我发展能力较强，发展程度高也更能实现乡村的成熟自治。

（二）基层政府力量的介入

政府角色的转换首先要考虑政府介入的维度。基层政府与村民自治之间的关系是你进我退的关系。基层政府对乡村发展的介入程度与乡村发展程度之间亦是你进我退的关系。基层政府的介入主要体现在领导力和控制力、政策支持、资金支持等方面。

第一个表现是基层政府的领导力和控制力。基层政府是我国层级政府体系中的最末端，连接着上级政府和乡村社会。基层政府对乡村社会的领导力和控制力直接体现了其对乡村社会的介入程度。例如，在苏南农村发展早期，由于计划经济体制的影响，基层政府对农村发展的控制力从中央政府向下层层传达，乡村社会的发展和资源的配置统一由政府进行规划和调配。苏南企业改制后，基层政府对乡村社会和企业的控制力减弱。基层政府的领导力和控制力在乡村发展不同时期的表现程度不同，由此可以清晰地看出政府力量的介入时机也不尽相同。

第二个表现是政策支持。苏南农村是在苏南模式的发展变迁中不断发展的，在苏南模式变迁中苏南农村企业的发展必然依靠了宏观政策的影响以及基层政府对乡村发展的政策引导力。苏南模式发展受到计划体制向市场体制转变过程的影响，苏南农村企业的发展抓住了市场调节的机遇。党的十八大提出"推动城乡发展一体化，要加大统筹城乡发展力度，增强农村发展活力，逐步缩小城乡差距，促进城乡共同繁荣"。[①] 党的十九大提出"要坚持农业农村优先发展，按照产业兴旺、生态宜居、乡风文明、治理有效、生活富裕的总要求，建立健全城乡融合发展体制机制和政策体系，加快推进农业农村现代化"。[②] 诸如这些宏观政策对乡村发展的影响是比较明显的，政策的层层下达，到达政府体系最末端的基层政府一级时，需要基层政府对乡村发展的介入。

第三个表现是资金支持。在社会组织发育不足的社会环境下，基层政府作为单一的公共服务供给主体，乡村发展和提供社会公共服务的资金来源依赖于政府财政拨款。基层政府通过此类资金支持的方式对乡村社会的发展进

---

① 胡锦涛："坚定不移沿着中国特色社会主义道路前进 为全面建成小康社会而奋斗——在中国共产党第十八次全国代表大会上的报告"，http：//cpc. people. com. cn/n/2012/1118/c64094 - 19612151. html。

② 习近平："决胜全面建成小康社会 夺取新时代中国特色社会主义伟大胜利——在中国共产党第十九次全国代表大会上的报告"，http：//www. 12371. cn/2017/10/27/ARTI1509103656574313. shtml。

行介入。在社会其他力量发展较足的乡村地区，基层政府的单一资金支持减弱，而是进一步提升社会组织、村民自治组织和集体经济组织的服务能力。在社会组织力量和村民组织力量很强的地方，基层政府只需要发挥引导职能和作用，引导乡村治理和发展的其他主体补充乡村发展和提供公共服务的资金来源。

（三）不同类型乡村的治理逻辑

此前已经讨论过按照乡村发展程度划分，可以将乡村分为贫弱的乡村（“中心—边缘”结构中边缘地区的乡村）、发展中的乡村（“中心—边缘”结构中处于中间地区的乡村）和发展成熟的乡村（“中心—边缘”结构中处于中心地区的乡村），基层政府在这几类别不同发展程度的乡村介入力量有大有小，也就是基层政府介入力量的进退应该根据乡村的发展程度来确定，如此，不同发展程度的乡村有着不同的治理方式。但对于治理效果的追求上，目标几乎是一致的。基层政府从处处在场，退居中度在场，再退居到低度在场，最后只发挥引导性作用，作为合作治理中的他者形象在乡村治理中发挥作用，最后追求的理想的治理逻辑也正是基层政府的他在性逻辑。

处于边缘地区的乡村，受城市的辐射作用最小，村民自治的活力最低。村民自治是现代乡村治理的关键要素，但在边缘地区的乡村地区，由于基层政府长期以来对乡村进行监管和控制，村民组织没有足够的活力和能力，村民没有参与意愿，公共事务的管理效率比较低，治理效果也达不到理想目标。基于政府能力、经济发展水平、地方财政状况和文化传统等方面的不同，基层政府为乡村提供的公共服务种类与质量也不同。在这样的处于边缘地区的乡村，政府对乡村发展的介入力量应该进时则要及时地进，要发挥主要的作用，为乡村社会的治理和发展既要把好方向，也要抓准重点，促进其稳步向前发展。具体来说，在经济职能方面，基层政府既要对经济发展的方向有宏观把控，又要对经济发展的具体规划和要求做出细致安排，加强基层政府的领导力和控制力。在政治职能方面，基层政府要在各项关于乡村发展的政策解读上积极进行宣传，在政策执行的各个环节让其他主体参与其中，并进一步创新宣传教育机制。在社会职能方面，为了维护乡村的稳定发展与促进乡村发展程度的发展，政府要积极培育社会组织的力量，逐步向多主体合作治理迈进，为乡村走向成熟自治奠定基础。同时，村民要不断加深对村民自治的认知，自觉参与到村民自治的各项事务当中去，提升自身的政治和法律素质，村民参与村民自治的权利没有得到实际实现的时候，要学会运用法律手段表达自己的诉求。

处于中心和边缘之间的乡村为相对意义上的发展中的乡村，这一类型乡村仍然是所有乡村中的多数。我们看到发展成熟的乡村在基层政府的引导下实现经济发展的同时，村两委、村民、非政府组织和市场主体都能以行动者的角色为促进乡村社会的合作治理发挥作用。这正是我们广大发展中的乡村所追求的美好图景。而这一美好图景的实现需要基层政府发挥在乡村治理中的引导型政府的职能。首先，在经济职能方面，基层政府要因地制宜地进行产业发展规划，抓住经济发展的重点，在有条件的乡村地区，激发市场主体的活力。其次，在政治职能方面，基层政府也要进退有度，从中度在场退居低度在场，充分保障村民的主体地位，让村民自治制度在乡村发挥真正作用。最后，基层政府在社会管理方面的职能的发挥也是着重于引导村民、社会组织等主体提升自身能力；引导集体经济组织把握市场运作规律，抓住市场机遇发展经济，为村民组织提供公共服务奠定经济基础；同时，政府要为村民自治组织赋能，大数据和新技术的运用能够提高村民自治组织管理效率，促进合作行动的成熟自治乡村的美好图景的形成。

处于中心发展地区的乡村自治也应遵循基层政府作为他者的行动逻辑，基层政府在乡村社会的治理与发展中更应该把发挥引导性作用放在首位。基层政府作为他者的行动逻辑体现了乡村治理模式的转变，具体表现为以政府为主导的治理模式转变为政府引导、村民自治组织、村民和社会组织互动参与的模式。政府主导模式下，政府是乡村公共物品和服务的直接提供者，在政府引导模式下，政府作为乡村公共物品和服务的宏观调控者发挥作用。在中心发展地区的乡村，社会组织的力量强大，能够为村民提供治理目标之外的精神层次的服务，提升村民的幸福感；村民自治组织有足够多的活力和足够好的能力对村内公共事务进行管理，服务高效；村民的主体地位凸显，对于公共事务的参与感极强，政治素质和法律素质提升，在乡村治理的合作行动中起到了积极作用；市场主体也积极发挥作用，为乡村繁荣发展贡献着力量。乡村地区达到这种程度的发展，是我们一致追求的美好愿景，各个主体之间合作并且互相信任，此时基层政府是乡村治理中的“他者”，超越了回应性，兼具了前瞻性、引导性和他在性。

第三章

现实场景：传统乡村的现代化转型

第一节　长三角地区乡村经济社会转型基础

一、科技基础：长三角地区信息化建设的总体水平

（一）信息化发展水平总指数持续提升

信息化代表新的生产力和新的发展方向，已经成为引领创新和驱动转型的先导力量。总体而言，近年来，长三角地区信息化发展水平总指数持续提升，得益于各省市不断完善信息化政策法规、扎实推进信息基础设施建设、加快发展信息产业，促使信息化成为产业转型升级和保持经济持续健康较快发展的支撑力量。

从2012年至2017年的评估数据看（见表3-1），江苏省信息化发展水平指数持续提升且保持较好发展态势。全省信息化发展水平总指数从2012年的84.56逐年提升到2017年的94.06，年增长率分别为2.5%、1.7%、3.3%、1.7%、1.6%，累积增长率达到16%。从2016年至2017年江苏省信息化发展水平指数一级指标比较结果看，2017年的五个指标均较上年度有所进步，呈稳步提升的增长状态，基础设施指数和发展效果指数增长较明显。其中，基础设施指数为97.6，比上年提高2；产业技术指数为94.78，比上年提高0.89；应用消费指数为93.46，比上年提高1.55；知识支撑指数为

92.01，比上年提高 0.61；发展效果指数为 92.25，比上年提高 2.23。

表 3－1　　2012～2017 年江苏省各设区市信息化发展水平总指数

地区	2012 年	2013 年	2014 年	2015 年	2016 年	2017 年
江苏省	84.56	86.67	88.11	91.03	92.56	94.06
南京市	92.97	93.03	93.27	96.71	96.86	97.17
无锡市	89.47	90.02	91.46	94.46	95.61	96.39
徐州市	77.63	79.50	82.04	85.78	89.19	89.24
常州市	86.18	89.52	90.77	92.94	93.93	94.85
苏州市	91.42	93.24	93.73	94.89	96.36	96.76
南通市	80.91	83.16	85.08	86.96	90.56	92.60
连云港	76.66	78.41	80.50	83.94	86.78	87.89
淮安市	76.46	78.28	80.90	83.81	87.00	88.96
盐城市	76.31	78.38	80.40	84.66	88.07	88.73
扬州市	81.27	82.49	84.82	87.69	89.51	91.11
镇江市	84.66	86.03	87.07	90.25	92.13	93.64
泰州市	79.13	81.86	83.46	85.91	89.86	91.72
宿迁市	73.94	77.40	79.72	83.63	86.77	88.80

各设区市信息化发展水平指数稳步增长，区域差距不断缩小。从 13 个设区市 2012～2017 年信息化发展指数来看，各设区市都保持了逐年稳步增长的趋势。2017 年，随着各地深入推进新一代信息技术在经济社会各领域的创新应用，各地信息化发展水平有了较大提升。其中，南京市信息化发展指数达到 97.17，位列全省第一。苏南地区五市信息化发展指数均在 93 以上，苏中地区三市信息化发展指数均在 91 以上，苏北地区五市信息化发展指数均在 87 以上。宿迁市、南通市、淮安市、泰州市信息化发展指数整体上涨幅度较大，泰州市、扬州市信息化发展指数首次突破 90。尽管苏南、苏中、苏北三个地区信息化发展指数呈现明显三级梯度，苏中、苏北地区的信息化发展指数落后于苏南地区，但同时也可看到，2015～2017 年间三大地区信息化水平与全省一样保持持续增长态势，而且苏中、苏北与苏南地区间的信息化发展指数差距呈不断缩小趋势。①

① 江苏省信息化监测课题组：“江苏省信息化发展水平监测报告”，《统计科学与实践》2019 年第 3 期，第 47－50 页。

为贯彻落实《浙江省信息化发展“十三五”规划（“数字浙江 2.0”发展规划）》，深化推进制造强省、网络强省、数字浙江建设，全省各地深入实施“互联网 +”行动，积极推动互联网、大数据、人工智能和实体经济深度融合，加快推进工业、农业和服务业等三大产业数字化、网络化、智能化，优化提升新一代信息基础设施环境与布局，进一步释放信息化对经济社会发展的放大、叠加、倍增效应。全省信息化发展水平总指数从 2019 年的 91.7 逐年提升到 2020 年的 107.7，累积增长率达到 17.4%。2019 年，全省信息化发展指数为 105.9，比上年提高 3.1 个点。三项一级指标值较上年均有所上升，其中，网络就绪度、信息通信技术应用和应用效益等三项指数分别为 119.7、103.4 和 97.3，分别比上年提高 3.7 个、3.6 个和 1.6 个点。① 2020 年，全省信息化发展指数为 107.7，比上年提高 1.6 个点。网络就绪度、信息通信技术应用和应用效益等三项一级指标值分别达到 121.8、105.3 和 98.2，分别比上年提高 1.7 个、1.9 个和 1.0 个点（详见表 3 – 2）。②

表 3 – 2　　浙江省信息化发展水平指标（指数）

指标（权重）	2019 年	2020 年
信息化发展指数	105.9	107.7
1. 网络就绪度指数（25%）	**119.7**	**121.8**
1.1 固定宽带普及率（5%）	97.4	98.5
1.2 移动宽带普及率（5%）	107.6	104.0
1.3 付费数字电视普及率（2%）	112.3	117.9
1.4 固定宽带端口平均速度（5%）	121.4	129.1
1.5 每平方公里拥有移动电话基站数量（4%）	103.9	106.6
1.6 城域网出口带宽（4%）	179.8	181.1
2. 信息通信技术应用指数（50%）	**103.4**	**105.3**
2.1 企业信息化投入相当于主营业务收入比例（5%）	90.9	86.2
2.2 工业企业应用信息化进行生产制造管理普及率（5%）	101.3	102.9
2.3 企业电子商务销售额占主营业务收入的比重（5%）	100.3	99.0

① 《2019 年浙江省信息化发展水平评价报告》。
② 《2020 年浙江省信息化发展水平评价报告》。

续表

指标（权重）	2019 年	2020 年
2.4 企业每百名员工拥有计算机数（5%）	93.3	98.1
2.5 企业从事信息技术工作人员的比例（5%）	89.2	91.3
2.6 移动电话普及率（5%）	104.5	105.0
2.7 人均移动互联网接入流量（5%）	151.1	163.7
2.8 全体居民人均通讯支出（5%）	97.7	97.3
2.9 人均电子商务销售额（5%）	102.7	105.3
2.10 网络零售额相当于社会消费品零售总额比例（5%）	103.4	104.3
3. 应用效益指数（25%）	**97.3**	**98.2**
3.1 全员劳动生产率（5%）	99.3	102.8
3.2 新产品产值率（2%）	99.9	99.7
3.3 单位地区生产总值专利授权量（2%）	89.6	87.3
3.4 规模以上工业 R&D 经费占主营业务收入的比例（2%）	93.6	94.2
3.5 单位 GDP 能耗（2%）	103.2	103.9
3.6 单位地区生产总值用水量（2%）	102.7	104.2
3.7 人均地区生产总值（5%）	99.9	100.6
3.8 数字经济核心产业增加值占 GDP 的比例（5%）	91.7	91.9

注：表内与 GDP 相关指标均采用 2018 年、2019 年统计快报数据测算。

（二）信息社会发展水平达到初级阶段

依据信息社会的内涵和基本特征，从信息经济、网络社会、在线政府和数字生活四个维度来考察长三角地区的信息社会发展水平，基于各省市信息社会发展水平测评指标体系，并参见各指标参数，已处于信息社会的发展阶段。

以江苏省为例，2018 年江苏省信息中心在国家信息中心信息社会研究的基础上，构建《江苏省信息社会发展水平测评指标体系》（见表 3－3），从数字经济、网络社会、数字政府和数字生活对江苏省及 13 个设区市进行信息社会发展测评。总体而言，2018 年江苏省信息社会指数达到 0.6340，首次超过 0.6，处于信息社会初级阶段。

表 3－3　　江苏省信息社会发展水平测评指标体系（JSISI）

一级指标		二级指标		三级指标	
指标名称	权重	指标名称	权重	指标名称	权重
I1. 数字经济指数	30%	1.1 经济发展指数	1/4	1.1.1 人均 GDP 指数	1
		1.2 人力资源指数	1/4	1.2.1 成人识字指数	1/3
				1.2.2 教育投入指数	1/3
				1.2.3 大学生指数	1/3
		1.3 产业结构指数	1/4	1.3.1 产值结构指数	1/2
				1.3.2 就业结构指数	1/2
		1.4 发展方式指数	1/4	1.4.1 研发投入指数	1/3
				1.4.2 创新指数	1/3
				1.4.3 能效指数	1/3
I2. 网络社会指数	30%	2.1 基础设施指数	1/2	2.1.1 宽带速率指数	1/2
				2.1.2 无线网络指数	1/2
		2.2 社会发展指数	1/2	2.2.1 人均寿命指数	1/3
				2.2.2 城镇化指数	1/3
				2.2.3 空气质量指数	1/3
I3. 数字政府指数	10%				
I4. 数字生活指数	30%	4.1 移动电话指数	1/3		
		4.2 人均流量指数	1/3		
		4.3 互联网指数	1/3		

从重点领域发展来看，信息社会重点领域包括：数字经济、网络社会、数字政府和数字生活。①数字政府发展指数高。在 4 个重点领域里，数字政府指数高，2018 年江苏省数字政府指数达到 0.807，远高于其他 3 个重点领域发展指数。②网络社会和数字生活发展较好。2018 年江苏省网络社会指数是 0.6522，数字生活指数是 0.6349，均高于同期江苏省信息社会指数。③数字经济指数一般。2018 年江苏省数字经济指数是 0.5571，低于同期江苏省信息社会指数。见图 3－1。

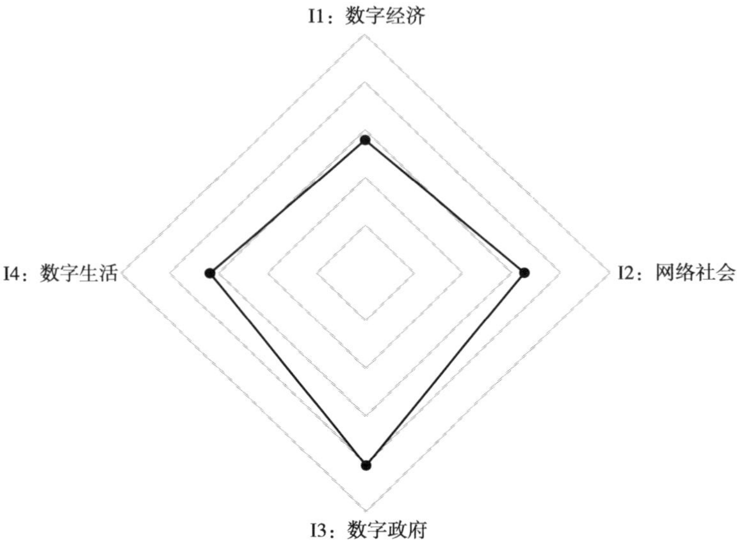

图 3－1 江苏省信息社会重点领域指数

从设区市信息社会发展来看，①设区市信息社会发展指数分布。从 2018 年江苏省 13 个设区市信息社会指数来看，苏南区域的设区市信息社会指数整体要高些，苏中次之，苏北要偏低些。其中，苏南的苏州、南京和无锡 3 个设区市信息社会指数均超过 0.7，常州和镇江信息社会指数均超过 0.6。苏中 3 个设区市 ISI 处于（0.5，0.7）；苏北 5 个设区市 ISI 处于（0.5，0.6）。②设区市信息社会发展指数排名。省内排名最高的是苏州，最低的是宿迁。其中，指数高于江苏省的有苏州、南京、无锡、常州和镇江，其他设区市指数均低于江苏省。[①] 见表 3－4。

表 3－4 江苏省设区市 ISI 分布情况

区域名	ISI 区间	设区市
苏南	（0.6，0.8）	苏州（0.7638）、南京（0.7478）、无锡（0.7334）、常州（0.6694）、镇江（0.6551）
苏中	（0.5，0.7）	扬州（0.6086）、南通（0.5980）、泰州（0.5757）
苏北	（0.5，0.6）	徐州（0.5557）、盐城（0.5535）、连云港（0.5510）、淮安（0.5471）、宿迁（0.5439）

① 滕宏虹："江苏信息社会发展水平报告（2018）"，《市场周刊》2018 年 12 期，第 81－83 页。

（三）信息基础建设居于全国第一方阵

信息基础设施是信息化的前提和条件，基础设施指数由居民百户电脑拥有量、每百人拥有电话容量（固定+移动）、每百人拥有宽带接入端口数、每百户家庭电视用户数（含有线、数字、IPTV）、家庭宽带平均带宽5个二级指标构成。长三角地区不断加快5G技术、大数据中心、人工智能、工业互联网等新型信息基础设施建设，信息基础建设一直走在全国前列。

可以说，江苏信息基础建设一直处于全国第一方阵。早在2017年，其信息基础设施指数便达到了97.6。随着“宽带江苏”“无线江苏”“智慧江苏”“两化融合”的建设步伐加快，全省信息化支撑能力持续增强。先后建成10个省级互联网产业园、20个众创园及5个云计算和大数据产业园，成立了“江苏省网络与信息安全重点实验室”“江苏省信息安全测评中心”，涌现出苏宁易购、宏图三胞、中国制造网、途牛网、焦点科技、同程网等国内知名互联网企业。①

此外，5G移动通信网络建设加快推进。2017年，江苏在全国率先实现城乡4G全覆盖。2018年，南京、苏州、无锡率先在全国开展5G组网试验。2019年4月，江苏成功完成5G通话试验，同年5月，江苏省政府专门出台《关于加快推进第五代移动通信网络建设发展若干政策措施的通知》，推进5G网络建设。南京是全国首批5G试点城市，目前已经建设开通3500个5G基站，深度覆盖南京主城、江北新区、东山新区、仙林大学城，以及南京火车站、南京南站、禄口国际机场、新街口商圈等。②

浙江省新型信息基础设施布局建设正在加紧脚步。印发《浙江省新型基础设施建设三年行动计划（2020～2022年）》，出台《浙江省5G基站建设“一件事”集成改革实施方案》推进全省建设5G基站5.67万个。到2020年6月底建成国家（杭州）新型互联网交换中心，成为国内首家正式启用的新型互联网交换中心。推进数据中心等算力基础设施建设。建成数据中心数量超过180个，其中，大型以上数据中心20个；着力提高农村、海岛等偏远地

---

① 苏丽琴等：“江苏网络强省建设的路径研究”，《江苏科技信息》2018年第23期，第1-6页。

② 江苏广电总台融媒体新闻中心《黄金时间》栏目：《智慧江苏，向我们大步走来》，《新华日报》2019年8月8日（005）。

区宽带网络能力和覆盖水平，大幅提升跨区域和全球范围信息交互的效率和水平。据测算，2020 年全省数字网络普及率快速提升，固定宽带普及指数、移动宽带普及指数、有线电视发展指数和宽带速率指数分别为 98.5、104.0、117.9 和 129.1，较上年分别提升 1.0、下降 3.5、提升 0.4 和 7.7 个点，基础设施指数为 143.9，较上年提升 2.1 个点。从具体指标看，全省固定宽带普及率和移动宽带普及率分别达到 47.1 户/百人和 120.4 户/百人，付费数字电视普及率（含 IPTV）达 149.8 户/百户，固定宽带端口平均速率 117.2Mbps，每平方公里拥有移动电话基站数量 4.9 个，城域网出口带宽达 57.5Tbps。

二、治理基础：地方治理中智能化信息科技的应用

（一）“智慧××”系列行动稳步推进

近年来，长三角地区“智慧××”系列行动取得积极成效。2011 年开始，上海市先后制定《上海市推进智慧城市建设行动计划》系列之“上海智慧城市三年行动计划”，稳步推进智慧城市建设。同样，浙江省的《智慧浙江建设三年行动计划》自 2012 年开始逐步完善推进。江苏省紧随其后，制定《“十三五”智慧江苏建设发展规划》《智慧江苏建设三年行动计划（2018～2020 年）》。这些政策有力促进经济转型升级，提高政府决策管理能力，保障和改善民生，也是建设网络强省、数据强省和制造强省的重要保障。通过一系列智慧省市建设行动计划，为长三角地区经济社会发展和地方治理智能化提供了坚实基础。

在智慧城市治理创新方面，南京智慧城市建设起步较早，基础较好，在全国、全省都处于前列。南京智慧城市建设主要是抓好两个屏：一是智慧南京中心大屏，通过这个大屏可以看到南京交通、空气等情况，提高管理的精确性、科学性和有效性；二是手机 APP 小屏，提供更多线上、线下应用场景，让服务对象有更多的获得感和幸福感。建设智慧南京中心，即建设城市大脑。南京城市大脑主要建设 3 个中心：一是城市数据中心，整合各部门、各区及各行业相关数据，实时掌握城市运行动态；二是应急指挥中心，对重要活动以及突发事件进行指挥和处理；三是决策分析中心，利用数据模型对重点领域、重大事项进行全景式分析，实现精准、可视化决策。目前，南京

城市大脑主要承接3方面数据：一是跨部门，即共享市级所有政府部门的数据；二是跨层级，共享国家和省级的部分数据；三是跨行业，共享相关行业的信用数据和金融数据。在每天整合约1亿条数据的基础上，开发“我的南京”APP，整合政务便民服务300多个，真正实现“让数据多跑路，群众少跑腿”。

在智慧交通综合服务体系建设方面，经过多年努力，长三角地区交通运输走在全国第一方阵。近年来，江苏省围绕智慧交通发展的要求，从硬件容量提升和软件服务质量提升两个方面来提高交通运输的服务水平。通过大数据预测路况，让出行更顺畅。清明假期和“五一”小长假期间，相关部门利用大数据做了全省路网预测分析，超前发布，方便群众查询哪些路段比较拥堵，旅客有哪些替换的分流道路可选择。上海市围绕智慧出行、智慧管理与决策、智慧运营和智慧物流，形成本市智慧交通总体布局。至2020年，建成上海市智慧运营和智慧物流板块，全面建成上海市智慧交通体系。

在智慧健康推进工程建设方面，智慧健康工程将医院、患者及医生紧密联系，放大优质医疗资源，简化就诊程序，对医疗资源进行有效配置，提供高质量诊疗服务。江苏是全国医疗大数据以及产业园的第一批试点省份。省、市、县三级平台，串联起全省所有医疗卫生公共机构。目前，全省3.2万家医疗卫生机构已联网。今后，患者的就诊信息可以实时传递，看病无须带任何健康档案。2019年底，江苏70%的地区都做到了这一点，2020年将年实现电子病历全覆盖。① 此外，上海市智慧健康驿站建设项目正稳步推进，截至2020年，上海已建成195家智慧健康驿站，基本覆盖了各街镇，市民可前往驿站进行健康自检自测、自评自管，实现精准健康指导。

在智慧农业建设工程方面，浙江省智慧农业云平台建设初见成效——建设了生态循环，应急指挥，市场监测，农机机械，质量安全，农业视频，农业物联网等共计20多项栏目和专题，共接入视频4 621个，接入应急指挥设备1 297个，服务全省43 717个农业主体，共管理全省“三品一标”相关主体10万多个，尤其是浙江最多跑一次业务，采集和管理全省1 000多万个证照资料数据，管理各类证书13 000多个。提供7个大数据应用专题大屏，涵

① 江苏广电总台融媒体新闻中心《黄金时间》栏目：《智慧江苏，向我们大步走来》，《新华日报》2019年8月8日（005）。

盖农业产业，农村经营，畜牧监管，农机监管，农业两区，“最多跑一次”和特色优势区，为全省农业生产，监控提供可视化管理和决策，为浙江农业数字化转型迈出坚定的一步。江苏省智慧农业建设主要包含两项重点工程：一是信息进村入户。江苏省加快益农信息社“整省推进”建设速度，到2018年底，基本完成了益农信息社所有涉农行政村全覆盖，构建完成以12 316为核心的公益服务体系，搭载公益服务、便民服务、电子商务和培训体验服务。二是智慧农业。江苏积极构建农业大数据平台，建立国家涉农大数据省级分中心，组织开展农业物联网技术应用，加快益农信息社建设。

（二）互联网+政务服务

近年来，长三角地区充分运用“互联网+”、云计算、大数据、移动互联、人工智能等智能化信息科技，建设省、市、县三级统一的各省市政务服务网，加强建立完善基层“互联网+政务服务”体系。

以江苏省为例，截至2020年2月，江苏政务服务网正式上线以来，省本级总办件量990 431件，市级129 635 050件；行政许可进驻事项29 924项，公共服务事项1 188 428项；综合服务旗舰店总量213家，访问量达8.95亿人次；网站注册用户12 796 381个，其中实名注册用户10 777 424个；网站进驻省级60个部门，6 691件事项，市级688个部门，102 567件事项，区/县4 069个部门，603 243件事项。[①] 江苏省各地依托江苏政务服务网，建设乡镇（街道）政务服务统一门户和村（社区）网上服务站点，推动基层服务事项上网运行，建成覆盖省、市、县、乡、村五级的政务服务体系。

“互联网+政务服务”体系建立以来，各省市全面公开乡镇（街道）、村（社区）政务服务事项和便民服务事项办理指南，推动适宜上网运行的事项实行网上申报、办理，打造规范、透明、便捷的基层网上服务体系。这些具体做法主要有：

一是梳理乡镇（街道）、村（社区）服务事项清单。各县（市、区）按照省机构编制（审改）部门提供的行政权力事项清单、省政务服务管理办公室组织提供的公共服务事项清单，梳理编制本地区乡镇（街道）政务服务事项清单，结合实际编制村（社区）便民服务事项清单，并对每个事项的基本

---

① 江苏省政务服务网，http：//jszwfw. gov. cn。

信息（包括名称、类型、依据等）、办事指南信息（包括办理时限、办理条件、办理流程、裁量标准、所需材料、收费情况等）进行标准化梳理。在此基础上，录入各省市政务服务网政务服务事项库，实现统一名称、统一编码、统一规范、统一管理。

二是推动各省市政务服务网向乡镇（街道）延伸。各省市政务服务网增设乡镇（街道）服务频道，各县（市、区）组织辖区内各乡镇（街道）完善频道内容，全面公开乡镇（街道）、村（社区）政务服务事项和便民服务事项，提供规范、准确的办事指引。村（社区）在所属乡镇（街道）服务频道中设置栏目，不单独建设服务站点。

三是完善乡镇（街道）、村（社区）综合服务管理系统。各乡镇（街道）、村（社区）原则上不再单独建设政务服务综合管理系统，各县（市、区）将现有政务服务综合管理系统向乡镇（街道）、村（社区）延伸。已实现“一级开发、两级使用”的设区市对现有政务服务管理系统进行升级改造，适应市、县、乡、村四级使用。

四是推进乡镇（街道）服务事项上网运行。以群众需求为导向，确定适宜上网运行的乡镇（街道）政务服务事项。在各省市政务服务网乡镇（街道）频道开设网上统一申报入口，在线受理政务服务事项。乡镇（街道）现有移动客户端要集中整合，并覆盖辖区内各村（社区），避免多头开发重复投入。从便民利企的角度，依托乡镇（街道）为民服务中心和村（社区）便民服务中心，探索网上代办、多级联动办理等服务模式，打造线上线下一体化的服务体系。

五是推进实体服务大厅标准化建设。推进乡镇（街道）、村（社区）实体服务大厅规范化建设，全省统一规范名称，乡镇（街道）为“为民服务中心”，村（社区）为“便民服务中心”。整合现有各类资源，通过新建、购买、置换、改（扩）建、项目配套和整合共享等方式，充分利用党政机关服务设施、党群组织活动场所、村（社区）服务设施等场地，规范推进乡镇（街道）、村（社区）实体服务大厅建设，将综治、信访、司法、民政、计生、农经、工商、税务、国土、城建、人社等职能纳入集中统一管理，避免重复建设。推广“集中办理、一站式办结”模式，即乡镇（街道）各站所工作人员全部集中办公，事项全部进驻窗口办理。

六是探索建立全科政务服务模式。各县（市、区）指导帮助各乡镇（街道）、村（社区）建立健全全科政务服务机制，由“单一窗口”向“全科窗口”转变，由“一专多能”向“全科全能”转变，实现“一口清”导办、“一窗式”受理、“一条龙”服务。在各乡镇（街道）为民服务中心、村（社区）便民服务中心设置全科窗口，加强上下层级之间、线上线下之间工作协同，对全科窗口合理授权，不断推动实现“不见面审批（服务）”。加强全科人员的选拔、教育、培训和管理，提高综合业务素质和服务能力。乡镇（街道）逐步组建专业化的基层全科政务服务队伍，可以专职聘用也可抽调本级相关职能部门中的优秀中青年干部担任；村（社区）积极组建全科社工队伍，可以由专职社工担任、村（社区）干部、大学生村官、网格员等兼任。

通过近年来的努力，长三角地区“互联网＋政务服务”建设成效显著，并涌现出一些典型模式和新品牌。例如，2019年南京市启动推进“互联网＋政务服务”打造“宁满意”工程，加快推进一体化在线政务服务平台建设，努力将其打造成政府职能转变的新动力、建设服务型政府的重要路径和优化营商环境的关键抓手。到2019年底，各省市基本完成基层“互联网＋政务服务”体系建设，通过线上政务服务平台和线下实体政务大厅的融合发展，基本实现政务服务网络化、标准化、均等化。总的来说，“互联网＋政务服务”建设成果为推动长三角地区乡村治理体系和治理能力现代化积累了宝贵经验，奠定了坚实基础。

（三）大数据驱动的治理

近年来，长三角地区各省市均制定了大数据发展行动计划，科学规划大数据产业布局，加强关键技术研发攻关，加快科技成果转化，加快紧缺人才培养和引进，完善相关法规制度和标准体系，培育大数据发展新模式、新业态，规范和深化大数据应用，助力“互联网＋”行动，不断提升政府在社会治理、市场监管、商事与民生等方面的服务与监管能力，争创全国领先、特色明显的国家大数据综合试验区，为实现长三角地区的“智慧治理”提供有力支撑。

为加快推进各省市政务信息化和大数据发展，2018年，上海市成立大数据中心，构建全市数据资源共享体系，制定数据资源归集、治理、共享、开放、应用、安全等技术标准及管理办法，实现跨层级、跨部门、跨系统、跨业务的数据共享和交换。江苏、浙江、安徽紧随其后。2019年，江苏省信息中心更名为省大数据管理中心，隶属关系由省政府办公厅主管、省发展和改革委员会协管，调整为由省政务服务管理办公室管理，为公益一类副厅级事业单位。2020年，安徽省政务服务数据中心更名为安徽省大数据中心，正处级建制，列公益一类事业单位。浙江省大数据发展管理局不断深化“最多跑一次”改革，落实支撑改革相关的信息系统建设任务，推进“互联网+政务”深度融合、政府数字化转型，加快推进数字浙江建设。

在省级机构建设上，各省、市大数据中心承担着全省、市大数据发展战略研究，政务等数据归集和应用融合，政务信息系统整合等主要职责，具体如下：（1）贯彻落实国家政务信息化和政务大数据发展的方针政策，开展全省、市政务信息化和政务大数据发展战略、地方性法规、规章草案和政策建议的研究工作，拟订数据资源归集治理、共享开放、开发应用、安全保障等标准规范和管理办法。（2）负责省、市级大数据中心的建设管理、运维和安全保障。承担政务信息资源为核心的全省政务外网、政务大数据云、大数据管理平台、共享开放平台、监管数据中心、灾备中心等的建设和运维管理，为全省、市政务信息化工程和大数据中心一体化建设提供支撑。（3）负责全省、市政务数据资源归口管理工作，承担政务数据、行业数据、社会数据等各方数据归集和融合工作。组织基础信息库、主题信息库建设，促进数据开放和治理。（4）承担省、市级政务信息系统整合共享相关工作。建设全省、市一体化大数据共享交换平台，构建省、市一体化共享交换体系，与国家数据共享交换平台对接，推进数据开放共享。（5）监测政务大数据发展运行态势，推进政务大数据融合运用和关联分析，促进政府、行业、企业、互联网大数据融合利用，为党委政府决策提供支撑。（6）负责政务服务大厅及进驻人员的服务、考核等事务性工作，为“放管服”改革试点工作提供服务。（7）完成省委、省政府和省政务服务管理办公室交办的其他任务。

在不断创新探索中，长三角地区的大数据部门取得了不错的成绩。以江苏12345服务平台为例，作为全国首家省市县全面覆盖、统一联动的在线服务和大数据平台，该平台目前已实现全覆盖，服务横向覆盖90个省级部门单位、纵向覆盖13个设区市，统一整合、服务协同；打通了全媒体，整合了电话、微博、微信、客户端等多个端口，12345一个号码管全部；做到了全天候，“线上”人工服务“不打烊”，支持与政务服务网的全面对接和配套咨询服务。目前，江苏12345在线服务平台已汇集全省1 396万件群众诉求，建立了“江苏大走访”、政务服务“一号答”、城市治理和服务、突发事件等大数据主题池，积累了大量的一手数据资源，方便及早、全面地发现和解决问题。该平台还专门制定标准，构建全省统一的数据交换体系，推动数据实时共享。此外，每周向江苏省委和省政府主要领导报送全省热点专报并定期形成专题报告。还通过征集建议的方式，梳理“好点子”，而对群众关心的民生热点、难点，主管部门将通过走访调研等多种方式，来确定建议的可行性，并在以后的政府决策中予以参考。

三、乡村基础：乡村经济社会发展蕴含的科技价值

（一）长三角地区农业农村经济社会高质量发展

1. 种植业结构不断优化。

2020年，江苏省全年粮食播种面积540.6万公顷，比上年增加2.4万公顷；棉花种植面积0.8万公顷，减少0.3万公顷；油料种植面积27.9万公顷，减少0.4万公顷；蔬菜种植面积144.4万公顷，增加1.9万公顷。全年粮食总产量再创新高，达3 729.1万吨，比上年增产22.9万吨，增长0.6%。其中，夏粮1 373.8万吨，增长1.3%；秋粮2 355.3万吨，增长0.2%。全年粮食亩产459.9公斤，比上年增加0.8公斤，增长0.2%。[①] 浙江省全年粮食播种面积993千公顷，比上年增长1.6%，总产量606万吨，增长2.3%；油菜籽播种面积114千公顷，下降2.6%；蔬菜660千公顷，增长2.1%；花卉21千公顷，与上年基本持平；中药材50千公顷，下降5.8%；瓜果类97千公顷，下降2.2%。[②] 安徽省全年粮食产量4 019.2万吨，比上年下降0.9%。其中，夏粮1 671.9万吨，增长0.9%；秋粮2 256.1万吨，下降1.7%。油料产量162.5万吨，增长0.7%。棉花产量4.1万吨，下降26.2%。[③] 上海市全年农作物播种面积25.78万公顷，比上年减少2.5%。其中，粮食播种面积11.43万公顷，减少2.6%；蔬菜播种面积8.42万公顷，

① 江苏省统计局、国家统计局江苏调查总队：《2020年江苏省国民经济和社会发展统计公报》。

② 浙江省统计局、国家统计局浙江调查总队：《2020年浙江省国民经济和社会发展统计公报》。

③ 安徽省统计局、国家统计局安徽调查总队：《2020年安徽省国民经济和社会发展统计公报》。

减少 3.0%。全年全市粮食产量 91.44 万吨，比上年下降 4.6%；蔬菜产量 244.33 万吨，下降 5.7%。[①]

2. 林牧渔业生产总体平稳。

2020 年，江苏省全年造林面积 4.6 万公顷，比上年增长 43.1%。全年猪牛羊禽肉产量 265.3 万吨，比上年下降 2.0%；禽蛋产量 234.4 万吨，增长 9.3%；牛奶总产量 63.0 万吨，增长 1.0%。水产品总产量 489.2 万吨（不含远洋捕捞），增长 1.3%，其中，淡水产品 355.2 万吨、海水产品 134.0 万吨，分别增长 2.3% 和下降 1.5%。[②] 浙江省全年造林面积 6.5 万公顷，比上年减少 18.8%。全年猪牛羊禽肉总产量 90 万吨，比上年下降 4.3%；水产品总产量 615 万吨，增长 2.5%，其中，海水产品产量 477 万吨，增长 2.0%；淡水产品产量 138 万吨，增长 4.1%。年末生猪存栏 628 万头，增长 46.9%，生猪出栏 665 万头，下降 12.0%。[③] 安徽省全年造林面积 5.2 万公顷，比上年减少 5.5%。年末全省生猪存栏 1 419.3 万头，比上年增长 30%；全年生猪出栏 2 150.5 万头，下降 6.2%。猪牛羊禽肉产量 395 万吨，下降 1.4%。禽蛋产量 184.2 万吨，增长 9.2%。牛奶产量 37.6 万吨，增长 11.5%。[④] 上海市生猪出栏 97.74 万头，下降 17.0%；生牛奶产量 29.09 万吨，下降 2.2%；水产品产量 24.74 万吨，下降 11.8%。[⑤]

3. 现代农业加快推进。

农业产业结构不断优化，绿色农业、智慧农业、订单农业等现代农业加快发展。2020 年，江苏省新建高标准农田 2 070 万亩，农作物耕种收机械化率达 80%，农业科技进步贡献率达 70%。年末农业机械总动力 5 193.9 万千瓦，比上年增长 1.6%。全省高效设施农业面积 966.5 万公顷，增长 3.6%；有效灌溉面积达 422.4 万公顷，新增有效灌溉面积 1.8 万公顷；新增设施农业面积 3.4 万公顷。[⑥]浙江省累计创建省级现代农业园区 69 个、特色农业强镇 113 个，建成单条产值 10 亿元以上的示范性农业全产业链 80 条。严格保护好 810 万亩粮食生产功能区。新增 34 个农产品地理标志，累计达 138 个；

---

① 上海市统计局、国家统计局上海调查总队：《2020 年上海市国民经济和社会发展统计公报》。

②⑥ 江苏省统计局、国家统计局江苏调查总队：《2020 年江苏省国民经济和社会发展统计公报》。

③ 浙江省统计局、国家统计局浙江调查总队：《2020 年浙江省国民经济和社会发展统计公报》。

④ 安徽省统计局、国家统计局安徽调查总队：《2020 年安徽省国民经济和社会发展统计公报》。

⑤ 上海市统计局、国家统计局上海调查总队：《2020 年上海市国民经济和社会发展统计公报》。

新认定绿色食品 761 个，新增绿色食品基地面积 17.7 万亩；新建省级精品绿色农产品基地 10 个，累计 25 个。[①] 安徽省年末全省农业机械总动力 6 800 万千瓦，比上年增长 2.2%。累计建成高标准农田 4 950 万亩；有效灌溉面积 4 603.5千公顷，新增 31 千公顷；新增节水灌溉面积 42.1 千公顷。[②] 上海市累计建成高标准农田面积 11.41 万公顷；全市累计创建市级蔬菜标准园 223 家；纳入统计范围的农民专业合作社 2 506 家，其中市级农民合作社示范社 240 家，国家级农民合作社示范社 97 家；各类农业产业化重点龙头企业 365 家，其中市级以上龙头企业 88 家，国家级龙头企业 24 家；经农业农村部门认定的家庭农场 3 965 家，其中市级示范家庭农场 76 家。[③]

4. 居民收入稳定增长。

据城乡一体化住户调查，2020 年，全年江苏全省居民人均可支配收入 43 390 元，比上年增长 4.8%。其中，工资性收入 24 657 元，增长 3.4%；经营净收入 5 703 元，增长 1.2%；财产净收入 4 737 元，增长 8.3%；转移净收入 8 294 元，增长 9.8%。按常住地分，城镇居民人均可支配收入 53 102 元，增长 4.0%；农村居民人均可支配收入 24 198 元，增长 6.7%。城乡居民人均收入比为 2.19∶1，比上年缩小 0.06。全省居民人均消费支出 26 225 元，比上年下降 1.8%。按常住地分，城镇居民人均消费支出 30 882 元，下降 1.4%；农村居民人均消费支出 17 022 元，下降 3.9%。深入推进脱贫致富奔小康工程，全省 254.9 万建档立卡低收入人口、821 个省定经济薄弱村全部达标，12 个省级重点帮扶县（区）全部摘帽。[④]

浙江省全年居民人均可支配收入为 52 397 元，比上年增长 5.0%，扣除价格因素增长 2.6%。按常住地分，城镇和农村居民人均可支配收入分别为 62 699 元和 31 930 元，增长 4.2% 和 6.9%，扣除价格因素分别增长 2.1% 和 4.0%。全省居民人均可支配收入中位数［8］为 46 125 元，增长 4.4%。低收入农户人均可支配收入增长 14.0%。[⑤]

安徽省全年常住居民人均可支配收入 28 103 元，比上年增长 6.4%，扣除价格因素实际增长 3.6%。城镇常住居民人均可支配收入 39 442 元，增长

①⑤ 浙江省统计局、国家统计局浙江调查总队：《2020 年浙江省国民经济和社会发展统计公报》。
② 安徽省统计局、国家统计局安徽调查总队：《2020 年安徽省国民经济和社会发展统计公报》。
③ 上海市统计局、国家统计局上海调查总队：《2020 年上海市国民经济和社会发展统计公报》。
④ 江苏省统计局、国家统计局江苏调查总队：《2020 年江苏省国民经济和社会发展统计公报》。

5.1%，扣除价格因素实际增长2.5%。人均消费支出22 683元，下降4.6%。其中，食品烟酒支出下降0.3%，衣着支出下降12.2%，居住支出增长1.6%，生活用品及服务支出下降7.3%，交通和通信支出下降6.8%，教育文化娱乐支出下降18.5%，医疗保健支出下降1.2%。城镇常住居民恩格尔系数为32.6%，比上年上升1.4个百分点。年末城镇常住居民人均住房建筑面积42.1平方米，比上年末增加0.3平方米。[①]

上海市全年居民人均可支配收入72 232元，比上年增长4.0%。其中，城镇常住居民人均可支配收入76 437元，增长3.8%；农村常住居民人均可支配收入34 911元，增长5.2%。全市居民人均消费支出42 536元，比上年下降6.7%。其中，城镇常住居民人均消费支出44 839元，下降7.1%；农村常住居民人均消费支出22 095元，下降1.6%。[②]

（二）“互联网+”深度重塑长三角现代农业发展

“互联网+”已成为长三角地区发展现代农业的新引擎，催生了长三角农业新业态。在农业现代化进程中，“互联网+”和物联网技术已经无缝对接和紧密嵌入长三角三省一市农业的各个方面，主要体现在对农业科技实力的支持上。长三角地区高校资源丰富，拥有一批全国知名的农业院校，包括南京农业大学、南京林业大学、河海大学、浙江农林大学、浙江海洋大学、安徽农业大学、上海海洋大学等。长三角三省一市的农科院在全国地方农科院中排名靠前，农业科研成果十分丰富。

在江苏，一方面，以现代农业产业园、设施农业基地、规模养殖场等作为载体，建成了一批有影响力的部省级农业物联网科研及创新平台，创建了127家省级智能农业示范基地，全省规模设施农业物联网技术应用面积占比达14%；另一方面，2009年起江苏省农业主管部门便推动所有行政权力实现网上运行，建成国内首家省级耕地质量数据管理中心，并在全国推广应用，加快推进了农业管理服务电子化、网络化进程，不断增强了决策管理科学性、精准性、时效性。[③]

在安徽，有力、有序、有效推进“互联网+”现代农业行动，利用互联

---

① 安徽省统计局、国家统计局安徽调查总队：《2020年安徽省国民经济和社会发展统计公报》。

② 上海市统计局、国家统计局上海调查总队：《2020年上海市国民经济和社会发展统计公报》。

③ 刘祖云等：《江苏农村发展报告2018》，中国农业出版社2019年版，第286－287页。

网提升农业生产、经营、管理和服务水平，促进互联网与农业融合发展，开拓现代农业发展新模式。第一，致力于农业生产经营进一步提质增效。大力推进农业物联网技术应用，在省级以上现代农业示范区率先取得突破，建成一批农业物联网示范基地，熟化一批农业物联网成套设备与应用模式，培育一批网络化、智能化、精细化的现代“种养加”生态农业新模式。大力发展农业电子商务，农产品、农业生产资料、休闲农业电子商务水平大幅提升。第二，致力于农业管理进一步高效透明。到2020年，农业宏观决策与应急管理信息化能力显著增强，农业行政审批、农产品和农资市场监管、土地流转管理等实现在线化。第三，致力于农业服务进一步便捷普惠。到2020年，信息进村入户村级服务站基本覆盖到所有县和行政村，建设13 000个左右村（社区）信息服务站。①

在浙江，以着力推进“互联网+农业”提质增效为目标，推进农业物联网应用，运用现代信息技术加快“智慧农业”基地建设，重点支持规模设施基地、养殖场应用光温水自动控制系统、远程监控系统、病虫害（疫病）预警系统、森林安全预警系统等智能技术装备。健全农产品流通体系，积极探索生鲜农产品网上直销，大力推动农产品冷链物流基础设施建设。建设多层次农产品网络销售体系，构建地域性农产品营销网络，推进淘宝网“特色馆”等农产品电子商务平台建设，支持大型农业基地和农副产品交易市场建设网上交易平台。加强各类农业生产经营主体与大型电子商务平台合作，引导优质农产品抱团开拓网上市场。积极推动全省农产品网上大宗商品交易，加快构建全省农产品质量追溯信息平台。完善智慧农业服务体系，探索建立全省农业耕地、林地、水利设施、农业设施设备、新型经营主体、农业劳动力、金融资本等资源要素数据监测体系。支持供销社系统打造“智慧农资”服务平台。全面建立面向“三农”的益农信息服务社，积极推广生产经营主体应用信息服务和电子商务移动APP终端。②

总体而言，以“互联网+”为基础的智能化信息科技正深度重塑长三角地区现代农业农村发展优势，推动第一、二、三产业融合与提质升级，推进

① 安徽省人民政府：“安徽省‘互联网+’现代农业行动实施方案”，https://www.ah.gov.cn/szf/zfgb/8126611.html。

② 浙江省人民政府：“浙江省人民政府关于印发浙江省‘互联网+’行动计划的通知”，http://www.zj.gov.cn/art/2016/1/27/art_1229019364_55092.html。

乡村治理体系和治理能力现代化，促进乡村经济社会稳步发展，满足农村地区广大人民群众对美好生活的追求和向往。可以说，用电脑代替人脑，用科学辅助经验，物联网与农业的智能结合、深度融合，是“互联网＋”对乡村振兴战略实施的技术支持，因而，科技创新应当深度关切到这一发展目标，才能实现科技创新与乡村经济社会发展的同步共振。

第二节　长三角地区乡村经济社会发展优势

长三角地区承东启西、联南接北，具有明显的区位优势；长三角区域内省际高速、城际高铁，沿海、沿江航运、区域机场群基础完善，交通优势明显；小城镇星罗棋布各具特色，城乡居民收入差距相对较小，乡村治理模式完善；社会公共服务体系相对完善，互联网和移动网络等信息基础设施水平在全国领先；对外开放水平较高，与国际市场联系紧密。高效政府协同平台、优良的区位条件，便捷可达的交通，良好的社会公共服务体系，自然生态优良城乡特色明显，国际化程度高，均为长三角乡村高质量发展提供了良好的发展机遇。长三角地区特别是环杭州湾、温台沿海、苏南等发达地区乡村，空间格局正在发生着重大变迁，乡村制造业空间、聚落空间、农业空间以及城乡空间，从过去相互独立分布逐步演变为各种要素在全地域“你中有我、我中有你”穿插分散分布的格局。这种变化既有地理空间基础条件、资源禀赋等因素，也受到乡村经济社会发展模式等影响。在快速城镇化的影响之下，长三角地区工业化和城市化互促推进，生产要素加快集聚，市场化水平不断提高，乡村地域功能逐渐在改变，有力推动全地域资源要素的均衡化配置，形成了乡村地区空间高密度均质化转型的独特趋势。这种趋势主要表现为乡村生产精细化、聚落空间布局模糊化、村落区位郊区化、社会文化多样化等特征。同时，乡村与城市之间的发展差距不断缩小，乡村发展不断发生着转变与重构：有的乡村向城市化村演变，有的乡村向专业化村发展，有的乡村既有外部扩张又有内部空废化趋势。近年来，我国经济发展转型升级，全面进入高质量发展阶段，“一带一路”建设和长江经济带发展战略深入实施，也会进一步推动长三角地区乡村高质量发展。总体上，长三角地区乡村正以一种内部系统重组优化与外界资源协调共生的兼容模式，不断重塑自身发展的内部组织与外在环境之间的关系，保持发展优势。

一、乡村社会分类：基于长三角地区高成熟度的乡村现实

当前，对乡村社会的认识，既不能采用传统乡村社会的眼光来看长三角地区乡村发展，也不能够用“新乡土社会”中认为长三角地区已然变迁为充分现代性的“个体化社会”来对长三角地区乡村现实进行定义。事实上，从历史变迁经验与经济发展特征的角度，长三角地区既不是传统的乡土社会，也不是单纯具有现代性意味的“新乡土社会”，而是转型并留存部分乡土特征的后乡土社会。它经历了革命、改造、改革和市场转型，演变为内外交织的复杂性社会系统。其内部分工与外部环境之间逐渐形成稳定的交流机制，具备更迭换血的修复功能、拓展功能与自我完善功能。现阶段，乡村振兴战略步伐不断向前迈进，长三角地区乡村经济将持续进行结构的优化升级，作为最发达地区之一的乡村也将走在这一经济结构调整改革队伍的前列。长三角地区特别是沿海地带在较小地域范围就能提供较多要素、产生较多需求，区域投资条件基本均等，任一区域均具有较好的创业发展条件。长三角地区乡村社会传统秩序下的自然治理与市场条件下的经济治理，共同催生交融状态下的后现代乡村治理。后现代乡村治理的复杂性意味着长三角地乡村经济发展模式、社会治理结构活动、文化建设服务等多个方面需要发展出导向后现代乡村秩序建设的高成熟度治理思路、创新举措与实施路径，主要表现在以下几方面：

（一）乡村经济类型多样化

在长三角内部地区，按照第一、二、三产业发展的主导型特征，可划分为农业主导型乡村、工业主导型乡村和商旅服务主导型乡村。[①] 农业主导型乡村发展类型主要分布在苏中地区扬州、泰州及南通等地的一些县市，这些县市多处山地丘陵区或远离经济发达的城市，多为大宗、初级农产品的生产区域，第一产业产值较高，且农村劳动力在第一产业中就业比重较大。工业

① 张荣天、焦华富、张小林：“长三角地区县域乡村类型划分与乡村性评价”，《南京师大学报（自然科学版）》2014 年第 3 期，第 132 - 136 页。

主导乡村发展类型主要分布在苏南地区苏州、无锡等地的一些县市，费孝通在20世纪80年代提出了“苏南模式”，通过发展乡镇企业，走出一条先工业化、再市场化的发展路径，工业化集聚效应促使苏南地区乡镇企业数量众多，且这些地域的乡村劳动力多数在工厂中就业，同时，受农产品市场和生产资料市场加快放开、市场化程度日益加深、计划经济下消费品长期短缺等因素激励，以及计划经济下大量农业转移劳动力无法进城的制约，推动农村要素“就地工业化”，乡镇企业及个体私营企业在乡村加快发展，快速工业化进程致使这一区域大量农用地转变为工业用地，长三角地区乡村工业弥漫式发展，乡村发展表现出强烈的工业化特征。商旅服务业为主导的乡村发展类型主要分布在江苏南京和浙江杭州、台州等地一些县市，这些地方的商务、旅游及其他服务业较为发达，对当地乡村发展无论是在产业还是在就业层面均具有很强的带动作用，服务业在这类地区呈现出异常的活力；伴随着草根创业成为时尚，乡村空间中普遍弥漫着特定产品生产的技术知识等状况，广阔的乡村空间成为块状特色产业发展的主平台，大城市以外的乡村工业用地呈几何级数增长，乡村工业用地增长大大快于大城市。乡村聚落向分散化转型——农居高密度均质化分布长三角人口高密度分布和乡村人居高密度分布相互印证。长三角地区特别是其沿海一带的乡村地区农村生活条件和农业生产条件比较均衡，长三角地区超过半数的县（市）农业、工业和商旅服务业得到均衡发展，这充分印证了长三角地区农村发展水平总体上处于较成熟的程度。

（二）乡村社会治理结构多元化

乡村社会不同的治理主体在乡村扮演着重要且不同的角色，需要重新分配、整合、打破以“村两委”为中心的权力格局。长三角城乡一体化水平位居全国前列，有着优良的社会治理基础。面向治理现代化，在快速市场化、城镇化和信息化背景下，生活场景转换、共同劳动阙如、互助式劳动交换模式式微，长三角区域的乡村社会治理极其注重乡村社会成员身份分化、角色多元化、权衡利益化和交互方式网络化趋势下的合作共同体重建与重构，寻求其在新时代的创造性转化和创新性发展。

1. 治理体制。

根据《关于加强和改进乡村治理的指导意见》，长三角地区现代化的乡村治理不断建立健全党委领导、政府负责、社会协同、公众参与、法治保障、科技支撑的现代乡村社会治理体制。这种体制，实际上就是在原来“五位一体”的基础上衔接现代科学技术、全面促进乡村社会建设，这是长三角一体化战略实施推进中，以党建引领促乡村现代化治理，深入探索乡村社会治理的系统性、精准性和协同性，全面增进民生福祉需要深入探索和着力解决的问题。

2. 秩序目标。

面对乡村治理面临的结构性变迁，需要以乡村振兴战略的实施为依托，重塑新形势下城乡的基本关系，加强国家权威在乡村的组织力与领导力，建设具有政治认同感和合作力的乡村自治秩序共同体。为此，强化党的基层组织建设，克服组织力量的虚化、弱化和边缘化问题至关重要。将党的政治优势全方位嵌入到自主性日渐趋强的乡村建设之中，引导基层社会力量开展制度化的有序参与，形成合力与活力，亦是长三角发达区域乡村社会建设的内在使命。

3. 发展格局。

完善的村级组织体系和合作治理机制，依托“结构—文化—规则体系”的治理链条和逻辑进路，推动社会治理和服务重心向基层下移，加强乡镇政府服务能力建设，深化农村“不见面审批（服务）”改革。建立起以村民委员会为管理执行机构、以村民会议和村民代表会议为主要决策机构、以村务监督委员会为监督机构的村民自治组织体系。推行村民说事制度，推进乡村治理机制创新。推进乡村法治建设，增强基层干部法治观念，将政府各项工作纳入法治化轨道。提高乡村德治水平，完善村规民约，注重发挥家庭家教家风在乡村治理中的重要作用。到 2021 年，长三角地区乡村社区网格化管理覆盖率接近 100%，公众安全感达到 95% 以上。全市村党组织书记兼任村委会主任的村占比达到 70%。预计到 2022 年，村民委员会依法自治达标率达到 98.5%，农村社区“一站式”综合服务平台建成率达到 100%，平安乡村建设达标率达到 98% 以上，匹配农业现代化产业体系、经营体系和服务体系，形成共建共治共享的乡村社会治理格局和治理有效、充满活力、和谐有序的新农村。[①]

① 黄建洪：“长三角一体化进程中的乡村社会治理创新”，http：//cssn.cn/gd/gd_rwhd/gd_ktsb_1651/csjythbjxdxczxsj/201908/t20190807_4952321.shtml。

（三）乡村空间功能作用综合化

乡村空间的分异性与多样性不断加强，乡村功能呈现多样化发展趋势。首先，能够清楚地看到，乡村地域系统拥有城市地域无法替代的经济、社会、生态、文化等功能。在长三角地区乡村功能规划思路中，强调重视主体需求以及城乡发展变化与乡村功能协调的相互均衡关系。乡村的农产品供给功能、工业生产功能、社会保障功能、生态功能、文化传承功能相互流动与融合交织，将人类对生活质量的追求、新型城镇化发展及城乡人口流、资金流、信息流得到充分整合，主要表现在乡村生态红线的管控、乡村景观和生态环境的修复与提升、乡村居住环境与品质的提升等。其次，新技术、新手段都普遍用于功能机制作用的发挥。信息技术手段的运用促使乡村某一功能的性质改变，加剧灵活变动的可能性，从而更加全面系统地拓展乡村功能嬗变的创新空间，塑造乡村功能的潜在动力。最后，长三角地区乡村构建起了城乡间的“强连接”。传统的村庄，以散点状与中心镇形成“弱连接”，以此方式乡村逐渐与城市形成“弱连接”。而现代工业社会却完全解构了传统城乡间的“弱连接”，转而建立起了城乡间的“强连接”，这既体现在道路交通的“硬链接”方式，也体现在市场与资源的“软链接”方式上，尤其是在信息技术时代，互联网与移动通信技术的发展更是强化了城乡之间的“强链接”，打破土地、资金和劳动力等要素的流转壁垒，同时发展乡村水利、电力、道路等基础设施，推动农业的规模化、产业化发展。在农业发展过程中降低农药化肥的使用，鼓励使用绿色有机肥，对已污染的土地进行修复治理，加强生态恢复和生态建设未来该功能区应继续提高农业现代化水平，做到以粮为主，多种经营，互相促进，完善农业生产、经营、流通等服务体系，建设现代化的农产品物流基地；发挥区位优势，发展高附加值的特色农业，如都市休闲观光农业、采摘体验农业，打造城郊农业示范区。

（四）乡村文化建设开发的精细化

长三角乡村基层社区深入践行社会主义核心价值观，推进文明家庭和文明村镇建设，教育引导、实践养成、制度保障“三管齐下”，以新时代文明实践中心建设为载体，实施“十所十站十点十案例示范引领工程”，统筹抓好乡村精神文明建设、自治德治法治体系建设、文明积分试点、星级文明户评定、村规民约等工作。长三角地区的乡村文旅围绕“两横、三纵、多点”，推动黄海、东海海洋乡村旅游带；长三角是大运河是历史最早开挖，最繁华至今通航的区域，结合大运河国家文化公园建设，推动大运河流域乡村文化旅游带建设；加强淮海、长江、钱塘江等流域乡村文化旅游带建设，发挥长三角都市群影响力，串珠成链多点发展，凸显淮扬、金陵、楚汉、皖江、庐州、新安、徽州、吴越、古越、海洋、海派等地方文化，通过大江、大河、大湖、大海强化与齐鲁文化、黄河文化、中土文化、巴楚文化、东南文化交流。微观规划上，依托长江、沿海、域内知名河流、名湖、名山、名城等特色乡村资源，加强革命文物保护利用，整合乡村区域内红色旅游资源，开发互联互通的红色旅游线路。继承发展优秀传统文化，共同打造江南文化等区域特色乡村文化品牌，集中展示推介长三角文化整体形象。落实文化保护红线，保护性开发，处理好传承保护与开发利用、展现传统魅力与激发时代活力之间的关系，在实现文化开发、利用和发展的同时，守护好文化的根基和原有的乡土、生态结构。

（五）农村人居环境整治进入品质建设阶段

按照由小康阶段到基本现代化阶段变化的要求，长三角地区不断完善农房建设管理机制，引导农村居民有序开展农房翻建改建。推进农村厕所革命，科学合理布局，积极建设生态公厕。完善落实河（湖）长制，大力开展美丽河（湖）建设，加快推进农村水利工程提档升级改造，完善农村生活污水治理长效管理机制，加强处理设施标准化运维服务能力，巩固提升农村劣 V 类水整治成果。实施农村生活垃圾分类工作成效提升行动，进一步完善生活垃圾分类投放、分类收集、分类转运和分类处置体系建设。到 2022 年实现行政村生活垃圾分类处理占比 100%，农村生活污水治理率达到 92%，村庄绿化覆盖率达到 30%，以乡村旅游产业为载体，把环境提升融入乡村旅游，实现产业发展和环境整治融合发展。因此，长三角地区因地制宜推动农村人居环境整治、突破现实“瓶颈”、充分调动村民自治积极性和提升村民自治能力、通过有效手段治标治本，迈向“串点、连线、区域化”发展，站在现有水平上探寻更高台阶、提升更有质量，致力全域美丽。

二、人—地—村关系：超脱“乡村”与“治理”本身的局限

2001～2021年，长三角超过五分之一的乡村已经消亡，2021年江浙沪村民委员会较2001年减少41.03%。乡村消亡客观上：一方面是由于大量农村青壮年人口外流和乡村城镇化，乡村人口一直是处于流出而非流入的状态；另一方面是村庄复垦和土地开发相结合的城乡建设用地挂钩制度以及撤村并镇等行政手段的强力推动，土地被城镇发展征用。村庄整体拆迁，农民“被上楼”，乡村空间快速萎缩，使得乡村农业生产、生态服务和文化传承功能遭受不同程度的破坏，发展活力不足。部分乡村兴办污染工业，直接破坏农村生态环境，乡村作为城镇污染消纳和休闲空间的功能大幅减弱；以城镇规划和建设方式改造乡村，也使乡村呈现“城不城、乡不乡”的特点，乡村特色逐渐丧失。

长三角的乡村有没有存在的必要？法国著名社会学家孟德拉斯认为，随着现代化进程的推进，传统意义上的自给自足的农民已经不存在了，在农村从事家庭经营的农业劳动者从本质上说已属于一种“企业”。但孟德拉斯所说的“农民的终结”，并不是“农业的终结”或“乡村生活的终结”，而是传统意义的“小农的终结”。发达工业国家的农业从业者，在生产方式和生活方式上都发生了巨大变化，但是无论社会怎样发展，农民也不会无限地减少，农业劳动者仍然是整个社会中一个不可或缺的重要社会群体。只要存在着粮食和农产品生产需要，存在着地理文化治理体系方面的支持，农业和农民村庄就有继续存在的必要。长三角大部分地区自古以来就是鱼米之乡，仍负有保护大量基本农田的重任，尤其从长三角自身生态平衡角度以及农村社区特有村情看，农业不能消亡，乡村不会消亡，也不应消亡，乡村的空间和功能重塑及复兴，无疑成为极具挑战性的课题。

长三角土地资源开发利用中，单纯依靠增加土地供应来实现经济增长的发展，土地开发强度相对较高，建设用地急剧扩展，工业化及交通等基础设施极大加速建筑用地面积，产生严重的问题就是粗放、浪费、效益低下、消耗的土地资源过大。此外，由于人口增长、水体污染等，人均耕地与水资源急剧减少，加大长三角地区乡村经济发展与社会治理之间的矛盾。在此背景

下，土地紧缺已然成为制约长三角地区经济速增长和乡村土地规划利用的“瓶颈”。与此同时，长三角一些地方土地闲置与撂荒现象依然存在。土地闲置抛荒有三种类型：第一类是征而不用，转而不用；第二类是征多用少；第三类是开发破坏了农田水系导致周边农田抛荒。除此之外，土地资源措置促使乡村发展空间狭窄。土地资源错配不利于产业结构转型升级。长三角地区由于其优越的地理位置，吸引众多企业落户，第二产业成为地区经济增长的主要动能，随着城市制造业的转移和下沉，开始往就近农村转移。地方政府为寻求经济增长指数提升，会降低土地出让价格、扭曲土地出让结构来促进以制造业为主的企业发展。一些地方政府为维护自身利益，会降低招商引资的质量，形成降低引资质量的底线竞争。这使得原先利润薄、附加值低、污染严重的那部分中低端制造业开始侵蚀农村土地资源环境，造成土地资源措置和浪费，抑制产业结构的转型升级，降低了资源配置效率，制约农村土地用地经济价值与效益，形成“地”与“人”的发展、“村”的治理之间矛盾突出的现象。

改革开放以来，长三角成为我国工业化和城市化进程最快的地区，但快速发展的背后也出现了制约高质量发展的两大负效应，亟须有效缓解。长期以来，长三角地区的发展是以大城市和中心城市的建设为重心，对其他中小城市和周边乡村的资源要素流动产生了极大的“虹吸效应”，使长三角区域内的城市之间、城乡之间呈现“强核心弱周边、强城市弱乡村”不均衡发展现象。如何弱化这种“虹吸效应”，亟须通过区域一体化战略的实施来解决。工业化和城市化进程，所依赖的传统农业模式逐渐式微，长三角区域内各地的发展往往是以地方利益获取最大化为导向，区域协同发展存在行政壁垒为特征的“边界效应”，这种“边界效应”既不利于要素的跨区域流动和优化组合，也不利于公共资源的跨区域共享，亟须通过区域一体化战略的实施来破解。促进乡村产业发展和经济存量增长的同时，乡村治理物质基础得到夯实，但与此同时，人居生活环境、土地价值、社会效益目标仍旧处于不利局面。正如我们所看到的，长三角地区各农村的自然禀赋、历史传统、基础水平、政府投入、区域产业结构的外部影响等因素存在差异，农村发展水平、人居状况也呈现不同态势。大量的村庄呈现出传统村落、整合村落和融入城镇的新社区并存的格局，乡村治理实践中容易出现权责不清的情况，导致基层力量分散，出现很多事务看似有人负责，但是却管不到底、管不到边、管不到人，无法有效解决问题。出现这种现象的根本原因是村委会权责边界并未厘清，使得作为基层自治组织的村委会不得不承担了很多行政职能。[①] 缺乏科学规划和乡村要素的优化配置，难以推动生产、生活、生态相融合的空间建设、以人为本的治理样态的构建、公共服务有效覆盖的乡村治理。因此，发散长三角地区乡村治理及其行动思维，均衡培育多方面资源，协调“人—地—村”关系，需要从以下几点出发。

（一）科学定位长三角地区乡村聚落群发展方向

乡村功能定位从边缘化向中心化转变，实现由从属地位转向主体地位。在以往“重工轻农、重城轻乡”的发展观念下，乡村一直处于从属和边缘地位，扮演着工业化和城市化发展的助攻手。相较于长三角城市群跻身于世界级行列，该区域乡村的现代化水平仍比较落后，其功能和价值还没有得到充分开发。要扭转这种城乡不平衡发展的格局，需要重新审视乡村的功能定位，使乡村从边缘化、从属化向中心化和主体化转变；要重视乡村价值的挖掘和再造，运用新理念、新技术、新市场加快培育乡村的新业态和新动能，突出乡村群的经济性、社会性和生态性，使乡村发展成为长三角一体化发展不可或缺的源动力和重要组成。考虑人口在空间上的集聚效应，有利于区域性公共品投入和公共服务效率；乡村群建设要有利于改善村庄精神面貌和“三治”融合；要有利于乡风文明和生态文明建设，将乡村群打造成生产、生活、生态“三生相融”的空间载体。

（二）加快乡村基础设施和制度环境建设

发达的交通、水利、电力、信息等基础设施和优质的制度环境是长三角乡村区域一体化发展的重要基础和关键支撑。当前长三角乡村基础设施和制度环境区域间差距仍然较大，难以满足高质量乡村区域一体化发展的需要。为此，要拓宽投入资金来源渠道，发挥财政资金“四两拨千斤”作用，吸引社会资金对长三角乡村全域基础设施建设的投入，特别是水利电力和网络设施、土地整理和耕地改良、农业面源污染治理和生态环境修复，不断改善农业生产条件和乡村生活环境。同时，也在加快覆盖城乡的公路、电力、天然

① 刘孝斌：“长三角地区乡村基层治理影响因素分析——来自浙江省德清县三林村的调研”，《上海农村经济》2019 年第 11 期，第 39 – 41 页。

气、供水和垃圾污水收集处理等基础设施建设，健全市县镇村四级管理网络和建管长效机制。高质量推进“四好农村路”建设，实现行政村双车道四级公路向自然村延伸，实施农村公路生命防护工程，加强农村物流建设。实施“光网乡村”工程，实现行政村网络全覆盖。农村区域供水入户率、电子商务配送点行政村覆盖率达到100%。

（三）由区域性向联动式转变

由于经济发展的水平不一，区域间在合作协商中的谈判能力是不一样的，这会导致区域间的不等值现象，处于“增长极”的区域往往占据主导地位，拥有更高的合作话语权，传统的长三角区域间的合作常常呈现差距化的合作。但实际上，不同区域发展尽管存在差异，但都存在比较优势，这种比较优势具有等值性。要以集聚村和中心村为重点，同时也可突破乡村行政边界，采取灵活划分方法，既可以按地缘关系来划分；又可以按宗族关系、治理体系来划分；也可以按产业或业态来划分。科学规划乡村群，乡村群规划要由过去的“单村独干”转向“多村联动”。模式要多元化，既有小桥流水人家的传统村落群，也有规划有序、功能多样的现代村落群。在乡村层面，树立等值化的合作理念，从差值化的差距合作转向等值化的差异合作，不仅要注意“网统管”向下延伸，还要注意提升数据质量和共享效率。另外，则是指“一网通办”，就是在技术的支撑下，打破行政壁垒，培养能够满足基层群众需求的“全科医生”，提升窗口服务“一口受理、综合办理”的水平。在长三角一体化的背景下，在抓好“两张网”的同时，还可以在跨地区数据共享方面主动靠前，加强和邻近地区的沟通协作，为要素在地区间自由流动提供便利。

（四）从同质化向互补型转变

邻近区域的产业同质化和同构化是我国乡村产业发展的一大问题，这种产业格局不利于区域分工优势的发挥。解决这一问题仍然需要以乡村区域的一体化发展为突破口。重点有三个方面：一是在产业链上实现区域分工与互补；二是在业态上实现区域分工与互补；三是在公共体系上实现区域分工与互补。在乡村规划衔接、交通接轨、水电并网、信息联通，道路交通上充分利用信息技术建立全域公路、铁路、水路的智慧网络，共同推进协同整治、项目的差异实施、资源的互利共享、党建的跨界联合等，彻底打通“断头河”和“断头路”。要加快5G技术在乡村的覆盖和应用，为基于物联网的智慧农业和数字乡村建设提供强有力的支撑。要加快构建一体化制度环境，三省一市各部门要认真梳理具有地方分割色彩的政策、程序、制度等，加强行政沟通、政策协调和体制并轨，为一体化发展提供制度保着力缓解“两大效应”。

（五）推进多元化乡村价值再造和提升

正确认识乡村价值再造，乡村功能的拓展也在不断提升乡村的现代价值。现代乡村价值体系的建构是满足城乡居民追求美好生活、城乡经济社会融合发展和乡村绿色高质量发展的内在要求。重构乡村多元价值体系。要从以往较为单纯的生存价值、生产价值、社会稳定价值所构成的乡村价值体系向融经济价值、社会价值、文化价值、生态价值和休闲价值等为一体的多元价值体系转变。在乡村价值再造中提升乡村价值。要通过跨区域资源聚合、要素融合、功能整合和一二三产业深度融合来加快培育乡村新产业和新业态，让乡村田园变公园，乡村劳作变体验，乡村农房变客房，乡村农民变股民，实现乡村价值不断提升，通过支持政策为乡村群发展赋能，特色凝聚和品牌打造，努力将长三角乡村群建设成为中国美丽乡村群落的样板和国际高水平的乡村群落。

三、科技创新引领：长三角地区“领跑”农业农村科技创新

厘清基本村庄治理中的“人—地—村”关系，更需要在此基础上寻求进一步拓展发展机遇的路径。长三角地区是我国经济最具活力、开放程度最高、创新能力最强的区域之一，是“一带一路”与长江经济带的重要交汇地带，在国家现代化建设大局和开放格局中具有举足轻重的战略地位，同时，也是我国科技资源最丰富、创新能力相对较高的区域之一。该地区人才荟萃，高等院校与科研院所云集，科教文卫事业发达，技术与管理先进，拥有良好的人文积淀和雄厚的智力资源及科研实力，科技水平亦处于全国领先地位。长三角地区是我国重要的新技术研发中心、创新中心、扩散中心、新产品的制造基地和重要的高科技创业中心。强大的经济实力为科技的发展奠定了物质基础，同时经济发展聚集了大量的科技人才，形成较强的科技实力，促进长

三角地区科技发展及技术创新；科技的高速发展又进一步支持经济的发展，为长三角地区的经济腾飞插上了翅膀。科技与经济形成良性互动，未来长三角地区的经济和科技在全国的龙头地位更加突出，科技创新体系更加健全，合作机制更加灵活，创新能力更加强大，基本形成我国重要的科技创新中心区、科技资源共享区、生态和谐宜居区和科技产业创造区，率先成为中国最具活力、具有较强国际竞争力的创新型区域。

党的十九届五中全会提出，坚持把解决好“三农”问题作为全党工作重中之重，走中国特色社会主义乡村振兴道路，全面实施乡村振兴战略，强化以工补农、以城带乡，推动形成工农互促、城乡互补、协调发展、共同繁荣的新型工农城乡关系，加快农业农村现代化。中共中央国务院印发的《长江三角洲区域一体化发展规划纲要》也重点强调，支持苏北、浙西南、皖北和皖西大别山革命老区重点发展现代农业、文化旅游、大健康、医药产业、农产品加工等特色产业及配套产业。充分发挥皖北、苏北粮食主产区综合优势，实施现代农业提升工程，建设长三角绿色农产品生产加工供应基地。适度增加国内紧缺农产品进口，积极引进国际现代农业先进生产技术和经营管理方式，不断提升农业国际竞争力。长三角地区是我国农村改革最早、农业产业体系最全、农业科技创新能力最强、城乡一体化进程最快的地区之一，科技进步贡献率达85%以上，区域综合竞争力继续处于全国领先水平，在国家农业农村现代化建设全局中具有极为重要的战略地位。在大力实施乡村振兴战略、合力推动长三角更高质量的一体化发展的时代背景下，深化农业科技协同创新和产学研合作，着力加强长三角农业农村一体化发展的顶层设计、平台创设，从农产品产销对接到乡村产业协同发展，从农村集成改革到数字乡村建设，从区域联防联控到科技创新协同，强化农业科技创新对区域经济发展的支撑引领。当前长三角区域在医疗、交通、养老、文化、科技等民生领域已逐步实现便捷共享，以科技为支撑的长三角特色优质农业资源，围绕构建新发展格局，突出生态兴农、创新驱动、融合发展，全力深化区域协作，凝聚更强大发展合力，加快推进长三角地区率先基本实现农业农村现代化。在今后一个时期，要积极发挥科技创新引领作用，推进长三角地区农业农村信息化，通过信息技术改造长三角乡村地区传统农业、装备现代农业，不断完善农业产业为引领的数字化平台，构建多功能聚合乡村产业链，缩小城乡“数字鸿沟”，促进城乡发展一体化，从根本上解决“三农”问题。通过信息技术与现代农业的结合，以信息化推动农业现代化发展；加快农业农村信息化发展，实现农业产业化管理方式的重大转变；通过信息化拓展现代农业产业化活动的空间；通过信息化增强农业生产经营能力和管理水平，构建具有现代特征的长三角地区新型农业经营体系；通过信息化整合各种要素资源，共建平台，健全农业农村信息服务体系，提高农产品市场流通效率，促进农业增效农民增收。

目前，长三角地区的农田机耕率高于全国平均水平。长三角地区农业机械投入力度较大，机械化水平较高，已经都超过 70%。截至 2020 年，安徽农业机械总动力 6 800 万千瓦，比上年增长 2.2%，江苏农作物耕种收机械化率达 80%，农业机械总动力 5 193.9 万千瓦，比上年增长 1.6%。长三角地区已经形成了由国家农技推广队伍、农业龙头企业和农业专业合作经济组织以及民间科技机构、农民科技示范户及农村经纪人组成的农业科技推广队伍。5 个国家级农业科技园区已经成为“产学研”结合的农业科技创新与成果转化孵化基地、促进农民增收的科技创业服务基地、培育现代农业企业的产业发展基地、体制机制创新的科学发展试验基地和发展现代农业的综合创新示范基地。围绕农业农村现代化发展目标，长三角地区乡村发展正不断借力科技创新成果，突破性发挥科技创新驱动农业村现代化作用，从农业生产技术、农业经营手段、农业科技人才培育等，全面推动区域资源整合、长三角地区城乡一体化建设，打造具有活力、开放、创新特征的美丽乡村。

（一）明确绿色生态农业生产方向

进入 21 世纪，现代农业高效生态元素诸如发展都市型农业理念的确立为长三角地区乡村农业发展提供宝贵思路。环境生态化、经营产业化、主体知识化、要素集约化、功能多样化等特征逐渐成为高效生态型农业发展必备特征。长三角地区借助周边城市群的迅速发展，充分运用便利的水陆交通条件、完善的商品市场环境以及发达的金融市场等手段，有效地推动了该地区的农业市场化进程，并通过市场机制引导农民从传统的自给自足的个体劳动者向从事企业化、规模化、集约化经营和劳动的现代农业的经营者和生产者转变，同时引导农业资源向环境友好型的农业科技和农业生产方式集中，实现农业的现代化、可持续发展。积极引进具有科技含量高、市场应用前景广阔的新品种、新技术、新工艺、新设备，集中培育的优质猕猴桃、特色鲜食玉米、设施专用西瓜、优质砀山酥梨、彩色功能花菜、抗逆优质甜瓜等系列新品种。坚决守住18亿亩耕地红线的基础上，提升粮食和重要农产品供给保障能力。大力推行生态农业，保护并修复湖区和山林地区的生态环境，在重要生态系统区域谨慎发展农业生产，通过造林绿化工程、江河湖岸防护林体系以及高标准农田林网建设工程改善重要流域和丘陵岗地生态系统。强化现代农业科技和物质装备支撑，推进农业绿色发展和现代农业经营体系建设，利用先进的技术成果将为长三角农业产业发展插上“科技之翅”，在区域现代农业产业紧密对接大市场中，长三角绿色农品生产加工供应联盟的平台作用、聚集功能、联动效应正在显现，将有力增强区域特色农产品的竞争力，提升区域现代农业发展质量和水平。

（二）树立数字乡村高标化建设目标

长三角地区农村社区存在建设缺乏支撑、数字鸿沟明显等问题。尤其是农村劳动力外流，社区建设缺乏必要的主体；社区大规模调整，村民缺乏社区认同意识；城乡居民共享信息资源不对称，各地数字乡村战略的顶层设计存在偏差等。加强互联网与农业农村融合发展，引入产业链、价值链、供应链等现代管理理念和方式。借此构建新型农业生产经营体系、发展精准化生产方式、提升网络化服务水平。围绕产业发展质量和农产品核心竞争力提升，以实施合作项目为抓手，以共建示范基地为依托，以品种改良、技术指导、业态创新、人才培育为重点，着力加强合作共建科技示范基地建设。努力把示范基地打造成现代农业产业高质量发展样板田、美丽乡村产业兴旺的展示区。增强科技示范基地集成展示、示范引领、辐射带动功能，以点带面强化农业科技对产业兴旺的支撑引领。加快推进乡村数字技术普及工程，要让数字产业化和产业数字化能在乡村扎根，实现信息技术助农益农全覆盖，促进数字产业与乡村生产生活深度融合，使数字技术、数字信息成为农民创新创业、生产生活的重要工具，大力培育农村社区多元化治理主体，通过实施“互联网+社区治理”战略，积极推动农村社区信息化治理。加快数字技术对农业的数字化改造，以增加农业生产经营的可控能力，降低市场信息不对称程度，提高农业标准化水平。加强数据治理和数据服务，要实现乡村区域相关数据共享，乡村事务办理“一网通办”“最多跑一次”和“不见面审批”，要通过数据技术及其应用来弥补乡村教育、人才、医疗等资源的不足。

（三）注重农业科技专业化生产实践与实用人才培养

支持农业高校和农业科研院所参与农村实用人才队伍建设，扩大“农村创业青年培训班”“新型农民科技培训工程”“农村实用技能培训班”“劳动力转移培训”等各种形式的农村实用人才投入，整合社会的“三农”信息资源、专家资源、科技资源、市场资源、服务资源和政府组织资源，依靠科技武装和信息技术，培养科技型、实践型、信息型、知识型的新型智慧农民。依托特色产业资源，引导特色优质产业与全域旅游深度融合，增加产业融合收益。聚焦特色农产品，利用大数据、物联网等提高农业生产管理效能，促进“互联网＋农业”发展。以营造良好农民创业创新生态环境为目标，以激发农民创业创新活力为主线，以返乡农民工、中等高校毕业生、退役士兵和农村能人、农村青年、大学生村官为重点，推动农民人才培养体系创新，优化农民创业创新型人才结构。建立省、市、县多级数据中心，包括农业科技、生物种质资源、农产品市场价格、农业气象、特色农产品、农业专家等，帮助农村创新创业带头人开展上下游配套创业。培育社会化服务机构，积极培育市场化中介服务机构，发挥行业协会商会作用，组建农村创新创业联盟，实现信息共享、抱团创业。

（四）打造长三角农业科技创新体系

一是以现有的长三角农业科技联动合作机制为基础，以“长三角乡村振兴农业科技联合服务团”为载体，整合长三角农业科技创新资源，联合三省一市农科院打造虚拟的“长三角农科院”，完善长三角农业科技创新体系，为长三角现代农业一体化发展提供科技支撑。二是高效转化科技创新为生产力。在长三角农业科技创新体系中，充分利用高校科研院所和农业技术推广机构的力量，形成以农业高校科研院所为骨干，地方农业研究和技术推广机构为基础，搭建合理分工、有效衔接、深度融合的农业科研开发与技术转化体系。

第三节　长三角地区乡村社会治理变革研判

毋庸置疑，智能化信息科技的创新、发展与应用，不仅是信息科技领域的内部事务，更是信息科技创新与社会变革及其治理之间的互动关系。换言之，迎着社会变革现实需求而生发的智能化信息科技创新，在推动自身发展的同时，更推动了一场不可逆转的社会变革运动，它不可避免地给人们的生产、生活和思维方式带来巨大挑战，进而给社会环境结构、治理方案带来根本性变革。当智能化信息科技进入治理体系和治理能力现代化领域，应用于推动国家治理、政府治理或社会治理变革的运动之后，它必然会给作为国家治理重要领域的乡村治理带来要求其治理理念、治理过程、治理行动、价值实现等诸多方面进行积极变革的机遇和挑战。在乡村治理现代化层面上，长三角地区的"互联网+"、云计算、大数据、人工智能、移动互联等智能化信息科技创新与应用的观念浸润相对较少、信息基础设施建设相对落后、数据信息传输和共享存在梗阻、信息科技创新应用人才相对短缺，这使得长三角地区农业农村借助智能化信息科技来实现乡村治理现代化转型，仍存在不少现实堵点，亟须在利用智能化信息科技创新推进长三角地区乡村治理体系和治理能力现代化过程中加以积极面对和重点解决。因此，透过智能化信息科技创新及其在长三角地区乡村治理现代化领域的应用前景，我们需要及时洞悉、掌握和研究长三角地区乡村治理的特点和规律，率先转变长三角地区乡村治理范式，做智能化时代信息科技创新和乡村治理现代化的领跑者，这是长三角地区在现有基础上和优势条件下推进乡村治理体系和治理能力现代化所具有的重要机遇。

一、行动策略：从回应性向前瞻性转变

长三角地区农业农村经济社会发展正处于转型期，但随着我国经济及农业农村发展形势的深刻变化，必然会伴随着一些自然风险或人为风险。近年来，长三角地区在新时代推进乡村社会治理及加快农业农村发展等工作上面临着许多新的困难和挑战。尽管长三角地区的农业农村建设拥有一定的先发优势，但仍存在着不同程度的发展不平衡、乡村社会治理体制机制不够健全、农业产业化发展水平不够高且自然灾害、安全生产事故时有发生等问题，这些问题对基层政府的治理能力提出了极大挑战。但长期以来，我们奉行的治理模式都是一种被动回应式的乡村治理。回应性政府的局限性在于：一方面，政府回应是以社会抗争为前提，这就使得政府回应的成本比较高；另一方面，

政府回应是以社会需求为限度，政府并没有明确的政治发展规划，是一种倒逼型的改革，变革缺乏前瞻性，只会在不适宜社会需求的地方做出调整，从而使得整个变革缺乏全盘规划，忽视了制度之间的相互关系。① 在这种治理模式下，政府缺乏前瞻性，预见问题的意识淡薄，导致基层政府习惯于“头痛医头、脚痛医脚”“兵来将挡、水来土掩”式的被动回应。新公共管理认为，政府是“掌舵者”，这就意味着政府需要能够高瞻远瞩，着眼于长远考虑，具有预见意识和前瞻能力。但我国很多地方政府官员却偏好“治疗”而非“预防”，乡村治理的前瞻性、主动性和有效性严重不足，往往等到出现了问题甚至已演化为巨大风险之后才开始慌忙着手解决，直到等到上级有明确指示或不得不为时才采取行动。如此一来，不仅会导致行动缺乏合理、合法性，致使政策和行动滞后现象的发生，还会浪费政策资源、破坏政府形象。长此以往，这种缺乏事件预测能力、事前预测意识和前瞻性自觉行动的乡村治理，就导致治理者只能反复陷入被动竭力应付的治乱循环。

在充满高度复杂和不确定性的年代，人们期望政府不仅拥有良好的回应能力，更重要的是拥有批判性思考能力、战略性思维以及前瞻预测能力。而前瞻性政府则是“在以民为本理念的指导下，以解决公共问题、社会问题为责任，以为民服务为宗旨，以科学预测和有效预防为核心职能，具有有效治理公共危机的前瞻能力的现代政府”。② 因此，想要走出这种困境，政府要从“被动回应性政府”向“主动前瞻性政府”转变，构建前瞻性乡村社会治理模式：

第一，培养基层政府的前瞻意识。“前瞻性”和“预见性”相似，前瞻意识的形成首先必须改变政府事后决策的传统观念，注重培养政府未雨绸缪，防患于未然的战略思维，这就要求基层政府具有准确、高效的处置效率和快速、及时的应变能力，具备前瞻性意识和加强核心能力构建。因此，乡村治理行动者应加强教育培训，不断精进，丰富自身知识储备和利用科技手段的能力，改变传统思维方式，运用前瞻意识作为方针来指导自身实践，实现乡村社会治理的科学性和有效性。除此之外，作为社会治理的主体之一的乡村

① 闫帅：“回应性政治发展——从发展型政府到服务型政府的转变观察”，《武汉大学》2013 年第 5 期，第 198 – 199 页。

② 周定财：“前瞻性政府：公共危机治理的政府模式选择”，《领导科学》2010 年第 5 期，第 59 页。

治理行动者还需增强责任意识和危机意识，主动担负起治理责任，通过利用一系列技术手段捕捉危机发生前的信号，敏锐察觉危机可能产生的苗头，从源头化解危机。

第二，创新政府的决策模式。面对当前剧烈的社会变革环境，积极转变政府职能成为必然。注重民众参与决策，加强政务信息公开化、政策透明化，保证政策、信息畅通等变革手段是预防政策冲突、滞后的有效措施。此外，政策制定的过程中必然需要各个部门相互配合，通过健全预见性治理的联动机制和公共政策的协调机制可实现各部门力量的整合，有利于信息共享和管理机制的创新，提高政府职能的整体性和协调性。

第三，健全有关乡村治理政策制度的建设。一方面，在政策制定前首先要求决策主体建立政策利益协调机制，在问题所涉各方中寻找一个利益均衡点，正确处理各方矛盾。另一方面，政策的具体执行又受到乡村治理不同环境的影响，通过完善政策反馈机制和监控机制，可使治理者的治理行为和治理过程规范化，并根据政策执行的具体情况对执行过程中出现的偏差及时进行调整。也就是说，前瞻性乡村社会治理必须以科学预测治理过程中的潜在风险并采取有效的预防措施，以明确的战略规划、战略眼光和较强的思辨能力，运用善治的规制思维和现代化的规制工具，在法律规定的框架内对经济社会发展过程中可能出现的问题进行提前预判，并做出相应的制度安排，以有效规避可能到来的风险。

第四，以现代信息技术平台为支撑。现代社会是一个信息瞬息万变的社会，随着信息技术革命的到来，人类进入了大数据时代，与此同时，人们对社会公共服务的需求和质量要求不断提升，若政府仍采取以往的行为模式，其公信力与合法性将受到极大的挑战。而大数据平台的出现可以有助于治理者更加快速、广泛的收集海量数据，超越了时空、地域和时间的限制，以多种智能云应用平台为支撑，实现乡村社会治理的智慧和创新。因此，“前瞻性政府”要求乡村治理行动者应以智能化信息科技为依托，科学准确研判乡村治理情境可能或潜在的演化趋势和发展规律，强化事前预测意识，提升前瞻性行动能力。

事实上，通过精准预测和前瞻性行动而进行的乡村治理才更具合理性、合法性，应在体制机制上得到大力鼓励和提倡。精准性是前瞻性乡村治理的技术要求，它是在政府运用大数据、物联网、云计算等现代化技术对所收集的海量信息进行数据集成与网络分析基础上，精准研判和评估乡村社会治理工作中存在的潜在危机和挑战。乡村治理行动策略从回应性向前瞻性转变可以在三类大数据上获得智能化信息科技创新的有力支持：一是统计大数据，即可借助各类终端或移动设备和物联网技术收集农民生产生活、外出务工、农村合作医疗、农村社会保障、农民受教育程度、乡村治安和村委会村务等海量数据，对这些统计大数据的分析和加工可以形成乡村治理情境的总体概况，并预测乡村治理存在的不足和潜在问题。二是关系大数据，即在既有统计大数据的基础上，通过“互联网＋”、人工智能、机器学习等智能化信息科技创新，对不同乡村类型和不同乡村治理情境的关系网络、需求网络、行动网络等进行更加细致、更具预测性的深入分析，辅助乡村治理行动者的策略选择。三是演化大数据。基于前两种大数据及其相关性分析，通过智能化信息科技创新，建立更加复杂的数据分析模型，重点揭示从某个事件起点开始的乡村治理情境演化趋势、发展路径、影响后果、干预节点、治理效果等。

通过上述大数据的智能化分析和加工，让基层政府充分掌握农业农村发展现状和趋势、农民对乡村治理的现实诉求、治理行动干预的时空节点和预期效果等，使治理者能更具针对性地洞悉乡村治理中存在的各类现存或潜在问题，及早做好行动预案和处置方案，化解各种人—人、人—地、人—村、村—村矛盾和纠纷，疏导可能出现的不满情绪，推进美丽乡村提档升级，加快农村产业提质增效，着力促进乡村有效治理，提高农村民生保障水平，建构真正的乡村和谐社会。可以说，智能化信息科技创新和应用对长三角地区乡村治理现代化的重要意义主要在于，通过对这些复杂、庞大但却有着潜在规律的三类大数据信息进行及时、有效的专业化、智能化、精准化处理，可以更好地从技术支撑上改变乡村治理过程中问题处理和解决的被动回应模式，使乡村治理行动策略更具前瞻性、主动性和有效性。

二、对象识别：从模糊化向精准化转变

乡村社会治理是国家治理体系中的短板和薄弱环节，新形势下乡村治理的理论及实践模式都指向治理精准化，而治理精准化的现实枢纽则是对象识别的精准化。乡村治理的精准化一方面强调“粗放”向“集约”的转变，另一方面强调“管理”向“治理”的转变：前者借助于标准化、流程化和技术

化的手段着力于乡村治理的程序与技术，利用网络系统提供的多元管理机制联动多方力量解决社会突出问题；后者则突出了精准化治理主体和以服务促管理的价值导向。实践表明，如不能够精准识别乡村治理问题，则治理效能远不及制度优势，在政策执行的过程中出现“丢包”现象。而不论是乡村治理的理论逻辑构建还是政策的制定和执行，能否精准识别都成为乡村治理能否从制度优势转变为治理有效的决定性因素。瞄准乡村治理的问题对象精准识别，不仅能够预测、预防潜在风险的发生，还能够构建以现实问题为中心的乡村精准治理模式，提升乡村治理者的治理能力，避免出现“第三类错误”的尴尬局面。

问题的精准识别是乡村治理效能提升的关键，通过对乡村治理领域相关文献进行剖析，可以从三个层面来识别、构建乡村社会治理问题。从宏观层面而言，乡村治理的理论和实践更多关注于自上而下的顶层制度建设以及落地政策对于乡村实际治理状况的推动。从中观层面而言，乡村治理的理论研究和实践探索在经历了漫长的以学科为导向后转变成了更具包容性的以问题为导向，不同的研究者基于不同的学科背景，立足于社会实践，形成了大量介于制度优势与治理效能之间的乡村治理问题研究导向。从微观层面而言，研究者基于定性和定量的研究方法，具体分析具体治理情境，更加注重对现实问题的抓取和现实情境的把握。我们将问题精准识别摆在乡村社会治理体系现代化建设如此重要的地位，是出于两个方面的考虑：一方面，就算有再好的治理理论、治理技术，若问题对象识别有误，不仅无法解决既有问题，还会造成有限资源的极大消耗和浪费，有损政府的公信力。更为严重的是，它还有可能使已露出苗条的潜在问题隐藏化，这些并未被发现的隐藏问题会随着慢慢累积并逐渐演化成风险更大、更严重的事故，危害社会公众生命财产安全。另一方面，伴随着社会的快速运行和高速发展，复杂性、不确定性等因素急剧增加，乡村治理者虽有正确识别问题的意识，但在面对风险性和不确定性问题的治理问题时，难免会表现为模糊、笼统和主观的经验特征，所制定的政策和方案也会陷入某种程度的非科学境地。而以“不变应万变”的策略来应对突发的乡村治理问题，不仅无法实质性的解决问题，还会导致治理效率低下甚至无效的局面。因此，要想把乡村社会风险化解在源头，必须切实增强防控风险的责任感和自觉性，逐个环节校准责任偏差，不断提高实时动态监测、实时预警能力，推进乡村社会风险防控工作科学化和精细化，对各种可能出现的风险及其原因要做到心中有数、对症下药、应对有策。

但从严格意义上来说，在探索乡村治理从传统向现代转型的过程中，受制于经济基础和技术条件，我们已习惯性地将城市治理或企业管理——特别是其精细化管理——误认为就是现代治理的典范。在企业管理中，“精细化管理是指通过规范化、程序化、标准化、信息化的手段，使管理过程中的每个环节都尽可能精细，形成一个完美的管理系统，从而最大限度地降低企业成本、提升企业效率”。[①] 那么，将精细化管理和官僚制组织结合起来，大到国家、小到城市，其政府管理和社会治理都围绕着部门设置、职能划分、职权范围厘定、政策执行标准、部门绩效评估、部门管理目标实现等各部门各环节的管理精细化。如果再将这种精细化管理下降到基层政府，则不仅表现为各部门各环节的管理精细化，更表现为自上而下的精细化管治和自下而上的被动消极应付。在乡村治理对象识别上，这就导致基层政府对乡村治理对象的识别，脱离了乡村经济社会本身，而是目光瞄准上级政府的指示、命令、要求、政策等，在“上有政策、下有对策”的基层政府行动逻辑中，当疲于应付上级政府的精细化管理时，基层政府便早已失去了其对乡村治理对象的精准识别，有的只是来自上级提供的治理对象。

不可否认，在政府组织本身的结构化和对社会实施良好控制的意义上，精细化管理在特定时空条件和组织范畴内是高效的，然而，就其想要进行精确性、严密性控制的目标而言，官僚制组织的科层结构和精细化管理的结合，必然导致政府运行程序繁琐、组织机构僵化、工作态度消极、治理行动固化。组织内部的精细化管理、组织与公民间单向度的信息流动，使得政府刻意地、习惯地忽略公众的现实诉求，即便通过某种半开放的“门槛”获得民众的信息反馈、诉求表达以及意见建议，也是片面的、滞后的以及选择性进入的。而伴随着社会运行和社会变化的加速化、流动性的迅速增强以及复杂性和不确定性的迅速增长，国家治理、政府治理、社会治理都面临着需要变革的极大挑战，即便是乡村社会及其治理，也同样面临着这样的挑战，不断强化精细化管理，不仅不会使基层政府治理和乡村治理变得更好，反而在治理和服务对象的模糊性、低准度，以及治理行动的低效性、冗余性中，使乡村治理出现所谓的制度供给“过剩”和“不足”并存的诡谲画面。

---

① 陈潭：“大数据驱动社会治理的创新转向”，《行政论坛》2016 年第 6 期，第 1 – 5 页。

对此，陈潭教授指出，“传统人海战术、运动式执法、被动式执法的社会治理模式已经不适应时代要求，互联网和大数据的迅猛发展为社会治理的精准化提供了技术条件。大数据条件下的精准化治理强调以社会问题和社会需求为靶向，能够感知社会态势、畅通沟通渠道、辅助科学决策，能够实施精确预警、精准识别和精确管理”。[①] 在乡村治理问题上，我们更偏好于选用外部赋能来辅助乡村治理者实现内部治理效能的提升，实现积极的内外部合力治理效果。而在乡村治理现代化中，以互联网、大数据、云计算、人工智能为代表的智能化信息技术的创新与应用，无疑是最具前沿性、科学性、实用性的外部工具。上级决策者和智库研究者通过应用前沿的信息技术，将自己的智慧或直接或间接的集成到智慧化信息技术平台上，将上级赋能、智库赋能和技术赋能统一联结，形成系统的乡村治理全域智能联控。在该集成系统中，乡村云数据平台需要联合基层政府、乡村自治者、科研机构等社会力量进行既有深度又有广度的合作，不断提高乡村云数据平台支撑和乡村服务治理问题精准识别技术创新的综合能力。

除此之外，乡村治理现代化还包括如何精准识别治理对象并进行精准化治理的重大议题。例如，在人居环境整治方面，借助智能化信息科技创新手段，对涉及乡村人居环境整治的农村生活垃圾、村内塘沟、畜禽养殖粪污等农业生产废弃物，以及影响农村人居环境的不良习惯等进行精准识别，针对不同的问题情境、类型和特征，将目标层层分解，提出具体可行的精准治理行动方案，确保政策细致精准化落实。在精准扶贫减贫方面，不仅可以利用大数据高效的分析和挖掘能力对贫困户和贫困村进行精准识别、精准帮扶、精准管理和精准考核，更可以通过党员联系群众，利用移动互联设备等拍摄采集贫困户和贫困村的实际生活生存面貌，避免单纯经济指标造成的主观和客观忽略，并据此针对不同贫困户和贫困村提出精准治理行动方案。

总之，要使智能化信息科技创新助力长三角地区乡村治理现代化，必须摸清长三角地区乡村的不同类型及其治理行动的具体性和实践性，顺应村庄发展规律和演变趋势，根据不同村庄的发展现状、区位条件、资源禀赋等，按照集聚提升、融入城镇、特色保护、搬迁撤并的思路，分类推进乡村建设与治理现代化。

---

① 陈潭：“大数据驱动社会治理的创新转向”，《行政论坛》2016 年第 6 期，第 1－5 页。

三、决策过程：从经验性向科学性转变

与城市地区高度复杂性和高度不确定性的治理环境相比，乡村地区在现代化进程中也同样逐渐具有了复杂性和不确定性的总体特征，但其来源主要是脆弱的地理生态环境、复杂的地质地貌条件、相对落后的教育水平、相对有限的认知水平、传统的熟人社会结构、相对消极保守的治理方式等主观和客观因素，因而，其风险社会特征也主要体现为频繁发生的自然灾害、群体性事件、涉农生产安全事故等对农业农村正常的生产生活秩序造成的冲击。然而在面对同样充满复杂性和不确定性的乡村社会治理工作中，传统政府决策体制机制通常具有经验决策的特点，乡村治理决策仍属于基于经验和情感的“经验型”“感知型”决策类型。如果说在科学和理性决策之外，经验和感知能够对决策起到非常好的辅助作用，那么，在乡村治理现代化尚未完成、缺乏科学精神和理性思维训练的情境下，依靠“经验型”“感知型”决策模式是难以实现乡村治理现代化、科学化、实效化的。经验和感知之于决策的现实意义不仅不是助力，反而成了阻力。虽治理主体的出发点和落脚点都是科学决策，但由于既在经验决策的过程中存在着制度性障碍、信息孤岛等问题，又受到个人能力与自身实际经验等因素的影响，所作出的决策或多或少都会因为自身局限而缺乏科学性、前瞻性和精准性。经验性决策极大程度地限制了治理效能的提高，也对大数据有效服务的政府决策产生了一些负面影响。

解决上述难题的最有效方法是推进乡村治理决策过程由经验型向科学型的转变，而智能化信息科技的介入则是实现这一现代化转型的重要推动力和支撑力。一方面，智能化信息科技创新能够利用各种移动互联设备和人工智能技术，快速、高效、准确地收集分散但彼此关联的乡村经济社会全样本或大样本数据，诸如基层民主、农村教育、养老保障、医疗卫生、民政事务、人口流动、基础设施、公共危机、环境监测、扶贫减贫、社会治安等方面，有效避免因抽样调查、随机调查、考察调研而存在的样本量小、数据片面、计量低效等问题，为乡村治理决策提供强有力的数据支撑。另一方面，智能化信息科技创新能够对收集来的统计数据、关系数据和演化数据进行快速、科学、高效的系统性、相关性、趋势性、主题性分析，对原本相对分散、孤

立、零碎的“点数据”“条数据”进行高效、实时地处理和整合，得出有关乡村治理问题和对象的更有价值的信息，深度挖掘出这些大数据背后反映出来的农业农村经济社会中人、地、村之间的内在复杂关系，从而为乡村治理者提供关于乡村治理关键问题、治理对象、现实需求、解决渠道、价值实现等的客观规律和主要特点，为乡村治理决策科学化提供强有力的技术支撑。

面对乡村风险社会及其治理决策，乡村治理现代化就必须对农业农村的地理、村落、环境、村民、生产、生活等各类数据进行采集、加工、分析和挖掘，并就当前治理和决策工作情况进行分析，通过吸收各方面信息、资源，进行系统性的模拟、规划、预测，做出综合判断和决策。在这个过程中，大数据技术在数据的搜集、整理、分析等方面具有得天独厚的优势。各级各类政府部门在国家治理、政府治理、社会治理，以及乡村治理中积累数以亿计的公共服务大数据，对这些数据进行有效的处理分析，可以提高乡村治理的精确度和靶向性，从而不断促进乡村治理和决策的科学化实现，因此，在乡村治理工作中辅之以智能化信息科技创新与应用的助力，有利于建设数字型政府，对提高乡村自治能力有着不可忽视的作用，同时也能够有效规避决策过程中可能出现的风险，在降低决策成本的同时，提供更优质的乡村公共服务。

但在大数据、物联网、云计算等信息技术手段对乡村治理工作带来巨大机遇和便捷的同时，也给乡村治理和决策工作带来一定的冲击，乡村地区治理现代化的实现仍存在一些“短板”：第一，农村地区数字政府服务水平亟待提高。在省、市、县等民众比较聚集的地方，政府数字化的水平也比较高，民众可以根据自身需求较为精准地办理业务。与之相比，农村民众更习惯于政府提供的经验化服务模式，而对政府所提供的数字化平台利用率较低。与此同时，由于乡村人口居住较为分散，一些乡村地区，特别是偏远山区数据化基础设备较为薄弱，智能化信息科技平台的应用普及较为困难。第二，乡村社会治理领域创新水平有待提高。科技革命将人类从繁重的机械劳动中解放出来并逐步实现人类生活的生产、生活智能化。然而，目前的乡村数字化治理尚未更加广泛地应用于政府治理、精准脱贫工作、生态治理以及产业化治理等方面，应用空间较小，不突出特点，此外，在数字产业、数字教育等涉及乡村民众数字生活等方面的开发缺乏。第三，从乡村民众的角度来看，民众对于应用现代信息技术手段进行社会治理方式的接受度较低。每一天在交通、医疗、环保等领域无时无刻不产生海量数据，政府通过对海量数据进行挖掘、剖析、可视化可进一步精准对相应领域进行改善。但对于乡村来说，不仅这些对应领域数据量较少，而且民众对于这些数据的需求量也较低，这与他们对大数据认知度和结束度较低也有一定关系。第四，乡村地区治理信息技术手段基建设施相对落后。乡村地区数字化产业和需求相对城市来说较少，所以服务于智慧化、智能化治理的传感器较少。即使对于乡村交通、环保、医疗等海量数据进行收集，也缺乏专业的人才和设备对所收集和存储的数据进行挖掘、分析、可视化以促使政府精准化治理、科学化决策。除此之外，乡村治理还存在着明显的数据“孤立”“零碎”以及“点数据”“条数据”共存的特征。以往，不同机构和不同地区间的数据普遍以“点数据”“条数据”的形态存在，彼此割裂、互不相通，形成信息壁垒，基层政府能够掌握的数据量小，真实性、可靠性、可用性严重不足，这些缺陷无疑造成了乡村治理决策信息不完整、方案选择消极被动、行动前瞻性不足、科学性和准确性差等的问题。现在“点数据”“条数据”逐步被“块数据”替代。“块数据”是对各类“条数据”的解构、交叉、融合，从而有利于从数据中挖掘出更高、更多的价值。

因此，想要提高乡村地区社会治理和决策的科学化，不仅要着力培养相关领域的专业人才，突破传统政府行政管理和经验决策的局限，立足于大数据、物联网、云计算平台、人工智能等科技背景下，不断转变和更新观念，还有在宏观条件下致力于顶层制度建设，精进物联网基础设施建设，将大数据技术充分融入于日常的乡村治理工作以及科学决策中来。比如，利用互联网与移动应用建设全面、详尽、精准的扶贫信息系统，对扶贫对象精确识别、精确帮扶、精确管理，提高扶贫效率和效果。智能化信息科技嵌入乡村治理现代化离不开大数据、物联网、云计算平台等方面的技术支撑，特别是需要用到数据采集、数据管理、数据共享、数据分析、数据应用、数据安全等全过程大数据技术，将隐藏在海量数据中的价值信息挖掘出来并将其应用到乡村治理实践中。例如，洪水预报系统就是利用大数据和人工智能获取和处理公开的全球卫星遥感、地形地貌、天气预报等信息，建立多元数据库，实现了对洪水 72 小时趋势预报以及为各级政府防汛部门提供防洪和水资源调度决策支持。可见，在智能化信息技术时代，碎片化的数据被进行有效整合，“感知型”“经验型”决策被淘汰，完整而有效的数据信息将为高效而科学的决策奠定基础，形成“用数据来说话，用数据来决策”的科学决策机制，从而加快乡村治理模式的转型。在智能化信息科技创新与应用的助力下，原本碎片化的乡村治理相关数据、信息和知识能够通过“互联网+”、移动互联、大数据、云计算、人工智能等领域的技术方法加以高效处理和整合，尽量避免单纯使用“感知型”“经验型”决策造成的不利影响和消极后果，充分利用具有总体性特征的完整而有效的大数据为科学高效的乡村治理决策奠定坚实的数据、信息和知识基础，并通过可视化、图表化、模型化的信息技术手段使决策数据、信息和知识供给更加用户友好、更加容易理解、更利于直接使用，从而加快长三角地区乡村治理决策过程从经验性向科学性的转型。

四、价值实现：从碎片化向整体性转变

智能化思维具有整体性、多样性、平等性、开放性、相关性和生长性等特征，从本质上来说它是一种复杂性思维。在乡村社会治理中，传统的治理思维重视追踪事件的单一因果关系，而缺乏全面性和系统性，容易忽视与之相关的其他细微因素。在乡村治理的过程中发生这样或那样的问题，可能有多种多样的原因，如果仅仅就事论事只是去寻找问题发生的原因以及如何进行处理，这容易导致对问题判断的片面化和零碎化，从而忽视微小的其他因素。当前，在加快乡村治理现代化进程中，长三角地区面临的一个普遍问题是“碎片化”。“碎片化”一词现广泛应用于各大学科中，它的一般抽象意义是指一种分散的、结构不协调的、程序重复且复杂的客观状态。

我国长三角乡村地区社会治理的碎片化表现在以下几个方面：

第一，目标价值碎片化。一方面，在当前长三角乡村地区，乡村民众的需求逐渐多元化和高质量化，而政府的相应供给缺乏或者较为单一，满足不了民众的多元需求。另一方面，地方政府在自利性驱动下使得乡村民众的需求被边缘化和形式化，其本质就是地方政府追求利益最大化和职位晋升的自立性选择。

第二，政府组织机构决策的碎片化。我国乡村地区社会治理仍呈现为政府单方面进行的路径依赖，各级部门遵循自下而上的决策程序，并根据不同的部门职能分工来制定相应政策。相对应的，在该方面，“碎片化”不仅表现为政府纵向层级结构重叠，还表现为政府横向部门决策交叉推诿，我们可

将之概括为“治理碎片化”。在以官僚制组织的科层结构为典型的政府组织建构模式中，基层政府按照纵向层级和横向部门的划分方式，形成了各部门和上下级之间似乎明确的职权和职责范围，但实际上却因治理和服务对象错综复杂的具体情形和关系网络导致这种权责划分无法清晰、明确和界限分明，而必然存在或深或浅的交叉、重叠、牵扯。在乡村治理实践中，各部门之间对自己权责范围内的事务各自为政，对交叉重叠牵扯的事务则推诿扯皮，权责划分不是其应当如何作为、如何负责、如何服务的规范，反而成了其推卸责任、自我保护、规避风险的合理合法依据，这就形成了“治理碎片化”不良结果。

第三，跨区域政府协作间的碎片化。乡村地区社会治理必定要损害一定的资源，而各个地区资源的有限性使得乡村地区的跨区域社会治理更为艰难，出于地方保护，跨区域资源难以共享，再加上在现有体制下，同级政府间竞争大于合作，更加促使跨区域间乡村政府合作陷入碎片化僵局，我们可将之概括为“信息碎片化”。各部门分别在各自权责范围和治理目标实现中又进行着数据和信息的生产、加工、存储、传播和使用。在碎片化治理的结构设计和行动过程中，所有这些数据和信息都成了各部门内部拥有和使用的“私有”资源，有时还被打上“秘密”的标签，即便被要求开放和上传到公开或共享平台也是极为有限的。在由此建构成的部门隔间里，部门间的沟通交流不畅，导致数据和信息的流动不畅、共享不足、互通阻滞，这就形成了“信息碎片化”。事实上，基层政府在履行其部门职能，开展乡村治理的过程中，已然掌握了乡村经济社会方方面面的海量数据和信息，但由于各部门间碎片化的治理行动，导致大量具有极高治理价值的数据和信息无法在部门间互通共享、无法实现有机整合和高效利用，这种所谓的“信息孤岛”现象导致很多人误以为乡村治理缺乏应用智能化信息科技所需要的大量数据和信息基础，其实不然，这些数据和信息只是被碎片化了。

第四，政府与非政府组织合作的碎片化。由于乡村组织自身力量较为薄弱、成员意见难以统一，政府在与非政府组织合作过程中越位、干预、独断专行，“一事一议”自主供给难以实现。

事实上，这种“碎片化”问题包含在了乡村治理的组织、行动、机制和资源等诸多方面，“碎片化”不仅增加了乡村治理的实际成本，还降低了乡村治理的应然效果。而在碎片化造成的效果降低和成本增加的消长关系中，我们看到的是乡村治理价值实现的功能性障碍，即“治理失灵”，它往往表现为治理行动回应迟缓、治理态度消极懈怠、政策执行效果差、资源整合利用效率低、民众满意度低、政府公信力下降等。

总之，不论现有官僚制组织结构是否能够得到改变，数据和信息的安全高效共享已经成为各级各部门的信息系统、数据库、操作系统横向上向其他部门共享，纵向上向基层延伸的必然趋势。例如，如果基层政府可以通过充分共享来自民政部门所掌握的农村婚姻状况、社会组织发展和社会救助情况的数据和信息，那么，它就可以更好地处理和解决乡村的社会矛盾、家庭纠纷以及其他潜在破坏和谐社会建设的风险。再如，在基层政务服务上，江苏省射阳县组织研发 24 小时“无人政务大厅”，在全国首创“无人政务服务”新概念。先期在县政务服务中心和一些乡镇设置了 8 台套“无人政务大厅”，与县政务服务中心审批服务系统互联互通，信息共享，提供审批服务与查询、缴费等公共便民服务。我们看到，在数据和信息共享上，如果继续以往那种各自为政、碎片化治理，不仅会对数据和信息重复收集、重复分析，导致做大量无用功、浪费大量资源，更难以做到对数据和信息进行科学挖掘和高效利用，导致乡村治理的决策缺乏科学性支撑，治理行动绩效大打折扣，即便基层政府及其工作人员加班加点干了活，群众的满意度也在持续下降。

乡村社会治理的“碎片化”破解需要创新社会管理，提升社会治理能力，这关系到乡村治理能力现代化的形成。基于此，突破治理碎片化和信息碎片化，转变乡村治理的理念、思路和方案，实现从碎片化向总体性的转变，才是乡村治理现代化必须要重点关注的领域。其中，智能化信息科技创新与应用将对数据信息整合、资源高效利用、跨部门沟通合作、信息系统互联互通、信息资源透明共享，起到极大的助力和支撑作用，并将促进乡村治理的公共价值实现不断走向具有共享性、互动性、总体性特征的合作治理路径。为此，针对上述问题提出以下几种有效应对路径：

第一，追求治理目标一致和价值平衡。一方面，注重治理目标的科学性与有效性。治理目标的碎片化难以对社会力量进行整合形成社会治理合力，不利于乡村社会治理工作的推进。通过制定阶段性、现实性和全面性的目标，将目标主体利益融合，增强目标制定的公开性、透明度以及参与度，为乡村社会治理提供明确、清晰、科学的目标导航。另一方面，要把握多元价值的平衡与和谐。乡村政府要在坚持党委领导，大力推进社会主义核心价值体系建设的基础上，将价值取向、伦理精神以及各方利益、情感、规范、渠道等因素进行全面整合，整合出能顺顺应时代潮流、符合社会发展、社会公众普遍认同的主流核心价值观。

第二，注重地域联合与资源共享。一方面，各级政府应注重区域治理整体化，破除地域分割、独立发展的狭隘观念坚持一体化合作发展理念，并强化财政政策的联动支持，优化流动人口动态管理与管理机制，构建社区参与治理模式。另一方面，我国现有政府层级结构和划分不够合理，需要优化政府层级联动体制，推进组织结构整合，构建协商合作的治理模式。与此同时，调整社会整体阶层架构，发展壮大中间队伍，构建利益分配和协调机制。

第三，强调多元主体协同参与和协调运行。基层政府作为乡村治理的关键主体，其制度架构、职能分配、决策方式、行为过程等很大程度影响着乡村治理的效能。从基层政府的角度而言，需转变治理思维，对自身角色认知明确、合理定位，并实现在制度层面强化自身约束。而社会组织作为乡村社会治理的重要组成部分，需增强其治理主体意识，改革双重管理体制，加大对专业人才培养体系建设，健全内部法律法规。乡村民众作为乡村治理的一员，其参与程度对乡村社会治理的深入推进具有重要意义，因此，要不断强化乡村民众对于乡村社会治理的广度与深度，三方治理参与者共同探索、完善多元协同耦合机制。

第四，构建信息联通机制。乡村社会的整体性治理需要网络技术为其提供信息平台，依托于信息技术基础之上的信息管理平台具有良好的兼容性、多元性、整合性。基层政府应以信息技术理念为先导，构建一体化的网络技术平台，实现信息资源的高度共享和流程的高效整合。

第四章

问题聚焦：走向成熟自治的乡村经济社会

第一节　长三角地区城市“包容”乡村发展

一、城市“包容”乡村的实现程度及差异比较

（一）城乡包容性发展的必要性

我国经济发展成绩斐然，城乡居民生活水平大幅提高，社会保障全面推进，亿万农民开始分享到经济发展带来的民生改善与福利增加，和谐社会的构筑已经初步成型。尽管取得了令人瞩目的成就，但我国经济发展中仍存在诸多矛盾，“经济增长与民生幸福不协调”开始凸显，主要体现如下：首先是经济增长与居民内需有效增加的不协调。城乡居民收入差异较大，大部分居民消费需求得不到有效释放，“内需拉动型”增长难以实现。其次是经济增长与社会公平普及的不协调。城乡公共服务与基础设施建设分化严重，农村劳动力全国流动始终受限，大部分农村居民没有切实享受到经济发展成果。最后是经济增长与社会保障水平提升的不协调。覆盖全民的教育、医疗、养老、就业、住房等社会保障体系刚刚起步且城乡待遇差异明显，严重影响社会稳定。为此，在传统的投入型经济增长转型为“包容性增长”的关键历史时期，重点研究现代化进程中城市“包容”乡村协调发展的内在机制及诸多“包容化”要素影响机理，对促进我国经济稳定、社会和谐、居民幸福有重

要现实意义。

城市化是经济增长的必然结果，也是推动经济增长的主要动力（Black & Henderson，2007）。Fujita 等（1999）提到，城市化进程能有效将周边资源聚集整合，吸引更多劳动力与生产商进入，最终形成一个自我增强的循环。内生经济增长理论认为，聚集效应导致了城市规模报酬递增、城市区域拓展以及城市持续发展（Rosenthal and Strange，2003；Brülhart & Sbergami，2008）。我国是一个农业人口占 2/3 比重的发展中大国，城市化不能单纯限于经济增长范畴，更应该具有整合乡村资源、消除城乡二元结构、推动社会公平的目的。目前国内对城市化的研究大多基于城乡一体化和城乡统筹角度，已有许多学者进行了较为深入、系统的阐述。综其观点，大都集中于城市化进程中如何带动农村发展、消除城乡二元分割格局、减少城乡居民收入差距以及消弭城乡基本公共服务的非均等化等领域。城市“包容”乡村发展这一观点的提出，不仅兼顾新时期我国经济增长与社会公平的发展需要，也是对现有研究的理论升华。发展中国家的城市化对消除农村贫困有显著效果（Verner，2005）。但也有学者指出，城市化使得资源过于集中，导致区域发展不均衡，居民收入差距加大（Duranton & Puga，2004；Ioannides & Rossi - Hansberg，2005）。对经济增长过程中城市化进程与乡村发展失衡问题的研究，首先要对现状进行评价，国内学者为此也提供了许多建设性的意见（李岳云等，2004；李放，2006；李勤等，2009；俞云峰，2010）。现有的研究大多基于城乡统筹视角构建评价指标体系，在一个时间截面下对一个或多个城市的城市化水平实施评价。笔者认为，对于城市“包容”乡村发展这一涉及经济增长与社会公平的理论评价而言，在指标体系选择上应更多地体现出“公平性”。

（二）“包容”的内涵与外显

“包容性增长”是当前我国政府所提出的新型发展方式，即经济增长要兼顾社会公平、全民福利与分配均衡，实现经济社会和谐发展。这与全球经济发展趋势是一致的，也将是我国未来主要的经济增长模式。

“包容度指数”评价指标体系是由一组既相互联系又相互独立，并能采用量化手段进行量化的指标因子所构成的有机整体。评价指标体系应能够全面、准确、科学地反映城乡融合现状，并可以进行综合评价和判断，体现城市“包容”乡村的水平。这里的指标体系将重点体现“包容性增长”的核心要素，除涵盖经济增长的相关指标外，还增加了关于社会公平的“福利包容”“保障包容”与“政策包容”指标。在评价方法上，将运用 AHP 方法计算出各个主要城市的“包容度指数”。

根据城市“包容”乡村发展所涉及的领域以及“包容度”的内涵，我们将城市“包容”乡村发展评价指标体系细化为经济发展包容度、民生福利包容度、社会保障包容度、公共政策包容度和乡村发展包容度这 5 个二级指标和 18 个三级指标（见表 4－1）。

1. 经济发展包容度。

经济发展包容度具体指标有：城乡地区国民生产总值比、城乡居民可支配收入比、农村居民恩格尔系数、农林水事务财政支出等。

2. 民生福利包容度。

民生福利包容度具体指标有：城乡居民预期寿命比、城乡生均基础教育投资比、城乡万人拥有医生数量比、城乡人均住房面积比等。

3. 社会保障包容度。

社会保障包容度具体指标有：农村人均社会保障财政支出、新农合补偿率、农村居民最低生活保障标准等。

4. 公共政策包容度。

公共政策包容度具体指标有：村务公开率、村民对社会治安满意率、村委会依法自治达标率等。

5. 乡村发展包容度。

乡村发展包容度具体指标有：农村自来水覆盖率、农村人均年用电量、森林覆盖率、农村垃圾处理率等。

表 4－1　城市“包容”乡村发展指标体系

一级指标 A	二级指标 B		三级指标 C				总权重
			序号	名称	单位	权重	
城市“包容”乡村发展	B1	经济发展包容度	C1	城乡地区国民生产总值比		30%	7.5%
			C2	城乡居民可支配收入比		25%	6.25%
			C3	农村居民恩格尔系数	%	25%	6.25%
			C4	农林水事务财政支出	亿元	20%	5%

续表

一级指标 A	二级指标 B		三级指标 C				总权重
	B2	民生福利包容度	C5	城乡居民预期寿命比		25%	7.5%
			C6	城乡生均基础教育投资比		30%	9%
			C7	城乡万人拥有医生数量比		20%	9%
			C8	城乡人均住房面积比		25%	7.5%
	B3	社会保障包容度	C9	农村人均社会保障财政支出	元	35%	8.75%
			C10	新农合补偿率	%	35%	8.75%
			C11	农村居民最低生活保障标准	元	30%	7.5%
	B4	公共政策包容度	C12	村务公开率	%	35%	4.2%
			C13	村民对社会治安满意率	%	35%	4.2%
			C14	村委会依法自治达标率	%	30%	3.6%
	B5	乡村发展包容度	C15	农村自来水覆盖率	%	30%	2.4%
			C16	农村人均年用电量	万千瓦时	30%	2.4%
			C17	森林覆盖率	%	20%	1.6%
			C18	农村垃圾处理率	%	20%	1.6%

在确定城市“包容”乡村发展的指标和目标值时，借鉴了江苏省全面建设小康社会相关指标以及江苏省政府关于建设和谐江苏的相关文件的内容和要求，并结合江苏省经济社会发展水平及江苏省“十一五”规划的相关要求和原则最终确定。按照传统的区域划分原则，将江苏省按照地理位置和经济发展水平划分为苏南、苏中和苏北三大区域，从中分别选取一个具有代表性的城市作为研究对象，以 2009 年公布的经济社会发展数据为依据，按照城市“包容”乡村发展指标体系中的各项指标进行全面、综合比较，能够进一步认清现阶段的苏南、苏中和苏北地区社会发展水平之间的差距，从而更好地找到各地区实现城市“包容”乡村发展的方向。见表 4－2。

表 4－2　　　　城市“包容”乡村发展指标参照标准

指标名称	单位	权重	总权重	标准值	实现值		
					无锡	扬州	盐城
B1 经济发展包容度		25%					
C1 城乡地区国民生产总值比		30%	7.5%	4.0	6.04	4.77	3.19
C2 城乡居民可支配收入比		25%	6.25%	2.2	2.02	2.25	2.78
C3 农村居民恩格尔系数	%	25%	6.25%	36%	35.6%	39.5%	41.4%
C4 农林水事务财政支出	亿元	20%	5%	22	17.57	13.25	20.65

续表

指标名称	单位	权重	总权重	标准值	实现值		
					无锡	扬州	盐城
B2 民生福利包容度		30%					
C5 城乡居民预期寿命比		25%	7.5%	1.1	1.08	1.09	1.15
C6 城乡生均基础教育投资比		30%	9%	1.6	1.68	1.99	2.16
C7 城乡万人拥有医生数量比		20%	9%	1.8	1.89	2.04	2.41
C8 城乡人均住房面积比		25%	7.5%	40	42	40	36
B3 社会保障包容度		25%					
C9 农村人均社会保障财政支出	元	35%	8.75%	272	210	190	120
C10 新农合补偿率	%	35%	8.75%	40%	22%	20%	16%
C11 农村居民最低生活保障标准	元	30%	7.5%	380	380	300	210
B4 公共政策包容度		12%					
C12 村务公开率	%	35%	4.2%	95%	94.6%	94.0%	91.8%
C13 村民对社会治安满意率	%	35%	4.2%	98%	97.6%	95.8%	95%
C14 村委会依法自治达标率	%	30%	3.6%	95%	96.2%	96.0%	94.5%
B5 乡村发展包容度		8%					
C15 农村自来水覆盖率	%	30%	2.4%	100%	100%	100%	100%
C16 农村人均年用电量	万千瓦时	30%	2.4%	0.22	0.23	0.19	0.11
C17 森林覆盖率	%	20%	1.6%	28%	16%	19%	28%
C18 农村垃圾处理率	%	20%	1.6%	100%	100%	96%	88%

（三）无锡、扬州、盐城城乡包容度分析

如果从经济发展、民生福利、社会保障、公共政策和乡村发展这5个二级指标来比较的话，我们可以发现，经济发展、公共政策和乡村发展指标对三市城市“包容”乡村发展得分所造成的差距影响不大，影响三个城市分数的关键是民生福利和社会保障这两个方面。见表4-3。

1. 经济发展包容度。

以往此类研究过多强调地区间经济发展水平的差异对城乡一体化发展所造成的巨大影响，而本书的实证研究发现，不同区域经济发展水平的差异对城市“包容”乡村发展实现程度的影响并不大。出现这种情况的原因可能是本书所选取的经济指标大多是不同地区的城乡实际数据比。以城乡地区国民生产总值比这一指标为例，虽然盐城市GDP总量明显小于无锡、扬州两市，

但作为江苏省的农业大市，其农村地区 GDP 总量在全市 GDP 总量中所占的份额却高于无锡、扬州，这就造成在城乡地区国民生产总值比这一指标上，盐城市的得分反而更高。但需要注意的是，在城乡居民可支配收入比以及农村居民恩格尔系数这两项上，盐城市的得分远低于扬州和无锡，说明该地区农村居民生活水平仍比较低，农村发展仍然比较落后。

2. 民生福利包容度。

无锡市与扬州市的民生福利包容度得分比较高，明显优于盐城市。尤其是城乡生均教育投资比和城乡万人拥有医生数量比这两方面，盐城市与前两个市差距明显，这表明苏北农村地区的教育、医疗卫生事业发展滞后，而这恰恰是人民群众最为关心的两个问题。

3. 社会保障包容度。

与民生福利包容度表现出来的问题一样，无论是农村人均社会保障财政支出，还是农村居民最低生活保障标准和新农合补偿率，盐城市在农村社会保障方面都远远落后于无锡、扬州两市。这说明苏北地区农村社会保障事业发展还很滞后，要建设一个完整的农村社会保障体制还有很长的路要走。

4. 公共政策包容度和乡村发展包容度。

三个城市在公共政策包容度和乡村发展包容度这两个方面的差距并不明显。除了农村人均年用电量这一指标盐城市与其他两市有一定差距外，其他方面，如村委会依法自治达标率、农村自来水覆盖率、村民对社会治安满意率等，三市差距不大。

无锡、扬州、盐城三市城市“包容”乡村发展实现程度比较见表 4－3。

表 4－3　　城市“包容”乡村发展实现程度比较

指标名称	总权重	参照标准值后得分			考虑权重后的得分		
		无锡	扬州	盐城	无锡	扬州	盐城
B1 经济发展包容度	25%				20.32	20.5	22.11
C1 城乡地区国民生产总值比	7.5%	51	80.3	100	3.83	6.02	7.5
C2 城乡居民可支配收入比	6.25%	100	97.8	73.7	6.25	6.11	4.61
C3 农村居民恩格尔系数	6.25%	100	90	85	6.25	5.63	5.31
C4 农林水事务财政支出	5%	79.86	60.22	93.86	3.99	3.01	4.69

续表

指标名称	总权重	参照标准值后得分			考虑权重后的得分		
		无锡	扬州	盐城	无锡	扬州	盐城
B2 民生福利包容度	30%	100	100	95.5	32.1	29.6	25.7
C5 城乡居民预期寿命比	7.5%				7.5	7.5	7.16
C6 城乡生均基础教育投资比	9%	95	75.6	65	8.55	6.80	5.85
C7 城乡万人拥有医生数量比	9%	95	86.7	66	8.55	7.8	5.94
C8 城乡人均住房面积比	7.5%	100	100	90	7.5	7.5	6.75
B3 社会保障包容度	25%				19.07	16.41	11.5
C9 农村人均社会保障财政支出	8.75%	77.21	69.85	44.12	6.76	6.11	3.86
C10 新农合补偿率	8.75%	55	50	40	4.81	4.38	3.5
C11 农村居民最低生活保障标准	7.5%	100	78.95	55.26	7.5	5.92	4.14
B4 公共政策包容度	12%	99.58	98.95	96.63	11.96	11.87	11.71
C12 村务公开率	4.2%				4.18	4.16	4.06
C13 村民对社会治安满意率	4.2%	99.59	97.76	96.94	4.18	4.11	4.07
C14 村委会依法自治达标率	3.6%	100	100	99.47	3.6	3.6	3.58
B5 乡村发展包容度	8%	100	100	100	7.31	7.09	6.61
C15 农村自来水覆盖率	2.4%				2.4	2.4	2.4
C16 农村人均年用电量	2.4%	100	86.36	50	2.4	2.07	1.2
C17 森林覆盖率	1.6%	57.14	67.86	100	0.91	1.08	1.6
C18 农村垃圾处理率	1.6%	100	96	88	1.6	1.54	1.41
总分					90.77	85.74	77.64

二、农民工城市融入指标体系及其测算方案

(一) 农民工融入城市的必然性和困境

自20世纪90年代以来我国城乡差距进一步拉大，农业比较利益不断下降，农民要想奔小康，仅靠农业根本不可能，而到城市去赚钱具有极强的诱惑力。王毅杰、倪云鸽就明确指出：“农民进城是农业社会向工业社会历史转变的一个必经阶段，但在当前也是‘三农’问题产生的结果，人多地少、农业经济效益差，农村第二、三产业发展滞后、农民负担过重、城乡居民收入差距大，使他们在农村从事产业活动的积极性不高。就个人而言，他们进城动机更多的是经济因素，即为了摆脱贫困。”“融入城市”或“城市融入”，

在这里指农民工由“农村人”变为“城市人”，从象征传统文明的乡村社会进入象征现代文明的城市社会的过程。这一过程就是一种城市化的过程，也可说是农民工的再社会化过程；这是一个艰难的嬗变过程，也是一个长期的转变过程。农民工融入城市是中国社会现代化发展的必然要求也是农民工经过理性思考后的现实期盼。①

马广海指出，我国目前的社会转型既是由计划经济体制向市场经济体制的转变，更是由传统的农业社会向现代工业社会、后工业社会的转变。这种转变带来的必然是农业人口向非农业人口、农村人口向城市人口、农民向工人的转化过程。在相当长的时期内不仅农村人口要继续从农村向城市转移，而且已经进入城市的农民工也要达到与城市的实质融合，不能停留在“准市民”的阶段，需要迈过从农民到准市民的分化过程，进入市民阶段。如果农民工长期不能融入城市社会，始终与城市处在一种“油与水”的关系状态之中，中国的城市化进程势必会受到阻碍，“工业国家、农业社会”的不平衡社会结构形态将无法扭转。② 根据《国家新型城镇化规划 2014～2020 年》预测，未来 6 年，我国将有 1 亿左右农业人口转移到城市，中央鼓励、促进农业转移人口逐步融入城市中。然而出于诸多因素的制约，目前大多数农民工仍处于城市的边缘，难以真正形成对城市的身份和心理认同。

（二）农民工城市融入指标体系

当前关于农民工城市融入的研究越来越丰富，其中不乏进行融入度测算的研究。本书在借鉴现有文献的基础上，以昆山为例，从主客观两个方面分别选取相应指标，具体包括对自己身份的认同、是否适应城市生活、是否会讲昆山话、是否关注当地时政新闻、是否参加社区活动、当地人对外来人口是否有歧视、恩格尔系数、遇到困难时的求助对象、是否能享受到基本公共服务、配偶是否在昆山工作、子女是否在昆山上学、是否在昆山有自购房等 12 个指标，并将其划分为心理融入、文化融入、经济社会融入和生活融入四个方面。关于融入度指标权重的确认，目前采用比较多的是主成分分析法、因子分析法、隶属函数法等客观赋权法，通过数理运算来确定指标的权重，

①② 陆林：“融入与排斥的两难：农民工入城的困境分析”《西南大学学报（社会科学版）》2007 年第 6 期，第 97－103 页。

这些方法虽然可以有效避免人为主观因素对研究的不利影响，但不一定能够客观真实的反映指标的实际重要程度。因此笔者请教了昆山市外来人口管理办公室的工作人员，对上述指标的重要性进行了排序，外管办的同志长期从事外来人口管理服务工作，与包括农民工在内的外来人员接触较多，对这部分群体在昆山工作生活的现状、困境、需求都有很深入的了解和研究。见表4－4。

表4－4　进城务工人员城市融入测评指标

一级指标 A	二级指标 B	三级指标 C	内部权重	总权重
A1 主观融入	B1 心理融入	C1 是否适应城市生活	50%	10%
		C2 是否适应城市生活	50%	10%
	B2 文化融入	C3 是否会讲昆山话	45%	9%
		C4 是否参加社区活动	30%	6%
		C5 是否关注当地新闻	25%	5%
A2 客观融入	B3 经济社会融入	C6 恩格尔系数	30%	9%
		C7 是否能享受到基本公共服务	30%	9%
		C8 遇到困难时的求助对象	20%	6%
		C9 当地人对外来人是否有歧视	20%	6%
	B4 生活融入	C10 配偶是否在昆山工作	30%	9%
		C11 子女是否在昆山上学	30%	9%
		C12 是否在昆山有自购房	40%	12%

（三）农民工城市融入度测算及分析

通过上述指标体系的建立以及权重的确定，可以把农民工生活、工作状况量化为具体的数值，通过运算分析，既可以测算某个个体的城市融入度，也可以测算某类群体的城市融入度，具体计算办法如下：

先对各指标值去量纲化，得出各指标的融入度。计算公式如下：

$$I=\frac{X}{X_0}（X\text{为正指标}）$$

$$I=\frac{X_0}{X}（X\text{为逆指标}）$$

公式中 I 为融入度，X、X_0 分别为具体某一指标的实际值和融入度参照值。

再算出各个指标的融入度后，对其进行加权算术平均，分别可以求得二级指标和一级指标的融入度。

最后将主观融入程度和客观融入程度进行加权算术平均，求得最终的城市融入指数。

融入程度的计算公式如下：

$$Q = \sum_{i=1}^{n}\left(\sum_{j=1}^{m} I_{ij}W_{ij}\right) \times W_i$$

公式中 n 为二级指标个数，m 为第 i 个二级指标中的指标个数，I_{ij} 为第 i 个二级指标中第 j 个指标的融入度，W_{ij} 为第 i 个二级指标中第 j 个指标的权重。

例如，本次调查中的个案，男，32 岁，已婚，大专文化，夫妻二人在昆山一企业打工，根据上述计算方法，将调查数据代入，计算得出：心理融入度 50%，文化融入度 40.8%，经济社会融入度 86.7%，生活融入度 58.3%；进一步计算，其主观融入度 45.4%，客观融入度 72.5%，总的城市融入度为 61.7%。将所有调查对象按照是否参加养老保险分为两类，分别计算出他们的心理、文化、经济社会和生活融入度，继而求得主观、客观融入度，最终得总的城市融入度。结果显示，所有 261 名受调查者的总体城市融入度为 60.42%，其中客观融入度为 69.15%，主观融入度为 47.3%。说明在昆山地区，农民工的城市融入正在由半融入向较高程度的融入过渡，这与目前学术界已有的一些研究结论大体吻合。例如，仇小琳等人对湖北省进城务工人员城市融入程度的测算为 55.13%，其中主观融入水平为 54.95%，客观融入水平为 55.31%。可以预见的是，这种介于半城市化与高水平城市化之间的状态，将在相当长的一段时期内存在于中国的城市化进程中，伴随而来的，是对城市管理、社会发展带来的一系列挑战。见表 4－5。

表 4－5　　有无养老保险两类农民工的城市融入度比较

	总指标	一级指标		二级指标			
	城市融入度	主观融入度	客观融入度	心理融入度	文化融入度	经济社会融入度	生活融入度
有养老保险（N＝191）	63.13%	49.3%	72.35%	52.3%	46.3%	82.2%	62.5%
无养老保险（N＝70）	53.03%	41.9%	60.45%	43.8%	40%	76.3%	44.6%
全部样本（N＝261）	60.42%	47.3%	69.15%	50%	44.6%	80.6%	57.7%

三、集中居住对被拆农户家庭经济状况的影响

（一）集中居住政策的背景

村镇布局分散、零乱，宅基地占地过多、无序使用土地等浪费现象一直是小农经济条件下中国村居的重要特征。随着中国经济的高速发展和城市化、工业化与农业现代化的快速推进，大量农村人口从农业转向第二、三产业，从农村转向城镇，导致一些自然乡村人口数量绝对减少，形成具有中国特色的农村“空心化”现象。在这种形势下，有序引导农民集中居住，对于节约集约利用农村土地，改善农村居住环境，释放农村经济增长潜力，推进农村工业化和城市化的发展，均具有十分重要的现实意义。为此，在“保耕地、保发展”的双重压力下，我国出台了城乡建设用地增减挂钩试点政策，重点对农村居民点进行整理，引导农民集中居住，其中以苏南发达地区的探索最典型。早在20世纪末，在苏州、无锡等发达地区出现了一些小规模的“农民集中居住”试验。当地政府尝试把一些人口较少的自然村撤销，集中到人口大村，或者集中建设公寓型农民小区。“集中居住”在很大程度上改变了农民世世代代形成的居住方式、生活方式和就业结构，这必然会对被拆迁农户家庭经济状况产生深远的影响（陈锡文，2013）。

（二）被拆农户家庭经济状况分析

参见表4－6、表4－7。

表4－6　　被拆迁样本农户职业变化情况

类别	拆迁前	拆迁后	变化
务工户	43	61	18
纯农户	2	0	－2
兼业户	23	3	－20
个体工商户	7	7	0
老年户	11	13	2
干部户	9	10	1
其他农户	3	3	0
业主户	2	3	1
合计	100	100	0

表 4－7　集中居住前后被拆迁样本农户家庭收入情况　单位：元

项目	全家全年收入合计	务工工资收入	家庭经营性收入	租金收入	种植、养殖业纯收入	保养抚养收入	一次性安置折算	二次分配收入	退休工资	其他收入
集中居住前	45 282	35 871	4 700	1 701	1 248	218	41	470	520	513
集中居住后	58 138	46 992	4 350	300	116	1 207	308	2 065	1 363	1 436

1. 被拆迁农户职业非农化趋势更加明显。

苏州农工办将本地农户划分为老年户、纯农户、规模经营户、兼业户、务工户、个体工商户、业主户、干部户和其他农户 9 个类型。本书直接沿用这一划分标准和内容对样本农户进行分类。对农户一般而言，除了业主户和规模经营户的家庭收入会因土地规模大小而导致收入差异大，其他各种类型的农户收入水平在集中居住前后的差异并不十分明显。调研显示，农户所从事职业在被拆迁前后有明显变化的是纯农户和兼业户，其中纯农户全部消失，兼业户也从被拆迁前的 23 户迅速降至被拆迁后的 3 户。可能的原因是：集中居住后，在土地征用、规模经营的推广、耕种不方便等因素使农民放弃了承包地和自留地的耕种，不再继续种地的兼业户基本上演变成为务工户，部分年龄较大的农民也因此赋闲在家。另外，务工户则增加了 18 户，其他职业身份的农户并无明显变化。可以看出，集中居住后，被拆迁农户职业非农化趋势比较明显。

2. 农户生产生活方式前后迥异。

调研显示，搬进集中居住区前后，不需要购买粮食和蔬菜的农户数量从 79 户迅速降至 2 户，这是因为搬进集中居住区的农户多数不再继续耕种土地。形成被拆迁农户无地可种的原因包括：43% 样本农户家庭得到了征地安置，还有一部分农户家庭的土地虽然没有办理征用手续但是用途已经改变，即被企业承租用作工业生产。企业和村集体签订租赁土地合同，将农民的土地让渡给企业使用，企业向村集体支付 8 000 元/亩的租金，村集体按照 1 200～2 000 元/亩向农户支付土地租金。除去市政绿化等政府公益性项目，用地单位的租金全额支付给农民外，村集体经济组织获取经营性项目租金的多数。这种用地模式在苏南地区普遍存在，租金的差额（村集体得到的地租差价）构成了村级集体经济的主要来源。

在样本农户中，部分农户有地不种主要是因为将土地流转给种田大户。为鼓励土地规模经营，2006 年出台的《张家港市现代农业建设实施意见》明确规定凡流转给种地大户耕种的土地，每亩可以获得 300 元的规模经营补贴。加上大户支付的土地流转租金 700 元左右，土地流出农户亩均年收益可达 1 000元以上。至 2011 年 9 月底，全市农业规模经营面积达到 32.7 万亩，占全市可耕地面积的 82.84%。在集中居住后，有一些区镇对集中居住农民实施专项补贴，承包耕地和自留地农民自愿流转给土地股份合作社的，承包耕地补贴 100 元/亩·年，自留地补贴 300 元/亩·年，土地仍由农民自己种植的给予交通补贴。但是，由于农户自身耕种的效益和流转收益相差无几，加上耕种不方便，使集中居住后的农民基本上都放弃了直接耕种。

农民的房屋和宅基地具有生产和生活的双重功能。在集中居住前农民一般会在门前屋后的自留地里种些蔬菜、养一些家禽，但是在搬到小区后则没有条件继续种养。为了节省开支，不少农户在小区绿地上种菜，但往往会被物业或社区管理者禁止。因此，集中居住直接导致被拆迁农户与农业生产相关的自给自足的生活模式基本消失。

3. 农户家庭收入增加幅度不大。

调查显示，被搬迁农户的收入总额呈增长态势。搬迁前，100 户农户的户均年收入为 45 282 元（以下均为 100 户的平均数），搬迁后为 58 138 元，户均增加了 12 856 元，增幅为 28.39%。考虑到物价增长因素，可以看到被拆迁农户前后收入增幅并不大。

（1）与搬迁无关的收入增长较快。一是工资性收入增长明显。搬迁前户均年工资性收入为 35 871 元，搬迁后户均年收入为 46 992 元，增加 11 121 元，增幅达 31%。推动样本农户工资性收入快速增长的原因包括劳动力价格上涨、农民非农就业技能提升和家庭新增非农就业劳动力数量的增加等。二是政策性收入增幅较大。其中，农保、城保的保养收入比搬迁前有较大增长。张家港市实行的征地补偿和被征地农民基本生活保障办法规定，第二年龄段的失地农民经过办理相关手续后纳入城镇社会保险体系。社保扩面的推进和超龄农民进城保的措施，使社会保险对农村的覆盖面进一步扩大，失地农民的退休保养收入进一步提高。所调查的 100 户农民家庭，搬迁前平均农保城保退养收入（不包含其他企事业单位的退休工资）为 520 元，搬迁后平均每户为 1 363 元，户均增加 843 元。当然，这其中有时间跨度因素，即存在搬迁前缴费搬迁后领取的情形。同时，其他转移性收入包括政府的转移性支出和村集体的各类福利支出较搬迁前成倍增长。近几年，张家港市调整了老年农（居）民社会养老补贴标准，加大了对低保家庭和低保边缘对象的扶持力度，一些可支配收入较高的村集体经济组织给农户发放的福利待遇也较以前增长明显，老年人补贴、低保、困难补助、独生子女补助以及个别村发放的文明奖等项目，增加了农民收入。

（2）与征地搬迁有关的收入基本持平。一是征地安置保养收入明显增加。征地给农民最直接的增收就是安置保养收入。据测算，搬迁前后，平均每户的安置保养收入从 259 元/年迅速增至 1 516 元/年，户均年增收 1 257 元。二是土地流转收入分配有较大增长。目前搬迁农户中还有相当比例的农民没有得到征地安置，因集中居住给继续耕作带来不便，所以较多的是以土地流转方式获取土地补偿收益。另外，征地后土地补偿费的 30% 留给集体，由村集体经济组织实行组有村管，增值部分给农民分红。随着征租用土地的增多，农民的分配也较搬迁前有所增加。据调查汇总，土地流转方面搬迁前户均收入 470 元，搬迁后户均收入 2 137 元，户均增加 1 667 元。三是家庭经营性收入比搬迁前略有下降。搬迁前平均每户的家庭经营收入为 4 700 元，搬迁后为 4 350 元，年户均减少 350 元。搬迁对“庭院经济”有一定影响，如原来有的农民在庭院里搞的经营项目，搬入小区集中居住后无法继续生产经营，有的生产项目只能被迫另找房源，增加了租金等成本支出，有的因为搬迁丧失了原来依托的场地等资源条件，只能被迫放弃原来的经营项目。四是租金收入比搬迁前普遍下降。张家港市经济发达，吸引了很多外地人就业，除了有经济条件购房安家的，更多的打工者选择租住农民的房子。调研发现，搬迁前有 18 户农户有房租收入，租金收入总额 170 120 元，平均每户每年收取房租为 1 701 元。搬迁后，因房屋安置还没有全部到位，只有一户自己另外购买的门面房从事出租，年租金收入 30 000 元，折合户均收入 300 元，比搬迁前户均减少 1 401 元。随着安置房的全部到位，一些住房比较宽裕的农户可将部分用于出租，其房租收入将有一定的提高。五是种养业纯收入下降明显。搬迁前，样本农户种养业收入平均每户 1 248 元/年，搬迁后，由于耕地的征用或者进入集中居住区后农民离田地较远不便耕作，也由于进入集中居住区后没有养殖家禽家畜的条件，农民家庭式的种养业收入明显减少，户均减少 1 168 元/年。总的来说，集中居住前后，被拆迁农户与征地搬迁有关的收入基本持平。

4. 农民消费支出大幅度提升。

调研发现，被拆迁农户搬进集中居住区后，各项生活消费支出明显增加，具体包括：一是粮、油、蔬菜支出数倍增加。调研数据表明，搬迁后，由于庭院经济无法继续进行，农户家庭所需的粮食、食用油和蔬菜等都需要到市场购买，仅该项支出每户每年增加 4 524 元，占户均消费支出增加总额的 60%。二是荤菜支出激增。搬迁前，农民平时荤菜支出主要是购买猪肉和鱼，这项支出从搬迁前的户均每年 4 358 元迅速增至搬迁后的户均每年 5 610 元，户均增加 1 252 元，占支出增加总额的 16.6%。三是水、电、煤气支出翻番。集中居住前后，农户家庭能源消费结构发生了较大的变化，水、电、煤气的消费支出明显增加，该项支出户均每年增加 1 763 元，占支出增加总额的 23.4%。

（三）集中居住政策效果总结

在以张家港为代表的苏南经济发达地区，集中居住改善了农民的居住环境，推动了城乡公共服务均等化，有利于城乡经济社会一体化的实现，也使农民在生产和生活上彻底“非农化”。农民集中居住呈现以下特点：集中居住的推动力来自外力；集中居住以放弃原有的宅基地为代价换取新的住房；集中居住后延续了农民人均使用面积递增的趋势，但是到达一个峰值后趋于稳定。城乡一体化阶段后的农民集中居住还具有以下特点：农民集中居住涉及面广，影响多数的农村居民；拆迁主体由多元化向政府主导一元化发展；集中居住布局更加科学合理；拆迁安置补偿标准更趋公平合理。

无论是征地政策还是农民集中居住政策，农民得到的土体增值收益微乎其微。从保护农民土地权益和约束地方政府短期行为的要求出发，在推进农民集中居住的过程中，需兼顾农民、集体和政府的利益，妥善解决好被拆迁农民的长远利益问题，需建立土地增值收益合理分配机制，大幅度增加农民土地收益。同时通过加大被拆迁农民的社会保障、扩大被拆迁农民的就业创业途径、发展壮大集体经济等解决被拆迁农民的生活保障问题，让被拆迁农民得到实实在在的好处，共享城市化发展和城乡统筹建设带来的成果。

第二节　长三角地区乡村经济的“领跑”前行

一、集体经济演进中的苏南乡村经济

（一）苏南地区集体经济的演进历程

与全国其他地区相比较，集体经济的重新崛起和快速发展，特别是苏南模式的蓬勃发展成为江苏农村经济发展中的一个鲜明而重要的特色。改革开放以来，我国不同地区从本地实际出发，走出了多种富有地区特色的发展道路，“苏南模式”即是其中影响较大者之一。与“温州模式”以个私经济为主和“珠三角模式”以外资经济为主相比，“苏南模式”的特点主要在于以集体经济为主发展乡镇企业，推动区域工业化和城市化。

经过20世纪50年代的农村社会主义改造运动，直到改革开放前，苏南地区也和全国其他地区一样，在农村实行人民公社体制，土地等生产资料“三级所有，队为基础”，是集体所有、集中经营的传统模式。而且，在二元经济和社会结构下，农民只能困守土地，从事农业生产，不能进入非农产业和城市。

改革开放以后，随着经济的发展和人民需求的日益增加，国家相关政策出现调整与松动。但受限于计划经济的约束，传统国营企业无法及时响应市场需求的变化，而民营企业在这一时期还相当弱小，这就为苏南乡镇企业提供了发展机遇。由于集体经济力量相对比较雄厚，加之政策推动，于是采取以集体经济为主兴办乡镇企业，以村镇集体经济组织为投资者和经营者，进入非农产业。其中，以苏南地区（苏州、无锡和常州）最为典型，故称“苏南模式”。苏南乡镇企业的蓬勃发展，在一定程度上加速了计划经济体系的瓦解，推动了社会主义市场经济体系的形成与发展[①]。

---

① 夏永祥：“‘苏南模式’中集体经济的改革与嬗变：以苏州市为例”，《苏州大学学报（哲学社会科学版）》2014年第1期，第101－106，191页。

进入20世纪90年代以后，受当时国家“治理整顿”的紧缩政策影响，市场格局发生变化，由卖方市场向买方市场转变，对产品质量的要求和销售制约致使不少乡镇企业面临停工倒闭的困境，乡镇企业面临严峻挑战。随后，大量对“苏南模式”的批评和经济发展的压力迫使苏南地区的乡镇企业对其集体所有制的固有弊病进行改革，寻找出路。从20世纪90年代中期开始，“苏南模式”发生了重大嬗变，苏南各地开始对乡镇企业进行转制。基本思路是引入民营等非公有制经济元素，通过产权多元化来达到产权清晰的目标。经过改制，大多数小型集体所有制乡镇企业通过拍卖等方式转变为民营企业，也有一些大中型企业通过股份制改革转变为上市公司和合资企业，快速发展壮大，结果是传统的单一集体所有制企业基本消失。经过这场传统集体经济的改制浪潮后，“苏南模式”一度陷入了沉寂，集体经济似乎也走到了尽头。实际上，苏南地区的集体经济并没有完全消亡，而是经过十多年的嬗变与改革，在市场经济条件下以新的实现形式展现在人们面前，在合作经济和股份经济的发展中焕发出新的活力，这种现象被称为苏南“新集体经济”的崛起。

2001年，苏州吴中区金星村建立了全省第一家社区股份合作社。此后，这种新型集体经济形态——“股份合作社”在苏南渐成燎原之势。所谓“股份合作社”，是一种在合作社的基础上，吸收了股份公司的若干做法而建立的新的所有制或者经济组织形式。在股份合作社内部，集体经营性净资产以股份的形式量化到了每一位社员，实现了产权明晰的目标，明确了利益和责任，并实现相互之间的合作。而且，在股份合作社内部，有些成员可以一身二任，既是所有者，又是劳动者，同时获取分红和工资两种收入。另外，与股份公司不同，多数股份合作社在社员资格、股份流转等方面都会做出种种限制，使股权具有相对封闭性，从而在一定程度上延续了传统集体经济所承担的社会保障职能。绝大多数苏南农村社区均已建立股份合作社，股份合作社主要有三种形式：土地股份合作社、社区股份合作社和专业合作社，并由此派生出置业合作社、富民合作社、就业合作社等多种形式，分别适应农村土地流转、集体财产经营与专业化生产的需求。这些股份合作社的内容、经营领域和功能不尽相同，但是其本质都是集体经济，集合了农民群众的各种要素，农民群众同股同权同益，能够参与民主管理，并且通过分红的形式实现农民群众的收益权。

（二）新型苏南集体经济的特征

1. 在经营形式上，呈现出多元化的趋势。

农村集体经济运营的主要目标是增加集体积累，为基础设施、医疗养老等公共产品提供财力保证。就此而言，它不应过度介入那些风险较高、利润波动较大的领域。现在苏南的新集体经济，已把自己定位于专门从事具有一定垄断性的半公共产品的提供者角色，走的是市场风险小、收益较稳的经营路子，基本上退出了加工制造等竞争性领域和产业，主要提供资本经营、资产租赁和承包经营等服务，具体产品就是通过为企业提供标准化厂房、商业用房，为外来打工者提供居住楼宇等不动产获取租金收入。显然，这些服务和产品竞争程度低、经营风险小、收益稳定，能够实现集体资产的保值增值，已成为近年来苏南农村集体最重要的资金来源。

到目前为止，苏南农村所探索的村级新集体经济发展，主要有以下四种途径：一是通过房地产物业建设和出租，收取资产的租金收入。这是苏南村集体经济发展的主要形式，也是其收入增长的主要渠道。二是原来的乡镇企业在改制时，留下了村集体经济的股份，又在后来的发展中不断增资扩股和壮大。三是通过村内农户承包土地的合法流转，按照现代农业、都市农业的要求组建农地股份合作社，由村委会聘用种地能人负责实现高增值农业的开发。四是避开集体经济在竞争性领域和产业中的劣势，主动投资集体企业的优势领域，为属区内民营企业提供半公共产品和服务，弥补和纠正市场失灵。[①]

2. 在分配方式上，更加注重向农户倾斜。

在20世纪八九十年代，苏南集体经济的收益主要用于当地的基础设施建设以及基层行政开支，但没有形成相应的收入分配制度和制衡关系，乡镇政府分配权力缺乏监督。进入21世纪，基础设施已经较为完善的苏南农村更加倾向于直接向居民分配集体资产的收益。目前苏南的新型集体经济，实行的是按股分红和福利分配相结合的分配方式，集体经济组织经营收益状况与成员的利益联系更加紧密，农民群众得到的实惠更多、更直接。以苏州为例，

---

① 刘志彪：“苏南新集体经济的崛起：途径、特征与发展方向”，《南京大学学报（哲学·人文科学·社会科学）》2016年第2期，第48－52页。

政府出台文件规定乡村股份合作社每年获得的利润，必须按照公积金、公益金、社员分红 3∶3∶4 的比例进行分配。[①]

（三）苏南集体经济对农村经济发展的“正外部性”

以股份合作社为主体的新型苏南集体经济，在苏南城乡一体化发展和新农村建设中发挥了重要作用，为本地区的经济发展、社会进步做出了重大贡献，其“正外部性”突出体现在以下两个方面：

1. 新型苏南集体经济产生了显著的共同富裕效应。

“新集体经济”是在社会主义市场经济下，实现强村富民、共同富裕的重要途径和发展方向。作为社会主义的本质要求，“共同富裕”包含两层内涵：一是较高的绝对收入水平，二是较小的贫富差距。就贫富差距而言，集体经济的特征是民有民享，具有较强的救济、福利、保障功能。通过各种形式的集体经济组织，尽可能地吸收绝大多数村民参加，通过组织分散的小农户，能够有效地抵御市场风险和降低经营成本。各种股份合作社为农民提供稳定的分红，还为农民提供了大量的就业岗位，使他们获得工资收入，从而为农民提供了长期而稳定的收入来源，带动能力较低、资源较少的农户走向富裕，在提高整体收入水平的同时，成功避免了农村内部收入差距的过分悬殊，这无疑充分体现了“共同富裕”的精神内涵，实现了强村发展和富民兴业的有机统一。

2. “新集体经济”是在社会主义市场经济下，我国农村所有制结构中集体经济与民营经济协调发展的重要方向。

与苏南模式中的传统集体经济相比，“新集体经济”更符合市场经济条件下的发展规律，与民营经济相互补充、相互依赖，具有很强的生命力和广阔的发展空间。例如，苏州在土地流转方面，通过土地股份合作社框架实现了 88% 的承包耕地集中流转与规模经营。土地集中发包，既有利于提高租金，维护农户利益，又有利于节约成本，提高效率，形成几十亩、几百亩甚至上千亩规模的专业户、家庭农场或者合作社。

此外，苏南众多的民营经济发达村，也往往是集体经济的强村。在这些

---

① 沈于、陈柳：“正外部性：理解农村集体经济的一个视角——以苏南地区为例”，《南京社会科学》2018 年第 3 期，第 38－43 页。

村，集体经济基本上退出了市场竞争领域，转而定位于为民营企业提供不动产租赁服务；同时，民营企业则为集体经济提供收入来源，提供改进管理机制的竞争活力和动力。

二、多元化经营与家庭农场生产绩效

（一）家庭农场与多元化经营

作为新型农业经营主体，家庭农场是我国实现农业生产经营方式转型的又一关键试点。家庭农场既能在保持农业生产经营的农户独立特性的同时，又能通过适度规模化、商品化、集约化经营促进农民增收、农业增效。2013年中央1号文件中明确指出，支持与鼓励承包土地向农民合作社、家庭农场、专业大户流转。截止到2014年底，仅在农业部确立的试点地区成立注册的家庭农场总数便达6 670余个。由于我国农业农村情况的复杂性、区域的多样性以及生产规模的程度不同，现阶段家庭农场经营内容也各不相同，不再局限于传统单一经营内容，逐步形成囊括粮食种植、畜牧养殖、水产养殖、园艺栽培以及休闲农业五大类主要经营项目。

多元化经营的概念最早源于企业经营管理。其主要内涵在于：为了分散单一化的服务及产品经营所产生的风险，同一个企业通过在两个或两个以上的行业同时从事生产经营活动，以求充分利用与共享企业内部资源，不断节约生产经营成本，获得范围经济效应。随着我国农业改革的不断深入与推进，传统的农业生产经营方式及产业结果发生明显改变。传统农户单一化的农业生产方式不仅降低了农户对市场风险及自然风险的抵御能力，而且极大地制约了农户的农业生产收益。作为农业新型经营主体，家庭农场吸纳了家庭大部分的人力、物力，农场成为整个家庭主要经济收入的支柱与来源。面对市场与自然双重风险，由于家庭农场收入的唯一性，农场主势必会通过多元化的经营方式对其加以化解，并借此提高农业生产效率，改变传统农业资产报酬率低下的情况。作为新时代背景下，农民寻求替代性收入的过渡，家庭农场的多元化经营不在限于劳动力外出务工，而是通过自身多元化经营，扩大经营规模，进而不断吸收更多周边农村剩余劳动力，在保障农民能够获得足够劳动收入的同时，规避农民工打工风险，以兼顾子女教育与老人赡养，进而缓解因外出务工而造成的大批老年人及儿童留守农村的“空巢”现象。综上所述，作为一种农户的理性选择，多元化经营也是我国农村经济结构实行转换的必由之路。

（二）关于家庭农场经营绩效的假设与模型

1. 关于家庭农场经营绩效的假设。

近年来，李克强总理曾多次提出要以改革创新为动力，加快推进农业现代化。在中央的正确指引下，我国农业结构不断优化调整，农业产业化发展步伐不断加快，休闲农业、农业“互联网+”等新型融合方式蓬勃发展，进而为家庭农场多元化经营创造了良好的外部环境。鉴于此，在综合比较利益理论与多元化经营理论的基础之上，家庭农场经营者作为经济理性人，在防范农业生产风险的前提下，势必会通过多元化经营不断提高经营收益，故提出第1个假设：

假设1：家庭农场多元化经营有助于其提升经营绩效。

农场主作为家庭农场的行为主体，其生产经营行为受到国家农业补贴政策的影响。农场主生产行为决策的理论模型是基于Cobb—Douglas生产函数的理论分析框架。作为理性经济人的农场主，是在耕地资源约束条件下追求收益最大化的。根据Cobb—Douglas生产函数，影响家庭农场产出的主要因素包括：

资本投资（K）、劳动投入（L），其中资本投资主要包括：农机具、种子、化肥及基建等要素投入，据此，可设定生产函数为：

$$C(L,K)=L\times PL+K\times PK \tag{4-1}$$

式（4-1）中，PK与PL分别表示资本与劳动力的价格。国家实施家庭农场实施补贴政策之后，由于经营者都是理性的，通常情况下，不会放弃现有工作回流到农村，因此一定时期内劳动力规模不变，因而劳动力价格PL维持不变。假设政府对于家庭农场的补贴为S，则生产函数可表示为：

$$C(L,K)=L\times PL+K\times(PK-S) \tag{4-2}$$

如图4-1所示，若政府对家庭农场不实施补贴政策，则其生产等成本曲线为C，在生产组合最优时，E1=-PL/PK。实施政府补贴之后，其等成本曲线向右移动，其最优生产点由E1移动至E2，E2=-PL/（PK-S）。因此，对家庭农场实施补贴之后，可明显促进其扩大生产规模，提高产出。

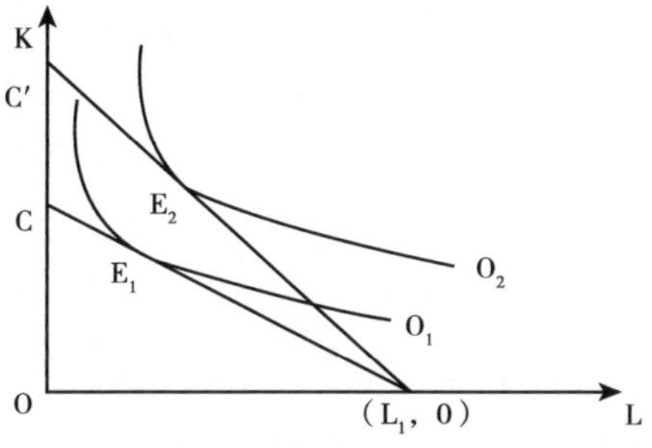

图 4-1　政府补贴对家庭农场经营的影响

此外，由于家庭农场的经营价值主要集中于家庭的人力劳动资本，一旦退出农业生产经营，家庭农场的再流转价格则会大幅下降。加之，农业生产的资产报酬相对较低，导致农业生产的融资成本相对较高，且很难获得外部投资。因此，无论是投资者还是家庭农场主都缺乏动力对家庭农场进行长期投资，以扩大其生产规模。鉴于此，认为政府补贴能够有效缓解家庭农场经营困境，故提出第 2 个假设：

假设 2：政府补贴对家庭农场绩效有显著正面影响。

随着经营规模的不断扩大，家庭农场所呈现出的品牌建设规模经济效益以及多元化经营所产生的范围经济效益会愈发突出。因此，与小规模的家庭农场相比，大规模家庭农场能够通过多元化经营获得更显著的收益。鉴于此，提出第 3 个假设：

假设 3：家庭农场规模及多元化经营程度对家庭农场生产绩效有正向调节作用。

作为家庭农场从政府所获取的农业专项无偿性资金，政府补贴的使用长期以来都受到政府、媒体以及公众的监督与审查，这种潜在的制度约束及压力一定程度上制约了家庭农场的多元化尤其是非农产业的经营。而弱家庭农场从事单一、专业的农业生产，则能充分发挥政府资金的补贴效益，但却增加了家庭农场潜在的经营风险，降低了投入资产的产出效率。为了进一步探讨多元化经营程度、政府补贴与家庭农场经营绩效直接的关系，提出第 4 个假设：

假设 4：多元化与政府补贴对家庭农场经营绩效有显著的交互影响。

2. 关于家庭农场经营绩效的模型。

模型一：全要素生产率（TFP）模型家庭农场作为新型经营主体，其生产经营行为已具有典型的企业特质。家庭农场生产经营所需的土地、化肥、农药等生产要素，均需以资金的形式进行购置。因此，现阶段我们可以将家庭农场的主要生产成本归集为资本与家庭劳动力两方面。故采用 Cobb—Douglas 生产函数，通过计算家庭农场的全要素生产率以评估当前家庭农场的主要经营绩效。

$$Y = A_T L^{\alpha} K^{\beta} \tag{4-3}$$

式（4-3）中，Y 表示家庭农场的经营产出，即家庭农场本年度的农场经营收入；A 表示家庭农场全要素生产率；L 表示劳动力；K 表示资本。通过对上述等式两边取对数，进而计算出在家庭农场产出中全要素生产率所具有的贡献值，即：

$$\ln Y = \ln A^T + \alpha \ln L + \beta \ln K \tag{4-4}$$

由此可知，若将家庭农场的农场经营总收入 Y 的对数作为因变量，将家庭农场经营成本总额 K 以及雇佣人数 L 的对数为自变量进行多元线性回归，将其估计所得的残值进行指数化便可得到家庭农场的全要素生产率。然而，需要格外强调的是，通过 Cobb—Douglas 生产函数所计算得到全要素生产率并非目标家庭农场生产率的具体绝对数值，而是以所有样本家庭农场生产率对比为标准所计算得到的生产绩效相对排名。

模型二：多元线性回归模型为了检验家庭农户多元化经营与家庭农场之间经营绩效的关系，即对上述三个假设进行验证，建立多元线性回归模型，具体设定如下：

$$\ln TFP = c + \alpha_0 Div + \alpha_1 Gov + \alpha_2 Size + \alpha_3 Year + \alpha_4 Coop + \alpha Area + \alpha_6 Mach + \alpha_7 Tech \tag{4-5}$$

$$\ln TFP = c + \alpha_0 Div + \alpha_1 Gov + \alpha_2 Size + \alpha_3 Year + \alpha_4 Coop + \alpha Area + \alpha_6 Mach + \alpha_7 Tech + \alpha_8 Size \times Div \tag{4-6}$$

$$\ln TFP = c + \alpha_0 Div + \alpha_1 Gov + \alpha_2 Size + \alpha_3 Year + \alpha_4 Coop + \alpha Area + \alpha_6 Mach + \alpha_7 Tech + \alpha_8 Gov \times Div \tag{4-7}$$

被解释变量 $\ln TFP$ 表示对全要素生产率计算出的家庭农场全要素生产率取对数。解释变量分别为：

（1）家庭农场多元化经营程度（Div）。为确保研究结果的可靠性，分别通过熵值数法（EntropyIn - dex，EI）与赫芬达尔指数法（HerfindahlIndex）测量家庭农场多元化经营程度，具体公式如下：

$$\mathrm{Div} = \sum_{i=1}^{N} \left(\frac{P_i}{P}\right)^2 \tag{4-8}$$

$$\mathrm{Div} = \sum_{i=1}^{N}\left(\frac{P_i}{P}\right)\times \ln\left(\frac{P}{P_i}\right) \qquad (4-9)$$

式（4-8）和式（4-9）中，N代表家庭农场经营所涉及的行业数量；P_i表示家庭农场经营第i种行业所得收入；P表示家庭农场总营业收入。由于数据有限，将南京地区家庭农场经营行业主要分为：粮食作物生产、畜牧养殖、水产养殖、园艺栽培以及休闲农业五大类。赫芬达尔指数越低，熵值越大，公司多元化经营程度就越高。

（2）政府补贴金额（Gov）。选取的政府补贴主要是指家庭农场实际所获得的政府各种政策性转移支付，主要包括土地流转补贴、良种补贴、家庭农场经营补贴以及农业机械补贴等。

（3）控制变量。包括：家庭农场规模（Size），衡量农场规模的主要指标包括投资规模、劳动力数量及营业收入。虽然农业生产属于劳动密集型行业，但家庭农场的日常经营仍以家庭劳动力为主，而不同家庭农场直接劳动力数量差异不大，故仅选取家庭农场的资产投入规模来衡量家庭农场规模。家庭农场经营土地中土地流转面积（Area），流转土地使用年限（Year）、农业技术人员数量（Tech）、农业机械数量（Mach）、虚拟变量（Coop）以及交互项Size×Div、Size×Gov。Size×Div、Gov×Div则分别表示家庭多元化经营程度与农场规模及政府补贴的交互项。此外，为探讨龙头企业带动作用对家庭农场经营绩效的影响，设定虚拟变量（表示是否与农业龙头企业合作，若与龙头企业合作记为1，反之则记为0）。

（三）南京市家庭农场经营效率的实证分析

作为我国长三角经济重地，南京市现代化农业发展一直位于江苏省前列，是我国现代化农业发展的先驱。以南京7个区县为对象（以六合区、溧水区和高淳区为主），对其辖区所属家庭农场2013年经营情况展开调查。

1. 南京市家庭农场经营现状。

通过调查发现，当前南京市家庭农场在经营规模、劳动力人数以及农机数量等经营情况之间相差较大（表4-8）。在劳动力方面，家庭农场的平均劳动力数量为27.74人，远超南京市乡村3.17人的家庭平均人口总数，可见家庭农场在发展的过程中，解决了大量农村富余劳动力；在土地流转方面，家庭农场平均流转面积为11.30公顷，其中流转面积超过6.67公顷的，占样本总数的51.21%；在经营产出方面，家庭农场平均营业收入为8.91万元，但享受到的政府补贴平均额仅为1 200元，且没有获得政府补贴的家庭农场占样本总数的86.12%，这可能是由于作为一种新生事物，农户对于家庭农场的相关政策了解有限，同时相关政策仍在普及落实中。

表4-8　　南京市家庭农场基本经营情况

变量	劳动力数量/人	投资规模/万元	营业收入/万元	政府补贴金额/万元	土地流转面积公顷	流转土地使用年限/年	技术人员数量/人	农机数量/台
平均值	27.74	79.34	8.91	0.12	11.30	8.16	1.30	8.91
标准差	108.22	113.26	28.67	0.69	15.71	6.18	11.88	28.68
最小值	3	1	3	0	0	1	0	0
最大值	160	800	350	8	106.67	30	50	350

在经营内容方面，被调查农场主要从事粮食种植、畜牧养殖、水产养殖、园艺栽培以及休闲农业中的一类或多类。从事单一粮食种植的纯家庭农场所占比例为18.62%，从事两类经营的一兼农场总数所占比例为43.26%，辅以水产养殖为主；从事三类经营项目的二兼农场所占比例为31.22%，辅以畜牧养殖以及休闲农业为主；从事四类经营的三兼农场总数所占比例为33.21%，主要以畜牧养殖、水产养殖以及休闲农业为主；从事上述全部内容经营的四兼农场所占比例为4.91%。

在家庭农场生产效率方面，借用计量软件Stata12.1，根据全要素生产率模型对南京市家庭农场生产效率进行测算，结果显示（见图4-2）：南京市家庭农场生产效率整体水平较低，且存在较大差异。

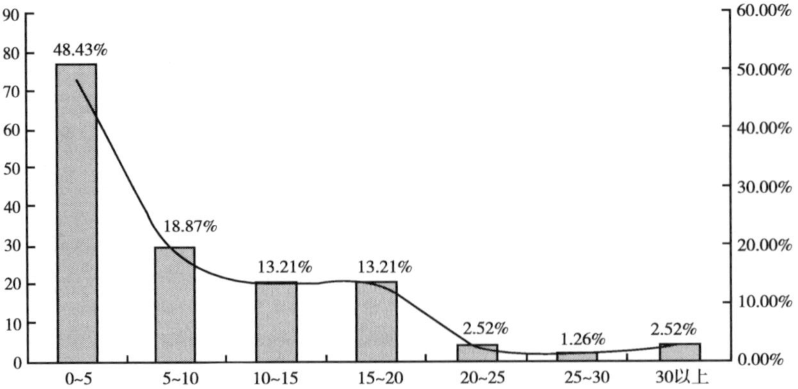

图4-2　家庭农场经营效率分布情况

通过对不同兼业类型农场经营效率比较发现，随着调查家庭农场兼业类型的不断增多，其整体生产率水平呈现逐步上升趋势（表4－9）。

表4－9　　　　不同经营类型家庭农场生产效率差异

经营类型	全要素生产率			
	平均值	标准差	最小值	最大值
纯粮食种植	13.25	12.34	0.91	22.36
一兼农场	16.61	16.32	0.10	21.21
二兼农场	20.31	13.26	0.23	26.14
三兼农场	25.32	23.1	2.30	23.21
四兼农场	12.12	6.32	0.23	16.32

2. 多元化经营对家庭农场经营效率。

为了进一步探究家庭的影响，通过多元化回归模型进行回归。借助Stata12.1软件通过加权最小二乘法（WLS）回归结果显示：模型的拟合程度较好，模型在1%的置信水平上显著，说明模型整体估计效果较好。

由表4－10可知，在模型1中通过赫芬达尔指数计算出的家庭农场多元化经营程度的系数为负，与熵值法计算出的多元化系数相反，且两者均在1%的置信水平下显著，验证了假设1，即对于家庭农场而言，从事多元化经营能够显著提升其生产绩效。多元化经营不仅能够有效规避农业生产经营风险，而且多元化经营能够切实弥补农业生产收入偏低的弱势。政府补贴的系数在1%的置信水平下为正，验证了假设2，即政府补贴对家庭农场的经验绩效亦存在显著正向影响，且系数值均大于同模型中其他变量，表明作为现阶段家庭农场绩效的提升主要依赖于政府补贴。其原因可能在于：一方面，长期以来农业生产的弱质性依旧存在，家庭农场自身发展实力，无法应对市场竞争。另一方面，政府补贴以转移支付的形式直接将资金划拨给家庭农场，没有其他约束及滞后条件，进而能有效补偿其经营现金流，维持生产经营活动的持续。此外，模型2在模型1的基础之上，引入了交互项Size×Div，经赫芬达尔指数与熵值法两种方法计算出的交互项系数相反，且均在1%的置信水平下显著，进而假设3得到验证，即家庭农场规模对多元化经营与农业绩效的关系有正向调节作用，表明家庭农场规模越大且经营多元化程度越高，其经营绩效越高。模型3则在模型1的基础之上引入Gov×Div，其对于家庭农场的经验绩效亦存在显著的正向影响，即假设 4 得到验证。

值得注意的是，在控制变量中，家庭农场规模对于其生产经营绩效存在显著负向影响，表明当前以单一资金投入为主要规模扩大方式的经验模式并不能促使其提升生产经营效率，其原因可能在于，家庭年农场主要以家庭为经营主体，由于其管理能力、水平相对有限，无法满足农场大规模生产经营的需要。此外，土地流转面积、流转土地使用年限以及农业机械数量等变量分别在 1%、5%、10% 的置信水平下对家庭农场经营效率的提升存在显著正向影响，其原因可能是土地流转可以有利于实现土地规模化经营，有利于机械化作业进而提高农业生产效率，而稳定的土地流转经营年限则能降低农场主对于土地流失的顾虑，进而促使其加大对土地机械化的投资。而虚拟变量 Coop 的影响则不显著，表明当前龙头企业未对家庭农产经营绩效产生影响，此现象的出现可能是和现阶段家庭农产与龙头企业之间合作较少有关。

表 4－10　　家庭农场经营绩效影响参数估计

变量	赫芬达尔指数			熵值法		
	模型 1	模型 2	模型 3	模型 1	模型 2	模型 3
Div	−0.1401*** (−0.021)	0.048 (−0.048)	−0.1482*** (−0.021)	1.3372*** (−0.231)	1.3362*** (−0.304)	1.3661*** (−0.25)
Gov	1.0505*** (−2.491)	7.2206*** (−2.301)	6.2805*** (−1.661)	9.4106*** (−2.111)	9.4006*** (−2.391)	1.0505*** (−1.721)
Size	−0.0015*** (−0.001)	−0.0021** (−0.001)	−0.0017*** (−0.001)	−0.0019*** (−0.001)	−0.0019*** (−0.001)	−0.0018*** (−0.001)
Tech	0.0136** (−0.001)	0.0133*** (−0.001)	0.0136** (−0.001)	0.0145*** (−0.001)	0.0145*** (−0.001)	0.0145** (−0.001)
Year	0.0015* (−0.009)	0.0074* (−0.009)	0.0015* (−0.009)	−0.0039* (−0.009)	−0.0038* (−0.009)	−0.0039* (−0.009)
Coop	0.0802 (−0.121)	0.0835 (−0.120)	0.0847 (−0.121)	0.0662 (−0.118)	0.0663 (−0.119)	0.0641 (−0.118)
Area	0.0016*** (−0.002)	0.0016*** (−0.002)	0.0015*** (−0.002)	0.0016*** (−0.002)	0.0016*** (−0.002)	0.0017*** (−0.002)
Mach	0.0022** (−0.001)	0.0018** (−0.001)	0.0021** (−0.001)	0.0018*** (−0.001)	0.0018*** (−0.001)	0.0018*** (−0.001)

续表

变量	赫芬达尔指数			熵值法		
	模型 1	模型 2	模型 3	模型 1	模型 2	模型 3
Cons	1.5241 *** (-0.121)	1.3102 *** (-0.139)	-5.5105 *** (-1.645)	1.2531 *** (-0.117)	1.3661 *** (-0.304)	-1.6105 (-1.580)
Size × Div		-0.0043 *** (-0.001)			0.4006 *** (-0.391)	
Gov × Div			-0.0012 (-0.021)			0.0981 *** (0.001)
observations	159	159	159	159	159	159
R^2	0.1824	0.1968	0.1849	0.2231	0.2209	0.2223

括号内为标准差，*** 表示 1% 置信水平下显著；** 表示 5% 置信水平下显著；* 表示 10% 置信水平下显著。

（四）家庭农场生产经营效率影响因素与政策建议

首先，家庭农场整体经营绩效偏低，且不同家庭农场之间绩效差异较大。现阶段，家庭农场的效率的提升则主要依赖于土地流转面积、土地流转时间、农业技术人员数量及农业机械数量等因素，而对家庭农场的资金投入则无助于家庭农场经营绩效的提升。其次，家庭农场从事多元化经营能够有效提升其经营绩效，且家庭农场经营规模越大、多元化程度越高，其经营绩效越好。其原因主要在于多元化经营能够有效分散农业经营所产生的风险。最后，政府补贴能够显著提升家庭农场的经验绩效。作为一种新型农业经营主体，家庭农场本身具有农业生产的“弱质性”，且家庭农场目前仍处于起步状态，加之其经营主体主要以家庭为主，在生产经营决策方面亦存在一定的“弱质性”，因而家庭农场的发展需要政府的大力扶持。然而，政府补贴是以一种无偿补偿的方式将资金转移到家庭农场，因而只能在短期内提升家庭农场的经营绩效，且容易使家庭农场滋生依赖政策“寻租”以获取利润的弊端，进而最终导致家庭农场经营绩效下滑。

针对以上问题，就如何促进家庭农场健康、高效发展提出以下几点建议：第一，创新家庭农场政策支撑体系。鼓励与引导家庭农场从事农业多元化经营，在增加财政补贴投入的同时，引导农户采用先进适用技术和现代生产要素，加快转变农业生产经营方式。第二，完善农场土地流转制度，明晰农场土地权属，为土地流转创造条件；拓宽农业经营产业链，密切农业龙头企业与家庭农场之间的合作关系，发挥农业龙头企业的带动作用。第三，逐步建立家庭农场技术人才培训体系，通过政府部门组织专业技能培训，切实提高家庭农场管理人员的经营管理水平。

三、智慧农业助力乡村经济高速发展

（一）智慧农业的内涵

智慧农业是物联网、移动互联网、云计算、大数据等现代信息技术与农业生产、经营、管理和服务全产业链的相结合的产物，实现信息支持、大田信息采集、生产数据收集等各个环节的连接，实现农业生产智能控制。[①] 智慧农业与传统农业的显著差别在于，其为农业增加了更具现代性表征的“智慧”内涵，通过智慧生产、智慧经营、智慧管理、智慧服务推动农业农村现代化。用机械智能体系代替传统的田间地头巡查，提高了农业生产效率，减少了人力资源成本，降低能源消耗，实现农产品生产工厂化，提前预测农业生产的风险，推动传统农业向现代农业转化；智慧农业减少了资源浪费，节约了成本，优化了农产品品质，减少了农药污染；消费者可以随时追溯农产品生产数据与产地，实现了农产品“从田地到餐桌”的全过程管理；智慧农业强调整体化，将田地、养殖场所、周边村落视作一体，利用现代科技，实现能量的循环利用，对农业生产的能量消耗与污染物排放进行监测，保障农业生产环境质量，对土壤、水田品质及耐受程度进行计算，合理处理禽畜粪便，实现循环利用。[②] 传统的农业生产模式存在土地资源浪费、生态环境恶化、农耕文化流失等问题。发展智慧农业是提高农业资源利用效率、改善农村环境、传承农耕文化的重要举措。智慧农业的发展要求产业与科技相融合，用技术推动生产全过程，提高农业资源利用效率、提高产出率、降低浪费、杜绝污染。智慧农业不再是以往为人熟知的“面朝黄土背朝天”

---

① 李道亮：“城乡一体化发展的思维方式变革——论现代城市经济中的智慧农业”，《人民论坛·学术前沿》2015 年第 17 期，第 39 – 47 页。

② 杨大蓉：“中国智慧农业产业发展策略”，《江苏农业科学》2014 年第 4 期，第 1 – 2 页。

“看天吃饭”的农业形态，而是一种现代化产业新业态和未来农业农村发展的新常态。

然而由此衍生出来的现象是，当前适合于传统农业农村发展的基础设施和现实条件，无法承接智慧农业对先进技术、高端设施、丰富资源等发展条件的迫切需求。因而，需要从人才队伍打造、运行资本投入、基础设施建设、技术集成创新等多方面对农业生产、农村建设、农民生活的基本面进行彻底改造。

在农业农村现代化进程中，对农业农村农民的改造是发展智慧农业的必然选择，也是必须扎实推进的重点任务。但不可忽视的是，智慧农业是服务于农村发展现实需求的新业态，也是农民群众实现美好生活的途径和理想工具。因此，在强调智慧农业及其对传统农业的替代价值时，切莫忘记其“为人民服务”的发展宗旨和“以人民为中心”的发展特质，只有这样，才能在推动智慧农业从理论向实践转化的过程中避免认识和实践上的误区。

（二）智慧农业对乡村经济发展的机遇与挑战

1. 引领农业农村现代化发展，回应欠发达地区农业转型迫切需求。

智慧农业是农业现代化发展的前沿，是未来农业发展的必然方向。回看智慧农业的早期发展，它更多地发生在东部经济发达省份，这些地区智慧农业的成功实施以及取得的良好经济效益，对于其他地区乃至整个国家农业农村的未来发展都起到了重要的引领和示范作用。智慧农业的发展不仅对经济发达地区的农业引领有积极推动作用，更可以优化升级欠发达地区的农业产业结构、产品附加值、经济效益等，通过技术赋能回应农业农村现代化升级的迫切需求。

因此，智慧农业绝不是有着良好科技基础和设施基础的经济发达地区的专属，也不应主观认为智慧农业在经济发达地区更容易成功。恰恰相反，经济欠发达地区的迫切需求会成为智慧农业扩展发展空间的机遇所在，更能突出其促进农业产业现代化的独特技术性优势。从国际经验来看，以色列节水智慧农业、荷兰高效设施农业、德国智能机械农业、日本精致农业等智慧农业模式，往往都是由于其农业受制于某些生产要素制约条件，从而利用科技创新突破才取得极大成功的。

因此，推动智慧农业从理论向实践的转化，能够切实回应经济欠发达地区农业农村现代化发展的现实需求、促进其经济社会发展“质”的跃升、满足贫困农民群众对美好生活的向往，才是衡量智慧农业真正价值的实践标准。

2. 以培养高层次人才体系技术赋能促进农业农村现代化。

智慧农业对知识更新、技术创新、数据驱动有着极高要求。因而，它需要全社会为其培养和输送高层次、专业化、复合型的农业科技人才队伍，以保证其技术研发、推广和应用对人才资源的客观需求。但同时人们往往会忽视农民群众本身的主体性，忽略处于实操位置上、更清楚自身实际需求的农民，从而使智慧农业陷入与实践相脱节的困境之中。

因此，在智慧农业的理论与实践之间，需要通过体现农业科技创新与产业实践之间的智慧互动的用户友好界面，进而实现二者的良好沟通和成功转化。因此，可以科学合理设计用户界面，使农民能够稍加培训即可上手使用，并经过较短时间实操训练，便可轻松熟练掌握，让高科技后台与农民群众以用户友好界面为中介实现良性互动。

在考虑农民群众知识水平和科技创新能力存在局限的同时，他们强大的学习能力、丰富的实践经验和娴熟的操作技巧也能成为智慧农业可利用的优势所在。智慧农业不能只强调吸引高层次人才队伍充实到农业农村中去，而更需要让广大农民群众获得技术的赋能，享受技术进步带来的真正实惠。此外，智慧农业也呼吁人们重视农民群众本身的主体性。

3. 小农和现代农业发展有机衔接是智慧农业的重点议题。

智慧农业的实现过程是不完全的，其适应性受到实现路径的局限。在赋予传统农业以“智慧”的过程中，智慧农业不仅是科技创新的试验场，更涉及人工智能、大数据、云计算、物联网、3S 等信息技术应用和设施设备投用，因而除了公共投入之外，发展智慧农业还需要农业经营主体的大量资本投入，才可能完整实现技术创新、智能设备、高效设施等农业活动的一体联动。由此，重现了有关农业农村现代化的一个追问：脆弱的小农能支撑得起农村现代化体系吗?

事实上，脆弱的小农缺乏足够资本投入到智慧农业实践中，因此，必须依托资金量充足的农业产业化龙头企业、适度规模经营的新型农业经营主体等来承担智慧农业的发展任务。面对资本约束条件的限制，脆弱的小农要么融入或转变为新型农业经营主体，要么放弃分享智慧农业发展成果的想法。这就直接或间接地将小农与传统农业紧紧捆绑在一起，并排除在智慧农业发展之外，与“促进小农户和现代农业发展有机衔接”的总体工作方针相违背。

如何有效促进小农和现代农业发展有机衔接，也是智慧农业不可忽视并需重点突破的重要议题。在制度安排上，应倾向性考虑：一是在适度规模经营中使小农组织化，使其有序联合起来共同参与到智慧农业发展中；二是增加对智慧农业技术创新、基础设施建设、公共服务供给的公共投入和建设，让小农搭上智慧农业发展的快车，以有限资金或生产要素投入获得智慧农业发展成果的延伸性覆盖；三是因地制宜发展适合当地特色优势的智慧农业，提升农业农村内生发展动力，引导社会资本流向智慧农业领域，形成内外共同发力支持小农融入智慧农业的良好局面。

4. 人机合作的智慧集成系统引领农业农村智慧发展。

智慧农业不仅是以互联网、大数据、人工智能等前沿信息技术为创新引领的现代科技在农业领域的具体应用，更是一套完整的智慧集成系统。智慧农业的“智慧”应当是科技引领农业农村发展场景下的机器智慧与农民群众的实践智慧的统一。从当前智慧农业发展中的问题和局限来看，人机合作的智慧农业才是当前乃至未来农业现代化的最佳解决方案。在农业农村现代化领域，人机合作的智慧集成系统将成为智慧农业发展的资源调度中心和供给侧资源调度员，它能够将人的实践与机器的软硬件匹配起来，虚实融合、相互支持，对政府、企业、非政府组织、新型经营主体、农户等所拥有的各类资源进行安全、高效、敏捷分配和控制。

在智慧农业实践场景中，不仅科技创新成果转化扮演着重要角色，被技术赋能的农民群众也将扮演更加关键的角色。因为他们的实践场景已从过去的土地、劳动、资本、技术、管理等生产要素升级为生产要素与信息技术创新相融合的智慧集成系统，农业生产经营环境也转换成由人、机、环境智能交互而成的复杂巨系统。因而，在治理体系的制度安排上，服务于智慧农业发展的体制机制、指导原则、政策支持、行动策略、实现路径等都会根据知识更新、技术创新、数据驱动的实践场景转化尽早做出构想、及早做好准备。

第三节 长三角地区乡村社会的“强富”生态

一、村民自治中的“微权力”分配

（一）农村“微权力”分配与财富差距

自20世纪90年代以来，在中国社会经济取得飞速发展的同时，居民收入差距逐步拉大。2015年中国居民收入的基尼系数已达到0.465，超过了国际警戒线0.4的标准，城乡居民之间，城镇居民内部、农村居民内部，收入差距持续扩大，社会贫富差距愈加明显。

我国确立的按劳分配为主体、多种分配方式并存的分配制度，包含了财富分配的两种形式：一是直接通过市场规律对财富进行初次分配，强调平等竞争，但这一过程容易忽视公平，进而拉开贫富差距；二是通过国家宏观调控对财富进行二次分配，坚持效率优先的同时兼顾公平，允许一部分人先富起来，先富带动后富，逐步实现共同富裕。然而，先富群体社会财富不断增加，需带动的后富群体致富进度却相对缓慢，双方财富差距进一步扩大，在政治或社会生活中则表现出一定程度的不平等和异质性。

我们认为，因年龄、健康、气力等因素而形成的是自然的差异性，即社会分化的异质性；依惯例和赞同而确立起来的则是制度的不平等，即社会分化的不平等。两者在社会发展过程中常表现出，“由于对异质性的误读往往引导人们对社会分化不平等的某种认同，因为在人类群体中，总有一些人在体魄、外貌、智力、言语、思想、经验、知识等方面优于其他人，并在人们的赞同中获得他人的认可，因而取得特定的社会地位或权势”。[①] 由此，中国社会分化的异质性强化了社会分化的不平等，使差距进一步拉大，其中包括由政治因素所导致的收入差距。在中国农村，村干部凭借村民对其言语、思想、经验、知识等独特资源禀赋的认可，使得权力中心转移到村干部家庭，

① 周军：“政府模式变革的坐标”，博士论文。

村干部家庭掌握着“微权力”，通过权力优势汇集优势资源形成经济上的财富优势，拉大与普通村民家庭之间的财富差距。

（二）权力分配对农村家庭收入差异影响的实证分析

1. 模型假定。

这里所用的数据是农业部农村固定观察点 2009 年的调查数据（The National Rural Fixed Observation Point Survey Data）。

这里采用家庭收入决定方程模型中的惯用变量，以及其他一些区分村干部户和村民户特征的变量，从政治权力的角度出发，将村户划分成村干部户和普通村民户，研究其之间的家庭收入差异。在解释变量的选择上，主要将变量分成四部分：①家庭特征变量，包括家庭规模、家庭负担系数（大于 60 岁和小于 16 岁的成员占家庭规模的比率）、家庭所在的地区；②家庭人力资本变量，包括户主的年龄、家庭平均教育年限；③实物资本变量（家庭经营耕地面积）；④根据所要使用的研究方法而特加的变量——收入来源变量，包括有机会获得从业工资性收入、有机会从政府得到补贴等相关收入、作为私营企业经营者为主的收入、作为受雇劳动者为主的收入、作为受雇经营者为主的收入、作为乡村干部职工工资为主的收入、其他收入。分类变量是政治权力身份，是否为村干部户。各变量的具体定义详见表 4－11。

表 4－11　　变量的定义

变量名称	符号	定义
人均收入（对数形式）	lnwage	家庭人均收入的对数
家庭特征		
家庭规模	familyscale	家庭常住人口数
家庭负担系数	burdden	
地区	dis	1＝东部地区，2＝中部地区，3＝西部地区
人力资本		
户主年龄	age	受访户主的年龄
平均教育水平	meaneducation	受访户人均教育年限
实物资本		
经营耕地面积	farmland	年末经营耕地面积

续表

变量名称	符号	定义
收入来源		
村干部实际人数	count_official	所属村里拥有村干部的实际数量
是否有机会获得从业工资性收入	emplwage_chance	1 = 有机会获得，0 = 没有机会获得
是否有机会从政府得到补贴等相关收入	govincome_chance	1 = 有机会获得，0 = 没有机会获得
家庭主要收入来源	income	1 = 家庭经营为主，2 = 私营企业经营为主，3 = 受雇劳动者为主，4 = 受雇经营者为主，5 = 干部职工、乡村干部工资为主，6 = 其他

本书采用以下模型和估计方法来分析权力分配对农村家庭收入的影响。

（1）简单的多元回归模型估计。先建立以下方程模型来估计收入的影响因素，然后估计出各个自变量的系数。

$$\mathrm{Ln}Y = f\ (familyscale,\ burden,\ dis,\ age,\ meaneducation,\ farmland,\ count\_official,\ emplwage\_chance,\ govincome\_chance,\ income) + \varepsilon$$

其中 LnY 指对家庭中人均收入的对数形式（被解释变量）。解释变量包括：家庭特征和地区变量（家庭规模 familyscale，家庭负担系数 burdden，家庭所在地区 dis）、人力资本（户主年龄 age，平均教育水平 meaneducation）、实物资本（经营耕地面积 farmland）、收入来源（村干部实际人数 count_official，是否有机会获得从业性工资收入 emplwage_chance，是否有机会从政府得到补贴等相关收入 govincome_chanc）以及家庭主要收入来源的种类 income，ε 为随机误差项。

（2）Multinomial Logit 模型。本书选用 Multinomial Logit 模型和 Brown 分解方法分解不同收入组内和组间差异及其影响因素。村干部和普通村民家庭获得不同收入来源的机会概率，即根据 MultinomialLogit 模型，人力资本、个人特征、政治身份共同决定某家庭获得某种收入来源 i 的概率 P_{fi}。

$f = 1,\ \cdots,\ N;\qquad i = 1,\ \cdots,\ I$

在这里，N 表示样本数量，I 表示收入来源种类，x_f 表示外生变量，根据 Brown 分解方法，我们把不同政治身份的收入差距表示为：

$$\bar{w}^{l} - \bar{w}^{v} = \overbrace{\sum_{i=1}^{I} P_i^v \hat{\beta}_i^l \left(\bar{x}_i^l - \bar{x}_i^v \right)}^{1} + \overbrace{\sum_{i=1}^{I} P_i^v x_i^v \left(\hat{\beta}_i^l - \hat{\beta}_i^v \right)}^{2} + \overbrace{\sum_{i=1}^{I} \bar{w}_i^l \left(P_i^l - \hat{P}_i^v \right)}^{3} + \overbrace{\sum_{i=1}^{I} \bar{w}_i^l \left(\hat{P}_i^v - P_i^v \right)}^{4}$$

这里上标 l、v 分别表示村干部和普通村民；$\bar{w}^l$、$\bar{w}^v$ 分别代表着村干部、普通村民收入的对数加权平均数；$\bar{x}_i^l$、$\bar{x}_i^v$ 是两组向量，分别为村干部和村民在不同收入来源 i 中各种特征的平均值；$\hat{\beta}_i^l$、$\hat{\beta}_i^v$ 也是两组向量，分别为按照政治身份和收入来源分组估计出来的系数；P_i^l、P_i^v 分别为村干部、村民在各种收入来源中的实际分布概率；$\hat{P}_i^v$ 是假设在普通村民处于像村干部一样的收入来源分布条件下，村民在收入来源类型分布的概率。

（3）布朗分解方法。社会分化理论表明社会分化的两种形式为异质性和不平等。异质性即个体特征造成的差异；不平等，即要研究的可能由政治身份带来的收入差异。基于此，首先将农户划分为村干部户和普通村民户，分解这两个群体的收入差异。再进一步将村干部户和普通村民户的收入差异分解为以下四个部分：

第①项是假设村干部家庭与普通村民家庭在同一收入来源类型内部由于个体特征、人力资本差异所致的收入差异。

第②项假设是在同一收入来源类型内部具有相同个人特征、人力资本的不同身份家庭因未获得相同回报所致的收入差异（不可解释部分）。

第③项假设是村干部户和村民户选择收入来源的机会完全是由这两者人力资本和个体特征差异所造成的，即个体特征可解释的不同身份的家庭收入来源的分布概率（为什么该家庭选择此收入来源）。

第④项假设是非人力资本个人特征造成的收入来源分布差异，即不可解释的家庭收入来源分布差异。

第①项＋第②项为组内差异；第③项＋第④项为组间差异。在 Brown 分解中，第①项和第③项合并为村干部与普通村民家庭收入差距中个人特征、人力资本可以解释的部分；第②项与第④项合并则为收入差异中个人特征、人力资本不能解释的部分，即政治参与导致的差异性。

2. 分析结果。

（1）收入差距显著性分析。表 4－12 是独立样本 t 检验结果，主要报告村干部家庭和村民家庭各自的家庭收入状况。

通过 t 检验可以看出，拒绝原假设即村干部家庭全年平均收入－村民家庭全年平均收入＝0：接受备择假设：村干部户和村民户之间的收入差距不等于 0，并且结果显示村干部户家庭收入显著高于普通村民户收入。

表 4－12　　　　　　　　独立样本 t 检验结果

组别	观察数量	平均值	标准误差	标准偏差
村干部户	898.00	65 634.87	6 705.40	200 938.50
村民户	19 641.00	38 085.88	551.82	77 334.95
Combined	20 539.00	39 290.36	604.86	86 685.45
Diff		27 549.00	2 951.94	
diff = mean（村干部户） － mean（村民户）				
Ha：diff < 0 Ha：diff！ = 0 Ha：diff > 0				
Pr（T < t） = 1.0000Pr（｜T｜>｜t｜） = 0.0000Pr（T > t） = 0.0000				

（2）家庭收入决定方程结果分析。表 4－13 列出了村干部户和村民户在收入决定方程模型中的统计数据。总的来说，村干部户和村民户之间有很大的差异。从估计结果可以看出，无论是对村干部户回归还是对村民户回归，其结果均显示：家庭规模、所处地区、实物资本以及收入来源对家庭人均收入的影响均较为显著。

表 4－13　　　　　　农户家庭收入决定因素回归结果

变量名称	村干部户	村民户
人均收入（对数形式）	Coef.	Coef.
家庭特征		
家庭规模	－0.060***	－0.069***
家庭负担系数	0.224***	－0.005
中部地区	－0.401***	－0.199***
西部地区	－0.389***	－0.284***
东部地区	0.371***	0.198***
人力资本		
户主年龄	－0.004	0.000
平均教育年限	0.012	0.009***
实物资本		
经营耕地面积	0.004**	0.007***
收入来源		
村干部实际人数	0.022**	0.013***

续表

变量名称	村干部户	村民户
有机会获得从业工资性收入	0.021	0.170***
有机会从政府得到补贴等相关收入	-0.172***	-0.105***
作为私营企业经营者为主的收入	0.772***	0.444***
作为受雇劳动者为主的收入	0.069	0.036**
作为受雇经营者为主的收入	0.125	0.176***
作为乡村干部职工工资为主的收入	0.028	0.299***
其他收入	-0.020	-0.202***
常数项	9.725	9.174

注：***、**、*分别表示1%、5%、10%的显著性水平。

①从区域差异看家庭收入差距。从中西部地区来看，村民户收入受地区变更的影响更大；从东中部地区来看，村干部户收入受地区变更影响更大。

②从实物资本情况来看家庭收入差距。无论是村干部户还是村民户，经营耕地面积对家庭人均收入均呈正向影响，此数据表明，普通村民的家庭收入更多地依赖经营耕地这一收入。另外，家庭收入中从政府获得的收入都是负影响，因为受到政府补贴救济等家庭都是相对较困难的家庭。然而值得注意的是，村干部户收入受政府补助性收入的影响波动远大于村民户。

③从主要收入来源看家庭收入差距。作为私营企业经营者为主的收入来源对村干部户的人均收入影响系数远大于私营企业经营者为主的收入来源对村民户的人均收入影响系数，说明干部户获得这种收入来源的可能性更高，再加之从实物资本情况获得的收入差距情况，可以得出，村干部户占有的权力致使农村优势资源向权力中心——村干部户本身流动，加快了村干部户的收入增速，促进了村干部户的财富积累。

④从权力身份看家庭收入差距。值得注意的是，村干部实际人数对村干部户收入的影响较大，而对村民户收入影响较小。

（3）Multinomial Logit 模型估计结果分析。以上的描述可以表明：收入差异多方面表现为家庭主要经济来源的差异。这里使用 Multinomial Logit 模型，将“收入来源种类”的虚拟分类变量作为被解释变量，将以家庭经营为主的收入来源作为参照组，对模型进行估计，估计结果详见表4-14。

表 4－14　Multinomial Logit 模型估计结果
（以家庭经营为主的收入来源作为参照组）

变量名称	村干部户	村民户
	Coef.	Coef.
家庭收入主要来源 2（私营企业经营为主）		
户主年龄	0.016	0.004
平均教育年限	−0.262**	−0.041
平均教育年限的平方	0.024**	0.004
家庭劳动力数量	−0.363***	0.000
家庭负担率	−0.158	−0.034
家庭所处地区	−0.461*	−0.453***
常数项	−1.048	−2.487***
家庭收入主要来源 3（受雇劳动者为主）		
户主年龄	0.016	0.006**
平均教育年限	−0.163*	−0.045***
平均教育年限的平方	0.019**	0.005***
家庭劳动力数量	0.036	0.000
家庭负担率	−0.320	−0.080**
家庭所处地区	−0.313**	−0.376***
常数项	−1.825**	−0.617***
家庭收入主要来源 4（受雇经营着为主）		
户主年龄	0.003	0.006*
平均教育年限	0.010	−0.082
平均教育年限的平方	0.004	0.009*
家庭劳动力数量	−0.038	−0.025
家庭负担率	−1.120	0.052
家庭所处地区	−0.370	−0.206**
常数项	−2.411	−3.727***
家庭收入主要来源 5（干部职工工资为主）		
户主年龄	0.004	0.004
平均教育年限	−0.216**	−0.088
平均教育年限的平方	0.019**	0.010**
家庭劳动力数量	−0.467	−0.288*

续表

变量名称	村干部户	村民户
	Coef.	Coef.
家庭负担率	0.102	0.017
家庭所处地区	-0.702***	-0.371***
常数项	1.319**	-2.294***
家庭收入主要来源6（其他副业）		
户主年龄	0.027	0.006**
平均教育年限	0.149	-0.038
平均教育年限的平方	-0.011	0.007**
家庭劳动力数量	-0.544**	-0.728***
家庭负担率	-0.587	0.244**
家庭所处地区	-0.798***	-0.535***
常数项	-1.510	-0.564**

注：***、**、*分别表示1%、5%、10%的显著性水平。

①教育方面对获得不同收入来源的影响。村干部户平均受教育年限每提高一年，获得以私营企业经营收入为主的机会相对于以家庭经营收入为主的收入来源降低0.262，而村民户平均受教育年限对于与家庭经营相比的私营企业经营的收入来源完全不显著。同时，从收入来源为雇佣劳动者这一主要经济来源来看，村干部户平均受教育年限每提高一年，获得打工收入的机会相对家庭经营收入降低0.163，而村民户只降低0.045，波动幅度远小于干部户。以上两组数据均显示出：私营企业经营收入对村干部户的收入影响程度，也间接说明了村干部户作为权力中心，对控制优势资源集聚、改变收入增长方式、促进财富积累具有推动作用。

②家庭劳动力和家庭负担率方面对获得不同收入来源的影响。家庭劳动力和家庭负担率对收入来源2（见表4-14）和收入来源5（见表4-14）的获得有影响，但是对其他四种收入来源的获得均没有显著影响。其中，家庭劳动力数量在收入来源2和收入来源5中都是负影响，可以看出对于劳动力人口众多的家庭来说，可以开办私营企业获得经验收入的机会和成为村干部职务获得工资的机会都比较低。

③家庭所处地区方面对获得不同收入来源的影响。以家庭经营收入为

参照，其他五种收入来源几乎都受到地区因素的影响。数据表现和获得家庭经营收入机会相比，地区越往西，村民户获得其他五种收入的可能就越低。

（4）布朗分解法分析获得收入来源的不平等

根据前文中所述的公式，可以得出布朗分解的结果如表4－15。在布朗分解中，第①项所解释的收入差距仅占总体的0.8%，这说明村干部户与普通村民户在同一种收入来源内，由家庭基本特征差异造成的收入差距比例仅占总体的0.8%。第②项表示在同等收入来源下，非家庭基本特征造成的收入差异为80%，即不可解释的因素占了80%，说明在同种收入来源下这种收入差异会因为不同职位身份带来不平等。第③项解释的差异占总体差异的0.7%，这一项表明由于各自家庭特征差异造成的收入差距，计算结果发现，村干部户由于人力资本（平均受教育年限水平更高）差异造成获得私营企业经营收入的机会更高。第④项解释的差异占总体差异的15%，说明由于不同身份获得收入来源的机会不均等。

表4－15　　布朗分解结果

	人均收入对数	百分比
对数人均收入总差异	0.33394337	100
同一收入来源之间差异①＋②	0.270050145	0.80867048
第①项	0.002855934	0.00855215
第②项	0.267194212	0.80011833
不同收入来源之间差异③＋④	0.054156615	0.16217305
第③项	0.002495181	0.00747187
第④项	0.051661433	0.15470118
家庭特征可以解释的差异①＋③	0.005351115	0.01602402
家庭特征不可以解释的差异②＋④	0.318855645	0.95481951

布朗分解结果还发现，第①项与第③项合并则为村干部户和普通村民户收入差异中家庭及成员基本特征差异可以解释的部分，约占1.6%；第②项和第④项合并则为收入差异中家庭及成员基本特征不能解释的部分，即由于职位身份差异所带来的收入占比，该部分占比高达95%，这意味着村干部户与普通村民户在获得不同经济来源时存在不平等。

（三）权力分配对农村家庭收入差异影响的结论

根据 Multinomial logit 模型估算，可以初步分析出家庭特征等天然禀赋性差异，即社会分化的异质性给村干部户和普通村民户收入带来的差距并不明显，是可接受的；获得不同主要收入来源机会的不均等，即社会分化的不平等可能是导致村干部和普通村民收入差距的真正原因。通过布朗分解方法估算出以上影响因素的占比并得出结论：家庭、人力资本特征等先天性差异并不是导致他们收入差距的主要原因，而其政治地位、政治身份导致的不同机会所带来的收入来源的不平等是更重要的原因。

以上实证结论表明，在一个村庄里村干部是代表着身份和地位的强者，而普通村民则是代表着身份和地位的弱者。虽然社会制度要求权利和机会向他们平等的开放，但最终并没有带来结果上的平等。对此，刘赣州、安琨（2008）在研究中国分配制度转型过程中明确指出，"'权力型'要素分配模式，造成了人们之间机会不平等，进而导致社会收入差距不断扩大"。

结合对村干部户和普通村民户收入差异因素以及不同家庭收入来源的分组研究，为缩小我国农村家庭收入差异，提出以下几点建议：一是加强对普通村民知识技能培训，提高广大村民的文化水平。受教育水平对普通村民户收入有显著影响，通过组织知识技能培训，有利于提高广大村民的科学文化水平，弥补普通村民户受教育水平较低的劣势。二是提升对农村老弱群体的关怀度，缓解村民抚养和赡养压力。家庭负担率对农村家庭收入具有显著影响，尤其是针对普通村民户，降低农村家庭负担率，有利于减少普通村民户的收入支出，能够有效缓解村民工作压力，提高收入水平，缩小贫富差距。三是规范细化村民自治的权力行使，促进基层权力分配优化均衡。从基层民主自治范畴来看，需要在现行的村民自治制度下，规范、细化村委会的自治权，使其作为完全纳入到广大村民的监督之中。四是培育以村民为中心的社会组织，积极拓展异质性优势缩小差距。村民力量的弱小使广大村民处于"政治边缘"地位，难以发挥出其自有的异质性优势，借助以上途径，提高普通村民的知识文化水平，进而提高其经济地位，在政府的引导下，建立以普通村民为中心的社会组织，集中力量维护、争取广大普通村民利益，并协助培养大部分群体在异质性的优势特征，使其不平等缩减到最小，努力实现社会分化的最大平等。

二、村“两委”负责人的“社会资本”

在村民自治的背景下，长江三角洲地区农村发展自主性不断加强，农户间联系愈加复杂，以村党支部书记和村委会主任为代表的村庄政治精英掌握着村庄政治运作的权力，其社会资本作为一种结构性资源深深嵌入农村社会有机体中，影响着有机体的运行。村“两委”负责人之间存在工作经历、经济基础、大姓宗族背景等差异，使得社会资本积累不同的村“两委”负责人对村庄发展水平有不同的影响。

（一）村“两委”负责人社会资本与农村发展

村“两委”负责人是村民致富的领路人，他们在农村的政治、经济及社会发展中起重要作用。目前，国内关于村干部个体差异与村庄发展关系的研究较少。部分学者研究发现，除客观原因及国家政策影响，村干部所拥有的社会资本在村庄发展方面发挥着重要作用。在国外，众多学者认为社会资本是行动者在行动中获取和使用的嵌入在社会网络中的资源。结合中国国情，这里的村“两委”负责人的社会资本不同于企业职工或者其他主体的社会资本，具体问题需要具体分析。行政村作为半熟人社会，村庄管理方面更容易受到地缘、宗族、姻亲等支持者的分化组合而发生变化。众多学者研究认为，宗族大姓的存在对村庄发展有着积极作用；还有部分研究认为，拥有丰富经济资本或政治关系网络的村干部将逐渐成为农村社会的普遍趋势。无论是农村政治建设，还是农村经济发展，以及精神文明建设，作为领路人，村“两委”负责人都有无可替代的作用。

（二）村“两委”负责人个体差异对村庄发展水平影响的实证分析

在设计测量农村发展水平指标的时候，采用了李克特量表法概括出该村经济、政治、文化、医疗、环境等基础设施建设指标，通过 KMO 和 Bartlett 的检验得，$KMO = 0.718$，即 $0.7 < KMO < 0.8$，基本可以用主成分分析法得到指标权重，最终得到各个村庄发展水平的综合得分。此外，使用普通最小二乘法（OLS）构建多元回归模型，以农村社区发展水平为因变量，以村委会主任或村支部书记的社会资本特征为自变量，并控制村庄自然禀赋特征，

建立回归模型。这里采用的基本计量模型设定如下：

$$y = \beta_0 + \beta_1 x_1 + \beta_2 x_2 + \beta_3 x_3 + \varepsilon$$

式中：y 表示 2015 年村庄社会发展水平；x_1 表示村委会主任或村支部书记的基本特征，包括性别、年龄、受教育程度；x_2 表示二者的社会资本特征，包括是否是当地大姓、村主任和村支书是否为同一人、是否在村“两委”同时任职（村支书任职村委会其他委员或者村委会主任任村党支部非村支书的其他职位）、是否有企业工作经验、是否经营副业、是否有家族企业、是否有亲戚在镇政府或者更高层政府机关工作、经济状况；x_3 表示影响村庄发展的自然禀赋特征；β_0 为常数项；β_1、β_2、β_3 是各待估参数；ε 为随机扰动项。

首先，在数据处理时进行稳健性检验，稳健的回归估计量也在很大程度上避免了异方差问题。其次，在进行数据处理时，将控制变量逐个加入模型进行检验，且不影响模型解释变量的经济意义，并且 2 个模型的方差膨胀因子（VIF）均小于 10，证明 2 个模型均不存在多重共线性问题。此外，从最终运行的结果来看，2 个模型拟合优度分别为 0. 9171 和 0. 8656，这表明 2 组样本回归方程较好地拟合了样本观测值。村干部的社会资本直接反映了其在村庄中的地位和资源获取状况，而且还深刻影响其社交行为。社会交换理论认为“人不仅是理性的，而且是讲究对等互惠的”，尤其是在社交范围较狭小的农村，互惠交换的原则直接影响村干部资源运用的行为选择，影响到村级发展需求。模型结果如表 4 – 16 所示。

表 4 – 16　村两委负责人个体差异对村庄发展水平影响的多元回归模型估计结果

变量	村主任		村支书	
	系数	稳健标准差	系数	稳健标准差
村委会到乡镇府距离	– 0. 021 ***	0. 006	– 0. 028 ***	0. 006
是否有国家某政策或项目的支持	0. 067 *	0. 035	0. 051	0. 043
人数的对数	– 0. 045	0. 033	– 0. 046	0. 042
人均耕地面积	– 0. 041	0. 027	– 0. 039	0. 037
人均收入对数	0. 219 ***	0. 054	0. 292 ***	0. 068
村主任和村支书是否为同一人	0. 010	0. 037	– 0. 419 ***	0. 069
性别	0. 1116	0. 123	0. 049	0. 082

续表

变量	村主任		村支书	
	系数	稳健标准差	系数	稳健标准差
年龄	-0.002	0.003	-0.001	0.004
文化程度：初中及中专	-0.144	0.142	-0.115	0.119
文化程度：高中及大专	-0.041	0.142	-0.009	0.117
文化程度：本科及本科以上	0.044	0.152	0.091	0.122
是否是当地大姓	0.119***	0.046	0.059	0.054
是否在村两委同时任职	0.131**	0.062	0.296***	0.078
是否有企业工作经验	0.026	0.045	0.100*	0.057
是否经营副业	0.126	0.045	0.085	0.052
是否有家族企业	0.008	0.032	0.064	0.046
是否有亲戚在镇政府或者更高层政府机关工作	0.068	0.043	0.146**	0.061
家庭经济状况在本村的位置：中等	0.101	0.088	0.087	0.125
家庭经济状况在本村的位置：偏上	0.201**	0.096	0.054	0.127
家庭经济水平在本村的位置：最富裕家庭之一	0.362***	0.127	0.449***	0.160

注：*、**、*** 分别表示在10%、5%、1%水平上影响显著。

1. 村支书兼任村主任或村支书兼任村委会其他副职对村庄发展水平的影响。

通过实证分析显示，当村支书同时任村主任时，每增加1个单位，其社会发展水平将会下降0.419个单位，且在1%水平上显著。也就是说，如果村主任和村支书为同一个人，对村庄的发展水平并没有起到积极作用，甚至会阻碍村庄发展。这一点不难解释，由于村支书和村主任为同一人，可能会导致权力集中，并且监督和约束也难以完善，不利于村庄的组织和管理。此外，通过验证可知，村委会主任任村党支部非村支书的其他职位在5%的显著性水平上会对村庄的发展水平起到积极影响，同时村支部书记任职村委会其他委员在1%的显著性水平上会对村庄的发展水平起积极影响。从理论上讲，“两委合一”有利于以村支书为代表的“村支部委员会”和以村主任为代表的“村民自治委员会”之间更好地协调，决策效率得到提升，利于村庄的管理与发展。

2. 村支书和村主任为当地大姓对村庄发展水平的影响分析。

从表4-16可知，村主任为当地大姓，在1%的水平上对农村发展水平起显著的积极作用。一般而言，由于存在更多的共同利益，来自大族大房的村干部有更强的话语权，能够更好地整合乡村资源。然而，如果这一资本被不当运用也存在严重的弊端，所以需要完善的规制和监督加以约束。相比于村主任为当地大姓对村庄发展水平产生显著的积极影响，村支书为当地大姓的系数为0.059，但没有显著影响，这样的差异也是可以理解的。村主任是由村民选举产生，如果是当地大姓，管理能力较强、威望较高或经济基础较丰富的优秀领导者会得到较多支持，他们更能够因地制宜地做好基层工作，对村庄发展方面有一定的积极影响。然而，村支书来源于村党支部全体党员直接选举，由镇党委任命，这一自上而下的任命方式不同于自下而上的村民选举方式，因此村支书为当地大姓的影响力不大，这是可以从制度层面来解释的。

3. 村支书和村主任的社会经济资本对村庄发展水平的影响分析。

将村主任或村支书“经营副业”或“有企业工作经验”或“有家族企业”作为其拥有的社会经济资本的衡量指标。由表4－16显示，村支书和村委会主任“有企业工作经验”或“经营副业”或“有家族企业”，都对村庄发展水平有正向影响作用，但各自显著性不一样。具体而言，村主任经营副业每增加1个单位，其对该村社会发展水平的影响将会增加0.126个单位且在1%水平上显著；此外，村支部书记有企业工作经验每增加1个单位，其对村庄发展水平的影响将会增加0.1个单位且在10%水平上显著。事实上，无论是“富人从政”还是“干部谋富”的现象，规模都在不断扩增中。随着村庄经济精英走上村干部岗位，大多会积极行动，通过利用现有资源，凝聚内部力量，吸引外部资金投入村集体的发展中，最后促进本村的全面发展。

4. 村支书和村主任的政缘关系网络对村庄发展水平的影响分析。

通过“是否有亲戚在镇政府或者更高层政府机关工作”来表示村两委负责人的政缘关系网络。从表4－16回归分析结果可见，村委会主任或者村支部书记有亲戚在镇政府或者更高层政府机关工作都将对该村的发展水平有积极影响，尤其是当村支部书记有亲戚在镇政府或者更高层政府机关工作在5%的显著性水平上会对村庄的发展水平起积极影响。村支部书记是由村支部党员选举产生且由上级党委任命，通过与乡镇领导的接触建立良好的人际关系和业缘关系，利于掌握更多的信息资源，改善村庄经济发展的条件。此外，政府有限的扶持资金面对众多的乡村需求显得十分不足，村书记与乡镇干部或高层级政府干部的关系亲疏直接影响其村庄争取扶贫款和支农贷款的量和可能性。当然不排除有的村干部利用支持资金谋取私利的可能，这需要进一步加强监督与规范。

（三）矫正发挥村“两委”负责人社会资本的作用

实证研究结果表明，“两委”负责人的社会资本在很大程度上影响其所在村庄的发展状况。这一研究有助于更好地推动村干部人才队伍的建设，从而发挥人的主观能动性，推动村庄的发展。基于分析，提出如下建议：一是鼓励村“两委”班长交叉任职，避免“一肩挑”。鼓励“两委”负责人交叉任职，可以加强 2 个部门之间的联系，使“两委”的工作开展起来更为顺利。同时也认识到，要掌握好适度原则，避免实行“一肩挑”的模式，防止阻碍基层民主自治的进程，促进农村社会全面、有效发展。总之，为避免这种“一肩挑”模式，又要避免“两委”之间的矛盾对农村发展的不利影响，村支书任职村委会其他委员或者村委会主任任村党支部非村支书的其他职位的举措将成为一大重要探索。二是发挥村“两委”领导班子自身社会资本对村庄发展的正导向作用。研究表明，“两委”负责人的社会资本存量较多，且不同程度上影响村庄的发展。因此，要注重选拔一些有社会资本且愿意为民办事的负责人，他们有足够的精力和能力来从事村庄管理与发展。对于本辖区内的当地大姓者、私营企业主、有家族企业或家庭经济水平较高的村民，乡镇党委应多方位考察，尽量吸收进村委班子，发展其为新一代接班人，还可以在政策上鼓励其扎根农村，为农村的全面发展作贡献。当然，还须注重村干部队伍的规范化管理，加强村干部作风建设，搞好绩效考核管理，在引领村庄发展中实现自己的人生价值。

三、医疗保险支持农村社会保障

（一）医疗保险关联农村居民消费

中国的高储蓄已成为一个世界瞩目的现象，截止到 2014 年，居民储蓄余额已达到 48.53 万亿元，位于历史最高位。与高储蓄率相对应，20 世纪 90

年代以来我国居民消费率呈下降态势。虽然政府采取了降低存款利率、鼓励个人信贷消费、提高居民收入等一系列措施，但居民消费并没有摆脱低迷状态，这必然会影响我国经济持续发展。农业经济固有的脆弱性，加之农村社会保障、信贷市场的落后，导致农村居民消费低于全国平均水平。另外，我国农村医疗保险不断完善，2013 年全国参加新农合的人数为 8.02 亿人，参合率达到99%，完成了实现新农合基本全覆盖的目标。① 随着收入的增加，越来越多的农村居民购买商业医疗保险以提高保障水平，农村居民家庭医疗保险支出不断增加。

目前国内外对医疗保险和消费之间的关系进行了广泛的研究。许多研究证实了医疗保险对农村居民消费的刺激作用，②③ 也有研究重点关注医疗保险对农村居民家庭特定类别消费的影响。Wagstaff 和 Pradhan（2005）对越南的研究发现，医疗保险对家庭非食品类消费增长的影响最为显著。④ 马双、臧文斌（2010）研究了新农合对家庭食物消费的影响，结果显示，参合家庭在营养物质摄入量方面得到了显著增加。⑤ 胡宏伟（2012）证实了在控制其他因素的前提下，医疗保险促进了医疗消费绝对量和相对比例的提高。⑥ 此外，有学者认为，医疗保险能够降低居民的预防性储蓄，促进家庭消费的增加。⑦⑧⑨ 随着商业保险在农村发展，近年来关于发展农村商业保险、完善农

---

① 2013 年我国卫生和计划生育事业发展统计公报，http：//www. caoss. org. cn/sbnr. asp? id = 882。

② 岳爱、杨矗等：“新型农村社会养老保险对家庭日常费用支出的影响”，《管理世界》2013 年第 8 期，第 101 – 108 页。

③ 尹华北：“社会保障对中国农村居民消费影响研究”，博士论文。

④ Adam Wagstaff，Menno Pradhan. Health Insurance Impact on Health and Nomedical Consumption in a Developing Country. The World Bank. 2005.

⑤ 马双、臧文斌、甘犁：“新型农村合作医疗保险对农村居民食物消费的影响分析”，《经济学（季刊）》2010 年第 1 期，第 49 – 270 页。

⑥ 胡宏伟：“城镇居民医疗保险对卫生服务利用的影响——政策效应与稳健性检验”，《中南财经政法大学学报》2012 年第 5 期，第 21 – 28，60 页。

⑦ 黄学军、吴冲锋：“社会医疗保险对预防性储蓄的挤出效应研究”，《世界经济》2006 年第 8 期，第 65 – 70，96 页。

⑧ 宁满秀、潘丹、李晓岚：“新型农村合作医疗对农户预防性储蓄的挤出效应研究——基于 CHNS 数据的经验分析”，《福建农林大学学报（哲学社会科学版）》2010 年第 3 期，第 32 – 37 页。

⑨ 周晓艳、汪德华、李钧鹏：“新型农村合作医疗对中国农村居民储蓄行为影响的实证分析”，《经济科学》2011 年第 2 期，第 63 – 76 页。

村医疗保障体系的研究不断增多。①②③

（二）医疗保险对农村居民家庭消费支出影响的实证分析

1. 模型构建。

这里使用的是来自农业部全国农村固定观察点 2009 年、2010 两年的面板数据。估计面板数据一般选择个体效应模型，包括固定效应模型和随机效应模型，现将基本计量模型设定如下：

$$\log exp_{ijt} = \beta_1 x_{ijt} + \beta_2 z_{ij} + \mu_{ij} + \varepsilon_{ijt}$$

其中，$\log exp_{ijt}$为 t 时间 j 地区农村居民家庭 i 的消费支出的对数，x_{ijt}为可以随时间及个体而变的特征，包括家庭特征变量、户主个体特征变量和体现不同地区、收入层级农村居民家庭医疗保险对消费影响的差别的交叉项。z_{ij}为不随时间而变的个体特征，如户主性别。$\mu_{ij} + \varepsilon_{ijt}$为复合扰动项，其中，$\mu_{ij}$为代表个体异质性的截距项，$\varepsilon_{ijt}$为随个体与时间而变的扰动项。

考虑到医疗保险对农村居民家庭不同类别消费支出作用方式的差异。这里将因变量分为医疗类消费支出和非医疗类消费支出。并依据生命周期——持久收入理论将收入和年龄作为消费的决定因素：不少研究结果显示，受教育程度也会对个人的患病率及医疗消费支出产生影响；④ 由于农村居民消费是以家庭为单位的，家庭规模自然成为影响家庭消费支出的一个重要因素。鉴于中国各地区社会经济差异显著，在分析医疗保险对家庭消费支出的影响时，也要考虑地区差异。⑤⑥

基于以上分析，这里选取以下变量为自变量：家庭特征变量，包括农村居民家庭医疗保险支出、家庭年人均收入、家庭规模、65 岁以上人口比例及 10 岁以下人口的比例、是否党员户、是否“五保户”；个人特征变量，包括

---

① 陈志宏：“中国农村医疗保障分析”，博士论文。

② 陈玫懿：“商业保险参与新型农村合作医疗保险的研究”，博士论文。

③ 隋宇航：“新型农村合作医疗与商业保险合作的研究”，博士论文。

④ 李珍珍：“封建教育对健康的影响——基于上海家庭调查数据的研究”，《中国劳动经济学》2006 年第 4 期，第 30 – 42 页。

⑤ 史清华、顾海英：“农户消费行为与家庭医疗保障”，《华南农业大学学报（社会科学版）》2004 年第 3 期，第 1 – 9 页。

⑥ 王翌秋、雷晓燕：“中国农村老年人的医疗消费与健康状况：新农合带来的变化”，《南京农业大学学报（社会科学版）》2011 年第 2 期，第 33 – 40 页。

户主受教育程度、户主年龄、户主年龄的平方、性别；体现地区、收入差异的交叉项，包括地区虚拟变量与家庭医疗保险支出的交叉项以及家庭收入虚拟变量与家庭医疗保险支出的交叉项。本书将农村居民家庭所在地区分为东、中、西三部分，根据家庭人均收入的分布，生成收入分类变量：家庭月人均收入少于或等于462.5元的为低收入家庭（西部），约占总样本的25%；人均月收入界于462.5元和1 073.9元的为中等收入家庭（中部），约占总样本的50%；人均月收入在1 073.9元以上的为高收入家庭（东部），约占总样本的25%。此外，由于是否参加医疗保险存在着逆向选择的问题，为减少这种选择性偏差，这里选择“自我健康评估”来衡量预期的医疗开支，并加入年份和家庭健康状况的交叉项来允许不同初始健康状况的农村居民家庭在消费上有不同的潜在时间趋势。类似的，本书加入年份和农村居民家庭收入的交叉项来允许不同收入的农村居民家庭在消费上有不同的潜在时间趋势。① 变量的具体定义见表4－17。

表4－17　　变量的定义

变量名称	符号	定义及解释
医疗类支出	*medpotical*	农村居民家庭医疗类消费支出总额（元）
非医疗类支出	*nonmedexp*	农村居民家庭非医疗类消费支出总额（元）
文化服务支出	*cultureExp*	农村居民家庭文化服务支出总额（元）
耐用品支出	*hardgoodsExp*	农村居民家庭耐用品支出总额（元）
住房支出	*houseExp*	农村居民家庭住房支出总额（元）
食品支出	*foodExp*	农村居民家庭食品支出总额（元）
衣着支出	*clothExp*	农村居民家庭衣着支出总额（元）
医疗保险支出	*med_insure*	农村居民家庭医疗保险支出总额（元）
健康自评状况	*health*	1＝优，2＝良，3＝中，4＝差，5＝丧失劳动能力
收入	*perincome*	农村居民家庭年人均收入（元）
年龄	*age*	户主年龄（岁）
年龄平方	age^2	户主年龄平方
家庭规模	*FS*	家庭常住人口数量（人）
家庭老人抚养比	*percfosterl*	大于65岁的老人数量占家庭常住人口的比值（%）

① 白重恩、李宏彬、吴斌珍：“医疗保险与消费：来自新型农村合作医疗的证据”，《经济研究》2012年第2期，第41－53页。

续表

变量名称	符号	定义及解释
家庭小孩抚养比	*perfosterl2*	小于 16 岁的小孩数量占家庭常住人口的比值（%）
是否是党员户	*party*	1 = 是，2 = 否
是否是五保户	*guarantee*	1 = 是，2 = 否
性别	*sex*	户主性别（1 = 男，2 = 女）
农村居民家庭所在地	*area*	1 = 东部，2 = 中部，3 = 西部
收入分类变量	*perincomel*	1 = 低收入家庭，2 = 中等收入家庭，3 = 高收入家庭
受教育程度分类变量	*educationl*	1 = 小学及其以下，2 = 初中，3 = 高中，4 = 大专及其以上

2. 分析结果。

表 4 – 18 是以固定效应模型为基础得出的农村居民家庭医疗保险支出对医疗类消费和非医疗类消费支出的实证结果。

表 4 – 18　　医疗保险对医疗类消费支出、非医疗类消费支出的模型估计结果

变量	医疗类消费		非医疗类消费	
	系数	稳健标准差	系数	稳健标准差
家庭医疗保险支出对数	0.001	0.073	0.069***	0.018
家庭年人均收入的对数	16.465*	7.240	2.873	1.944
家庭规模	0.107***	0.021	0.189**	0.006
家庭老人抚养比	0.537**	0.164	–0.266***	0.041
家庭小孩抚养比	0.096	0.130	–0.034	0.039
户主教育水平：初中	–0.045	0.123	–0.14	0.035
户主教育水平：高中	0.090	0.249	–0.062	0.083
户主教育水平：大专及其以上	0.499	0.699	0.088	0.156
地区 2 * 家庭医疗保险支出对数	0.099	0.083	0.070***	0.021
地区 3 * 家庭医疗保险支出对数	0.296**	0.109	0.021	0.030
家庭收入层级 2 * 家庭医疗保险支出对数	–0.001	0.014	0.023***	0.004
家庭收入层级 3 * 家庭医疗保险支出对数	0.029	0.024	0.041***	0.007
户主年龄	–0.024	0.016	0.014*	0.006
户主年龄的平方	0.000	0.000	–0.000**	0.000
户主性别	–0.081	0.222	0.027	0.062
是否是党员户	–0.098	0.054	–0.059	0.014

续表

变量	医疗类消费		非医疗类消费	
	系数	稳健标准差	系数	稳健标准差
是否是五保户	-0.343	0.192	0.107	0.059
年份 * 收入	0.008 *	0.004	-0.001	0.001
年份 * 2009 年家庭健康状况	0.546 ***	0.135	0.032	0.036
常数	-76.45 ***	20.268	-0.301	4.893

注：***，**，* 分别表示 1%、5%、10% 的显著性水平。地区虚拟变量和农村居民家庭收入虚拟变量的第一组为参照组，在回归模型中忽略。

（1）医疗保险对农村居民家庭医疗类消费支出的影响分析。表 4-18 第二列显示，医疗保险对农村居民家庭的医疗类消费支出无显著影响，可能是由于医疗保险通过降低医疗产品价格促进了农村居民家庭对医疗服务的利用，增强了医疗服务的可及性。也从侧面说明，在收入水平相对较低的农村地区，由医疗保险带来的道德风险并不严重，即农村居民家庭不会因购买医疗保险而对医疗服务过度消费。

在控制其他变量的情况下。家庭人均收入在 10% 的显著性水平上对家庭医疗类消费支出有促进作用。家庭规模越大，用于医疗类的消费支出越多；家庭老人赡养比和医疗类消费支出呈显著正相关，家庭要花费相当的资金在老年人的预防与治疗疾病上。受教育程度对医疗类消费的影响存在两种可能：一方面，受教育水平提高可能会降低家庭成员的患病率；另一方面，受教育水平的提高也可能使农村居民家庭提高对医疗服务质量和数量方面的要求，从而使家庭的医疗消费支出增加。因此，农户受教育水平对家庭医疗消费支出的影响不显著。

（2）医疗保险对不同地区家庭医疗类消费支出影响的差异分析。表 4-18 的地区变量和家庭医疗保险支出的交叉项显示，中、东部地区家庭医疗保险支出对家庭医疗类消费支出的影响不存在显著差异，而西部地区与东部地区相比，家庭医疗保险支出每增加 1%，医疗类消费支出会比东部地区多增加 0.29%，且在 5% 水平上显著。

表 4-19 给出了以中部地区为参照组的估计结果。第一列显示，中西部地区在家庭医疗保险支出对医疗类消费产生的影响方面无显著性差异。产生上述状况的原因可能是医疗消费自价格弹性的绝对值小于 1，对于农村居民

家庭来说是生活必需品，医疗保险通过降低医疗服务的价格释放了西部农村居民家庭对医疗产品的潜在需求，根据收入边际效应递减规律，经济发展水平最落后的西部地区医疗保险对医疗类消费支出的边际效应要显著大于经济发展水平较高的东部地区。

表 4－19　医疗保险对医疗类消费支出、非医疗类消费支出的模型估计结果（中部地区为参照组）

变量	医疗类消费		非医疗消费	
	系数	稳健标准差	系数	稳健标准差
地区 1 * 家庭医疗保险支出对数	－0.099	0.083	－0.070 ***	0.021
地区 3 * 家庭医疗保险支出	0.196	0.105	－0.049	0.029
家庭收入层级 1 * 家庭医疗保险支出对数	0.001	0.014	－0.023 ***	0.004
家庭收入层级 3 * 家庭医疗保险支出对数	0.030 *	0.015	0.018 ***	0.004
常数	－76.345 ***	20.268	－0.301	4.893

注：***，**，* 分别表示 1%、5%、10% 的显著性水平。

（3）医疗保险对不同收入层级家庭医疗类消费支出影响的差异分析。表 4－18 的收入分类变量和家庭医疗保险支出的交叉项显示，中、低收入层级农村居民家庭之间，高、低收入层级农村居民家庭之间医疗保险支出对家庭医疗类消费的影响不存在显著差异。表 4－19 显示，高、中收入家庭之间医疗保险支出对医疗类消费支出产生影响的差异很小，即不同收入层级之间的农村居民家庭的医疗保险支出对医疗类消费的影响无显著差异。原因可能是我国农村医疗保险尤其是基本医疗保险过低的封顶线降低了其对高收入家庭医疗类消费的刺激作用；过高的起付线又将中低收入家庭排除在受益范围之外，两方面的作用导致农村医疗保险对不同收入层级的农村居民家庭医疗类消费的影响不存在显著差异。

（4）医疗保险对农村居民家庭非医疗类消费支出的影响分析。表 4－18 第三列显示，医疗保险对农村居民家庭非医疗类消费支出的影响在 1% 水平上显著，家庭医疗保险支出每增加 1% 会促使家庭非医疗类消费支出增加 0.07%。说明医疗保险作为一种风险规避机制，能够降低人们未来面临的医疗支出的不确定性，带动消费的上升。

在控制其他变量的情况下，家庭规模越大，非医疗类消费支出越多；老人赡养比越大，家庭一般会节省非医疗类的消费支出以确保有更多的储蓄预防将来可能发生的医疗开支；户主年龄系数为正，但年龄平方的系数显著为负，说明随着年龄的增长非医疗类消费支出增加达到一定年龄后，非医疗类消费支出就会呈下降趋势。养儿防老和自我养老依然是农村养老的主要方式，因此，随着年龄的增长，农民必须减少当前消费为未来老年生活储蓄。

（5）医疗保险对不同地区家庭非医疗类消费支出影响的差异分析。表4－18第三列地区变量和家庭医疗保险支出的交叉项显示，中部地区家庭医疗保险支出每增加1%对家庭非医疗消费支出产生的促进作用比东部地区多0.07%，且在1%水平上显著。结合表4－19发现，东、西部地区之间及中、西部地区之间医疗保险对家庭非医疗类消费支出产生的影响没有显著差异。可能是由于中部地区经济水平居中，与东部相比收入较低，根据收入边际效应递减规律，医疗保险对中部地区非医疗类消费支出的刺激作用要大于东部地区。而对于经济发展水平最落后的西部地区来说，多数农村居民家庭的收入仅能维持基本生活需求，医疗消费的预算约束较大，在医疗保险的设计规则尚不完善、补偿水平相对较低的情况下，医疗保险对中、西部地区农村居民家庭的非医疗类消费支出的影响差异不会显著。

（6）医疗保险对不同收入层级家庭非医疗类消费支出影响的差异分析。表4－18第三列收入和家庭医疗保险支出的交叉项的结果说明，在不同的收入层级之间，农村居民家庭的医疗保险支出对非医疗类消费支出的影响均存在显著差异。中等收入家庭医疗保险支出每增加1%对非医疗类消费支出的刺激作用比低收入家庭多0.02%，高收入家庭医疗保险支出每增加1%对非医疗类消费支出的影响比低收入家庭多0.04%，表4－19显示，高收入层级家庭医疗保险支出每增加1%对非医疗类消费支出的刺激作用比中等收入层级的农村居民家庭多0.02%，且不同收入层级之间的差异都在1%水平上显著。可以发现收入是影响医疗保险对农村居民家庭非医疗类消费支出作用大小的关键因素。

（三）医疗保险对农村居民家庭消费支出的差异性影响与政策优化

从全国层面上来看，家庭医疗保险支出对农村居民家庭的医疗类消费支出没有显著影响，家庭收入、家庭规模及家庭老人抚养比都与家庭医疗类消费支出呈显著正相关关系。分地区、分收入来看：东西部之间医疗保险对家庭医疗类消费支出的影响差异最为显著，不同收入层级之间农村居民家庭的医疗保险支出对医疗类消费的影响并不十分显著。

从全国层面上看，家庭医疗保险支出对农村居民家庭的非医疗类消费支出产生显著的正向促进作用，家庭规模、户主年龄、家庭老人抚养比对非医疗类消费支出产生显著的影响。分地区、分收入来看：东中部地区之间医疗保险对家庭非医疗类消费支出的影响差异最为显著，不同收入的农村居民家庭之间的医疗保险对非医疗类消费产生的影响都存在显著的差异。

以实证结果为基础，政府应明确以下两个方面的责任：一是继续加大政府补贴力度。首先，在扩大农村医疗保险覆盖面的同时，加强政府对中西部地区和低收入群体转移支付力度，使医保起付线不再成为低收入群体享受优惠的障碍，最大程度上提高农村居民对医疗服务的可及性。其次，鉴于“当前农村地区由医疗保险引起的道德风险并不严重”这一事实，各级政府应进一步加大对农村基本医疗保险的补贴力度，改善农村地区的医疗卫生设施。二是完善农村保障机制建设。丰富农村基本医疗保险的保障内容，针对老年人建立疾病预防和康复护理机制，减轻人口老龄化对家庭消费带来的负向影响；完善医疗保险设计规则，根据不同地区农村经济发展水平和农民收入状况因地制宜地设置医疗保险的起付线、封顶线和自付比例；健全政府监督机制，保障基金专用，提高参保者的受益水平以带动消费的增加；完善农村医疗保障体系，施行税收优惠等政策积极扶持商业健康保险在农村的发展，探索商业保险参与新农合的合理模式，形成多层次的农村医疗保障体系。

第五章

治理智慧：乡村治理前沿理论的试验场（上）

第一节　联结与共生：公共服务供给的城乡融合路径

“三农”问题一直以来都是国家和社会的重要议题之一。乡村公共服务提升的目标也始终作为党和国家推进乡村振兴发展的重要任务不断推进。党的十九大报告中明确提到，进入新时代，要继续坚决破除现有机制体制中存在的对城乡融合发展产生阻碍的种种弊端，推动城乡要素自由流动与平等交换，为实施乡村振兴战略、坚持农业农村优先发展做好保驾护航工作，形成“工农互促、城乡互补、全面融合、共同繁荣”的新型工农城乡关系。中共中央、国务院在《关于实施乡村振兴战略的意见》和《乡村振兴战略规划(2018—2022年)》等纲领性文件中，也始终把发展公共服务作为不同阶段乡村振兴实施成效的重要内涵与体现之一，将城乡融合发展作为未来城乡之间关系发展的方向。《中共中央关于制定国民经济和社会发展第十四个五年规划和二〇三五年远景目标的建议》中也明确指出，推进以人为核心的新型城镇化。坚持把实现好、维护好、发展好最广大人民根本利益作为发展的出发点和落脚点，尽力而为、量力而行，健全基本公共服务体系。由此可见，乡村公共服务的改善对于促进城乡融合发展，实现农民幸福生活具有积极的作用和意义。而当前，我国城乡在各方面都存在一定的差距，基层农村的公共服务水平较城市而言还有诸多不足，亟须完善与提升。尤其是农村税费改革以后，村社的提留清零，自我服务以及治理能力包括“与农村经济社会发展所配套的乡村公共服务也让农村社区无法承担”。[①] 现实中滞后的公共服务水平成为制约农村发展的瓶颈之一，对进一步推进新型城镇化进程产生诸多不利影响。在不断推进城市经济腾飞之时，不能忽视客观存在的城乡发展差距，尤其是两者在实际公共服务水平上的差距，需要破除城乡二元结构的局限发展模式和现实悖论，逐渐缩小乡村公共服务供给的差距，以促进城乡实现真正的融合发展。

韩俊对城乡发展规模进行梳理后得出，我国发展最大的不平衡是城乡发展不平衡，最大的不充分是农村发展不充分。[②] 穆克瑞认为，由于城乡二元的经济结构限定了城乡基本公共服务的供给模式，公共资源的城乡配置、基本公共服务在城乡之间的供给范围和数量存在较大差异，主要表现为公共资源的城乡配置失衡、农村与城市之间的基本公共服务差距依然较大、农村地区基本公共服务的供给模式主要采取“部门化”的方式，导致农村地区在获取基本公共服务方面进一步被弱化。[③] 陈沛然、汪娟娟则从探讨农村公共服务能力提升的角度指出，我国农村公共服务的供给模式在实践中都无法完全解决农村公共服务供给“社区村民实际需求得不到满足”与“政府资源过度供给”并存的问题。[④] 通过诸多典型代表的文献梳理能够发现，当前普遍承认的事实是，城乡之间发展尤其是基本公共服务之间的差距制约着整个社会的经济发展。然而，就如何改善这种不均衡的窘境，并没有形成系统的逻辑框架和指向安排。本书结合城乡融合发展的背景要求、目标指向，同时对现存对乡村公共服务供给通过思考探讨乡村公共服务的“联结—共生”式的提升路径，以乡村公共服务供给水平提升来促进城乡融合发展目标实现。

一、公共服务供给与城乡融合发展

普惠共享的公共服务供给是实现城市经济与农村互促互进的重要基础，

① 马俊军：“服务型政府视野下的乡村公共服务体系构建”，《农村经济》2011 年第 3 期，第 84－87 页。

② 韩俊：“破除城乡二元结构　走城乡融合发展道路”，《理论视野》2018 年第 11 期，第 5－8 页。

③ 穆克瑞：“新发展阶段城乡融合发展的主要障碍及突破方向”，《行政管理改革》2021 年第 1 期，第 79－85 页。

④ 陈沛然、汪娟娟：“城乡融合发展背景下新型农村社区公共服务能力提升路径研究——基于南京市江宁区的案例分析”，《中州学刊》2020 年第 12 期，第 62－67 页。

也是促进乡村公共服务质量改善，推动农业农村现代化，实现乡村振兴的一个关键板块。即通过城乡公共服务互为促进的途径来均衡城乡发展的服务基础、缩小现实差距、提升农村地区的经济发展质量和居民生活水平，不断增强城乡经济发展走向融合的可能；城乡融合发展是公共服务供给质量不断改善的目标之一，两者也共同指向实现全面富裕这个共同的发展目标，因此，公共服务供给与城乡融合发展二者相辅相成，互为支撑，互为辅助，在本质、理念、空间和目的上都具有一致性。只有不断注重完善公共服务供给，才能真正实现乡村服务改善，实现城市与乡村的融合发展，实现共同富裕。

（一）理念一致性：破除城乡二元结构的对立

自工业化以来，不断加深的城乡二元结构理念对无论是地区行政管理者还是活动的市场主体、公民个人来说，都产生着深刻的影响。分割状态下地位不平等的传统理念致使诸多政策自发地偏向将城市视为资源流动汇集的处所，产生着城乡间要素流动的阻滞、资源融合动力匮乏、“二元”式思维渗透进社会生活的各个领域等一系列弊端难题，损害了城乡融合发展的平等机制运行。在政府部门为主导作用的前提下，开始逐渐认识到，传统发展理念已经不适应日渐走向融合发展之路的大趋势，必须实施行动消除城乡二元结构体制以及它所产生的一系列消极影响。一方面，“农业农村优先发展”[①] 的原则被提上日程，重塑新型城乡关系；另一方面，夯实城乡融合发展的乡村土壤基础，逐步推进公共服务和基础设施城乡均等化。而“联结—共生”式的城乡公共服务供给模式正是将乡村公共服务的提升视作一个重要方面，顺应“农业农村优先发展”的新时代理念要求，对推动城乡融合发展进程起着重要的基础作用。因此，两者在理念指导上是并行不悖的，具有高度一致性。

（二）空间一致性：摒弃孤立，重塑独立结构与流动性

目前，二元化的结构发展表现在空间上，就形成了高度离散的空间分布与流动特征，严重阻碍乡村公共服务供给的优化提升与城乡融合发展的实现。

---

① “中共中央国务院关于建立健全城乡融合发展体制机制和政策体系的意见”，http：//www.gov.cn/zhengce/2019－05/05/content_5388880.htm。

统筹城乡公共服务供给的空间结构分布，摒弃城乡二元结构定位下的孤立、隔绝的空间发展弊端，在遵循各自的生产生活空间功能定位与服务资源需求状态的前提下，实现合理的服务资源流动，建构各自独立状态下有秩序的流动“通道”与互联网络，形成城乡融合发展的合力。紧密联系的空间结构，推动生产要素、服务资源为城乡融合发展提供强劲动力。因此，公共服务供给的独立、流动的空间互动特征与城乡融合发展具有一致性。

（三）目的一致性：城乡融合发展，走新型城镇化之路

改善乡村公共服务供给质量，优化城乡公共服务供给格局，是基于我国乡村社会公共服务相对于城市而言长期落后的现实性问题而提出的一项解决方案，旨在破除城乡二元发展结构以及化解引起的城乡社会主要矛盾，缩小城乡差距，推动城乡之间融合发展，走上新型城镇化发展之路。“联结—共生”的城乡公共服务功能指向，其目标首先是破除乡村公共服务供给中存在的种种悖论，为改善乡村公共服务质量的现实性要求提供可行的思路，其次，是致力于更加和谐的城乡发展关系，推进城乡融合发展的进程。最后，通过实现包括公共服务供给水平提升在内的全方位发展与深度融合，真正步入新型城镇化之路。

二、传统模式悖论：乡村公共服务天然滞后？

建立健全城乡融合发展体制机制和政策体系，是党的十九大作出的重大决策部署。随着改革开放以及市场经济体制的建立，农村由于缺乏及时接触不同地域、政策、信息、文化等交织影响的机会，而逐渐出现截然对比的发展差距。当然，无论是基于行政建制还是区域个体的发育条件，整个市场的青睐最终决定着城乡之间在发展进程中难以做到绝对的均衡。改革开放特别是党的十八大以来，我国在统筹城乡发展、推进新型城镇化方面取得了显著进展，但城乡要素流动不顺畅、公共资源配置不合理等问题依然突出，我国乡村公共服务供给的水平远低于城市，是制约乡村振兴发展、走新型城镇化之路的短板之一。公共服务供给以及相关的资源被“理所当然”地掌握在城市手中，乡村的公共服务只能从受惠面积不断向外扩展的过程中得到。刘祖云认为，这一过程有赖于“我国长期以来的偏向城市的国家发展战略与制度

安排”，而城市“已然成长为一个具有一定容纳功能的‘母亲’”。[①] 基于城镇化进程不断加快、农村人口大规模向城镇迁徙的现实，在乡村领域的公共服务供给与资源投入就在无形中变成一种资源浪费，即达不到公共服务供给与有效利用之间的平衡。相比较城市而言，乡村公共服务具有鲜明意义上的自给自足，同时，日益严重的乡村劳动力外流现象导致反映在公共服务供给需求并没有出现类似于城市地区的显著增长，因此对于数量增加或者是质量改善的要求可以“顺势”放置在高处的“商品货架”而非近眼可见的“促销区”。在这种理念的驱使下，乡村公共服务供给变成附属的存在，尤其是与城市相对应的公共服务需求遭受到严重忽视，仅仅是基于最初的硬性配置要求而不注重提升与改善，出现了与乡村公共服务供给数量与质量提升要求“相互打架”的诸多悖论。

（一）经济与社会效益

伴随市场经济活动渗透到社会生活的各个领域，人们逐渐开始自发地思考对于乡村公共服务供给，是否实现了资源向地区投入的效用最大化。在早期，亚当·斯密提出城乡关系的“自然顺序论”，[②] 认为城镇规模日渐扩张与急剧发展实际上跟乡村的支撑作用分不开，乡村为城市各项事业提供服务，帮助城市实现经济增长、繁荣式发展。基于顺序发展的前提，公共服务的供给偏向于城市而非乡村地区。以刘易斯（W. Arthur Lewis）为代表的“二元结构”理论认为，现代化过程中乡村的生计部门将逐渐被城市资本部类所取代，随之而来的是人口由乡村向城市、由传统就业向城市专业化就业的转移。另外，当社会分工劳动的模式成为常态，不同领域开始聚焦并关注自身在分工化生产体系下的地位问题，乡村社会由于地理因素、经济基础、信息交流等方面的不利性，难以在较短时间内对工业化进程的分工作出回应，且对其提供的公共服务半径、服务难度都远大于城市，且单位服务成本更高。因此，在城市兴起的工业化进程中，公共服务供给差距在多重不利性因素的叠加下不断被拉大，造成乡村社会公共服务供给滞后于城市。力求最大程度上实现经济财富的积累，或者说是基于西方社会的在人类活动中推崇的“丛林竞争

① 刘祖云、李震：“城市包容乡村：破解城乡二元的发展观”，《学海》2013年第1期，第20－28页。

② ［英］亚当·斯密著：《国富论》，郭大力、王亚南译，商务印书馆2015年版，第363页。

法则”，而正如我们所看到的，对乡村发展而言，实际上就是一种残酷的机会剥削。

在我国，随着改革开放与市场经济体制的建立，以往由政府直接承担公共服务供给的做法逐渐被淡化，更多采用的是市场化模式，即通过合同契约同政府以外的企业组织、志愿团体合作进行。市场要素活跃流动使人们的经济意识不断增强，“企业和社会尤为重视时间资源交易的速度和频率”①，“公共产品（包括公共行政服务）是用自己的一部分货币收入转换成的公共税收所购买的”②。包括公共服务在内的诸种市场交易与政社合作方式，无不在关心着“成本”的问题。作为一种公共机制上的纳税与受惠也应当要对政府提供公共服务的效用予以重视，政府在公共服务供给过程中，也需要对市场、对效率、对成本进行考量，增进政府在市场经济运行体系下的高效、透明、负责与回应性，提升社会总体福利。卓越提到，“现实社会是一个复杂的构成，需要政府运用组织优势和整体力量，以减少资源耗费，降低社会成本”③。张婵娟、尚虎平从实证数据分析的结果中观察认为，乡村公共服务存在着“用力过猛”的现象，使得“农村基本公共服务设施、公共服务项目闲置，浪费公共资源、公共资金”④，要求政府活动公共性与经济性需要“两手抓”。然而，“不论是哪种能力，政府在公共部门推行市场模式时的评估能力至少都不那么令人放心和满意”⑤，政府活动中的非市场化因素也极容易引起社会成本的增加。基于对政府的不信任以及对经济效益的单方面考虑，与其让政府在乡村公共服务供给的活动中创造更多监督评估的不可测性，增加其行政成本，造成社会总资源的浪费，还不如精简对乡村社会的公共服务供给投入，在规模上进行缩减，在结构上进行优化。但这种思路也存在着明显的弊病，作为社会福利性支出之一的乡村公共服务应依据新时代乡村社会主要矛盾的变化，除保障乡村地区农民基本的生活生产需求之外，更应注重满足乡村地区农民对“美好生活”向往的需求只有在资金充分兜底、经济情况占

①② 姜妍：“从节约成本角度思考的公共产品与服务”，《中国管理信息化》2020 年第 11 期，第 58－59 页。

③ 卓越：“行政成本的制度分析”，《中国行政管理》2001 年第 3 期，第 50－54 页。

④ 张婵娟、尚虎平：“农村基本公共服务‘过犹不及’诱致的逆向不均等——面向东中西部 24 个乡村的实证探索”，《行政论坛》2020 年第 6 期，第 146－153 页。

⑤ ［美］盖伊·彼得斯：《政府管理与公共服务的新思维［A］——西方国家行政改革述评（中文版）》，国家行政学院出版社 1998 年版，第 17 页。

优的情况下，乡村公共服务的质量提升才有可能。在乡村公共服务经济性要求与福利性方向之间往往难以做到两者的充分实现，出现供给侧重点不同而引起的相互“打架”现象。

（二）应然与实然需求

与城市需求容量相比，乡村地区公共服务需求并未被充分激发出来，其结果造成乡村公共服务供给相对过剩的状态，主张衡量需求水平以提供服务供给规模，把握乡村公共服务供给的精准对应关系，避免供给规模与体量的单方面扩张。一方面，乡村社会生活一直以来适应于自然状态下的成果赋予机制，添置人为因素和大规模改造作用往往是有限的。理想的状态就是尽量适应于乡村生活的自然状态，将公共服务与社会资源的投入可以控制在小规模数量内。进而提出，乡村自身的公共服务供给仅是保证基本生活需要，无须在更深层次上进行挖掘和制定更加高层次的服务质量标准。另一方面，从乡村社会的流动性角度看，乡村呈现更多的是劳动力大量外流的景象，以“熟人社会”为其典型特征且内部人员的流动性较差。“熟人社会”“已不再受到诸如传统的组织力量与文化力量的约束，村庄社会关联度大为降低”①，“似乎并不需要外部权威和规范的在场，而天然地具有自治特征”②，因此，对于其进行服务供给往往难以形成规范性的标准，需求具有较大的模糊性，造成资源错置的情况发生。乡村公共服务供给所对应的需求主体往往随着劳动力人流向城市方向流动，但公共服务供给仍旧以相应的乡村总体登记在册的人数规模和整体社会福利进行均等配置，空间上是停留在乡村地区，具有静态固定化的一面；与此同时，相当规模的实际需求主体会自发进入城市，原有农村资源与公共服务供给自然而然被荒置，客观上形成供需空间对应性不均以及乡村内部区域性公共服务供给过剩等问题。因此，传统观点无不对这种相对虚弱的需求与日渐增长的乡村公共服务供给表示担心，基于对乡村公共服务供给需求的保守性认识，主张较少数量的投入和更为精确的配置。

① 陈柏峰：“熟人社会：村庄秩序机制的理想型探究”，《社会》2011 年第 1 期，第 223 - 241 页。

② 张乾友：“匿名、匿名社会及其治理”，《社会学评论》2015 年第 3 期，第 33 - 41 页。

（三）缺位和“缺人”管理

面向乡村的公共服务供给基于社会福利角度对乡村的投入，其过程遵循一种自上而下的国家介入型行动方式，输送、维护与管理需要政府部门的委托授权。国家资源输送对于村庄社会而言，由国家项目所带来的治理资源既包括地区基层配置，也体现着上级政府意志的权威，其自上而下的机制运行需要借助政府施加作用力。而这一方式很明显能看到的问题是，在“有形的手”没有伸触的地方，即当政府权威作用发挥不足时，输送到地方的项目往往止于初始输送而对后期的维护与持续供给质量保证疏于责任、怠于行动。如果将乡村公共服务项目本身比作一个运作系统，那么在具体执行时其大打折扣的一面往往出现在初始状态后的任何随机阶段。即执行项目者往往只注重将财政支出投入乡村公共服务项目中来，有实物或证据作为对乡村地区生产生活提供便利、维持基本需要的必要存在，其结果与效用是提供服务本身不加重视的问题，这种缺位现象既源于行政化权威影响下的固化模式，也更加源于附着在乡村公共服务项目之上的财政支持，在规制要求相对宽松的地域内满足自利性动机。

面向乡村的公共服务供给离不开对乡村社会的参与动员，即人员管理方面难以为继。村庄“空心化”趋势仍旧向纵深处延伸，对其的服务供给多是停留在供给的阶段性要求上，并非能真正做到持续性的维持与提升；乡村事务决策虚化的现象也使乡村社会的事务参与者并没有充分进行动员，引致公共服务供给等基础项目无法进行接续。基于这一点，能够从乡村社会转型的过程中清晰地看到，“缺人”现象在乡村领域的治理中具有普遍性。城乡二元结构虽然客观上仍旧存在着，但是结构自身也在不断被日渐活跃的经济往来与劳动力流动的作用消解，更多的农民选择步入城市，力求在城市中分得更加优质公共服务的“一杯羹”，乡村只剩下“乡愁”。与此同时，尽管有相当数量的基层治理队伍作为乡村公共服务的管理与监督者，保证基本人员数量投放在乡村公共服务领域，但乡村社会治理事物的复杂性要求也在增加。政府需要承担起向乡村提供公共服务的投入、供给功能，意味着有越来越多的行政事务要去完成，仅凭乡镇、村委班子现有的人员不足以做到。更有甚者，乡村公共服务设施分布呈现零星分散的特点，多数管理者知识结构和沟通能力难以匹配到信息化时代的治理工作，致使管理投入和人员设置经费占据公共服务供给的相当比例，客观上加剧农村基层公共服务成本，从而影响服务质量的提升。

以上从经济成本、需求匹配以及管理困境等方面对乡村公共服务提出了保守性观点，认为与城市相比较而言，摆在面前的现实矛盾与争论迫使传统粗放的、有区别的、规模化但不经济的乡村公共服务供给模式不得不进行转型，以适应城乡协同发展、走向融合的历史变化趋势。当然，无论是基于行政建制还是区域个体的发育条件，整个市场节奏的青睐仍旧能够左右着城乡发展差距，包括服务、信息、人才等资源，这也是被普遍公认的事实。但客观造成的差距并不能就此对乡村以及与乡村有关的公共服务供给直接进行定义，乡村社会的多元性与潜在的发展价值仍旧值得去关注，公共服务也理应以更加注重质量的方式来迎接新时代不断变化着的乡村社会的公共服务需求。城乡的融合发展需要摆脱传统对乡村公共服务供给的偏见，拓展供给的思维方向，准确回应乡村需求。同时，也应注意到乡村社会作为一个活跃的系统，不能依凭单一视角对公共服务进行揣摩，其直接后果就是“悬浮化”凸显。用传统的思维模式去思考乡村公共服务供给，无疑会对城乡发展以及乡村振兴进程产生“挫伤”。因此，更需要对整个供给思路作出适应性调整，即通过城市与乡村的供给互动来进一步塑造两者之间的价值共通与协同共进。这一共通应当是以城带乡，将城市与乡村连接成一个整体。

三、“联结”式城乡公共服务供给

（一）理念：整合与包容作为前提

在新时期城乡均衡发展的总要求下，对业已分化和对立状态的城乡发展过程中出现公共服务供给水平参差不齐的现状，进行重新调整、整合、优化，促进资源在城乡之间的合理配置与科学安排。联结式城乡公共服务供给致力于构建城市与乡村之间有机联系与统一性，激发乡村公共服务需求，促进其内在效益的真正转化，以准确把握乡村公共服务饱和与缺口状况，缩小城乡公共服务供给存在的差距，这也就意味着与过去城乡二元结构体制是完全不同的。

“城市和乡村的对立的消灭不仅是可能的，而且已经成为工业生产本身的直接需要，同样也已经成为农业生产和公共卫生事业的需要”[①]。与过去的城镇化进程相比，新型城镇化下的农村发展与城市发展同样呈现出跟进相随的状态，这种状态变化的速率在不断增强。对乡村认知不足以及将乡村与城市关系割裂开来的思维方式和做法，明显不适应新型城镇化的发展要求。因此，能够明确的是，城乡之间的关系需要被重新审视，增加公共服务资源的在城乡之间整合、共享、协作的机会，并将这种创造机会所形成的理念作为乡村公共服务供给的指导理念。对传统意义上自上而下的资源流动与配置方式加以调整和改变，是突破传统悖论的重要途径。发挥“城市包容乡村”的整合包容理念，“城市发展在利用对自己有利资源的同时，也要承担和谐发展的责任和义务，即包容可能的福利成本或负担”[②]。加快延展型供给模式在助力乡村振兴上的积极作用建设，整合公共服务、人居环境、生态价值于一体，在更加广阔的制度设计中与城乡融合的历史大趋势下来加以提升乡村公共服务供给水平。

（二）空间：独立而非分立

“被话语、定义和地理空间分立开来的农村往往不具备解释和说服力，产生的问题事实有时仍旧相互矛盾”[③]。理解乡村公共服务，首先需要跳出城市与乡村空间“分割”“分立”的状态来谈两者之间的关系。当前实践和理论认知上主要把城乡关系看成一种各自分立的地理空间来理解，单一地认为乡村发展是依赖于与城市之间的地理位置邻近性与社会价值追随程度。然而，随着人员流动的加剧，对于无论是城市治理还是乡村振兴而言，其效果都不能仅仅是以绝对的空间单元资源丰富性和多样化来判断的，而是将人的实际生产与生活意义作为指导。因此，用绝对分立的空间性作为划分，无疑会对整个城乡构成的整体流动活力与联结发展产生“挫伤”。基于这个角度考虑，更加清晰认识城乡之间的空间性联系，需要对整个供给思路作出适应性调整，即通过城市与乡村的供给互动来进一步塑造两者之间的价值共通与协同共进

---

① 《马克思恩格斯文集》第9卷，人民出版社2009年版，第313页。

② 郑杭生、陆益龙：“开放、改革与包容性发展——大转型大流动时期的城市流动人口管理”，《学海》，2011年第6期，第76-80页。

③ Lukić, Aleksandar (2010). *Theorizing Rural Space*. Croatian Geographical Bulletin, 72 (2), 74-75.

的机会，将城市与乡村作为一个整体，发挥以城带乡的功能。其次从行政管理体制的角度加以审视。在我国以行政等级为特点的城乡管理体制下，各级市（镇）对处于最基层的乡村实际上也拥有配置资源之权，乡村建制与城市建制的分布上也依然是紧密相连。因此，不能单独地将城市与乡村看作是各自能够独立运行的机体，两者是“一驾马车的双轮”，无法依靠某一者造就城乡机体的健康运行。

（三）联结：走向合作的关系

哈贝马斯曾这样对于一般性行为价值进行概述：“利益格局变动不居，而一般的价值则始终适用于不同的语境。”当前，共同的经济发展与社会建设要求能够起到联结城乡的作用，使得处在乡村的信息资源沟通、工具方式变革能够承续城市发展，具备连接的基础性条件即通道（access）的产生。同时，城乡融合发展的必然趋势实际上是被置于人的发展本身，成为城乡之间共同承认并尽可能践行的价值遵循。当乡村公共服务具备了客观性的发展通道和共通的价值遵循之时，自然而然的联结状态就会自动形成，结合成紧密相关的两个独立的发展个体。此时的独立前提下的联结式城乡公共服务，一方面是两个独立运行的社会结构系统，另一方面又通过不同要素的联结而产生日渐紧密的合作。因此，对于联结式城乡公共服务而言，其最主要的特点就是区别于以往的分立、划分为单个个体的零星观点，而是借助整体发展的视角，结束各自孤立状态甚至是对立状态，把整合、包容的观念放入乡村公共服务供给同城市公共服务供给的过程处理中，寻求一致方向的共同发展。

当城乡利益联结不断走向充实，人的全面发展成为城乡共通之处时，所采纳的整合、包容的指导理念就会被恰时地运用于城乡资源整合、城市包容乡村的公共服务供给新阶段。联结式城乡公共服务供给区别于以往片面、单向度的服务供给，它更多的是采用合作的形式进行相互联系、相互弥补，以统一的视角达致城乡各个社会机体组织服务供给的优化状态。

四、“共生”式城乡公共服务供给

如果说联结式城乡公共服务供给功能模式的建立是避免城乡之间引起分化、对立关系的进一步延续，那么“共生关系”的塑造则将城乡公共服务供给的关系定性为更加强调协同共存、平衡发展的互进关系，它倾向于避免停滞不前的“联结”，而是渐趋发展前进的“共生”。在此理念的指导下，共生式城乡公共服务供给，即一种彼此包容的城乡公共服务存在形式和功能指向成为公共服务在城乡之间运行的主流。城乡二者之间在不断进行能量、物质、资源、信息互动之时，都在适应着彼此，达到和谐、优化的发展状态。

（一）理念：包容与共生作为前提

“‘共生理论’是构建城乡共生式发展的核心理论渊源”①。在保证互为事实性存在的基础上，强调互相合作、共进发展的重要性，这也正是城乡发展乡村公共服务改善前提下城乡融合之路的“法门”所在。它基于城市—乡村公共服务供给质量提升的资源“输入”与“输出”均衡，进而寻求两者联结包容下的“共生”，使城乡公共服务在整体改善的状态下，实现乡村公共服务供给水平提升。

（二）空间：流动而非固化

当前，农业人口不断向城市涌入，所造成的资源紧缺状况客观上正加剧资源向城市汇集的速度，重塑乡村吸引力、争取公共资源与服务供给回流已经成为一项亟待解决的重要问题。事实上，当公共服务供给不断向城市集中后，短期均衡可以被实现，而长期均衡则很容易被打破，当供给要素超过一定时期的需求时，要素价格面临下降的可能性，为了寻求更高回报，从城市到农村就成为一种必然性的选择；在外部结构上，新型城镇化成为主流趋势，新型城镇化过程中本身融入了包容性发展理念，让供给要素自由流动，不断促成自由市场的前提形成，保证城乡的协同共进，就必然要对乡村公共服务的供给加以关注，面向乡村的“公共服务增量配置政策”②，“不断打破以往城镇化进程中要素单向流动的格局，实现城乡要素双向流动”③，引导公共服

① 武小龙：“城乡对称互惠共生发展：一种新型城乡关系的解释框架”，《农业经济问题》2018年第4期，第14－22页。

② 王颂吉、魏后凯：“城乡融合发展视角下的乡村振兴战略：提出背景与内在逻辑”，《农村经济》2019年第1期，第1－7页。

③ 蔡秀玲、陈贵珍：“乡村振兴与城镇化进程中城乡要素双向配置”，《社会科学研究》2018年第6期，第51－58页。

务的供给重新合理配置到农村，切时增进城乡公共服务协作供给，提升乡村公共服务配置水平。

城乡之间包括资源服务供给在内的双向流动是振兴乡村和促进农业农村现代化的重要一环。从要素的角度为实现乡村振兴提供动力，是公共服务流动以及公共服务供给质量在乡村内实现改善的必要条件。加剧资源和生产要素的流动，会客观上增加城市发展成果融入乡村的可能性。一方面，城市化进程影响着资源供给方式。当城市发展所需资源能够承担相应的职能、功能时，就会以自觉的互动方式输出不同层次的公共服务产品与供给渠道。另一方面，从系统的延展性功能的角度来看，资源和服务供给本身也在构建一种政府与社会组织资源共享的合作型共生关系，增添适当的包容因子有助于形成公共服务供给的质量优化与规模集约，将进一步激发与乡村公共服务相关联的行动效率，使传统以城市为中心的公共服务供给方式逐渐将乡村纳入进来，革新“以城市为中心”的供给。

（三）共生：走向渐趋紧密的融合互动

在城市发展空间与资源几近饱和的状态下，单纯服务资源的输出是无法解决根本性问题的。此时，乡村无疑作为最佳甚至是唯一的选择。其承载力不仅表现的是一种乡土寄托，更蕴含是多重价值的几何体，具备同城市公共服务同样的需求条件。首先，原生价值在乡村表现最为明显的就是宜居空间价值，其区别于城市现代化便利建筑而具备高度的生态属性和基于中国传统差序格局与礼治秩序的乡土文化积淀。其次，其经济价值表现主要为自然资源产品的可利用价值，即包括天然型产出和农业生产的基本供给。这种经济化载体本身也在不断催生更新的技术创新、知识交流、信息交换，加强两者之间知识和技术等传播，并且促进着乡村产业走向多样化、多业态、多方式转型，增强农业经济效益的同时，也提高农村自身抵抗风险的能力。结合乡村生态治理、地方产业设计，建构适应乡村发展的经济模式，发挥产业作为乡村发展能够切实落地的支撑。最后，及时将信息技术与农业生产相结合，增强农村发展的物质性服务保障，以增强乡村竞争力。从“引乡融城”到“引城融乡”，借助“共生”功能指向进一步塑造城乡融合的现实路径。

五、“联结—共生”：走城乡融合发展的新型城镇化之路

（一）理念：经济与社会效益兼顾

在新时期乡村振兴持续推进与农业农村现代化目标早日实现的要求下，乡村公共服务须严格将社会效益放在首位，同时兼顾经济成本的必要权衡，两者不宜倒置。乡村公共服务供给的主旨是排除公共服务供给对象的社会排斥性因素，使城乡居民尤其是农村居民能够充分享有公共服务供给的权利，从而使农村与城市之间以相对公平合理的比例配置到公共服务，并保证公共服务在城乡各区域的实际供给能够体现公平正义的价值追求，不断努力兼顾，实现社会群体与个体普惠、平等、包容性发展。作为社会福利性的乡村公共服务供给，它不同于市场经济主体活动，而是对乡村社会发展需要的回应，对城乡融合得以实现的铺垫。在理念上，一方面，需要城乡两个独立的社会运行集体摆脱传统意义上各自分立的成长阶段，尝试实现联合，从公共服务的合作开始，培养起“共生”性质的资源合作，提供增进社会效益的诸种公共服务。另一方面，经济价值理念可以作为公共服务供给输入乡村的理念集合元素之中，但不能够直接将公共服务在市场价值中的经济性等同于乡村公共服务提供的真实效益。

（二）空间：公共服务需求匹配供给

未来的城乡公共服务供给关系更多的是从发展主体的合作需求入手，囿于传统行政空间上的资源配置，往往对真实需求难以做到及时回应。“联结—共生”的城乡公共服务供给是将城乡视作一个系统，空间上存在客观独立的同时，也在不断加强彼此之间的流动互通，强调发展内容上的全面协调、发展机会过程中的机会均等和结果上的利益共享与互惠，充分挖掘在乡村振兴与新型城镇化的共同需求回应的价值依归，也即实现对人的“包容”与“服务”，其中包括不同区域、不同环境特征状态下的个人活动、组织行动，尽管是流动的，但却在共生路径的要素双向互动下，仍旧能够被兼顾。新型城镇化过程中，同样贯穿于其中的是能够对人的真实物质与价值需求，通过公共服务供给的合作来进一步保证城乡关系的和谐状态，保证乡村公共服务

供给水平逐步提升，获取进一步发展的机会。

（三）联结—共生：走新型城镇化之路

乡村振兴的基点正是落脚于乡村公共服务供给不断充实的前提下所形成的资源，乡村公共服务提升通过联结—共生的功能指向，使城乡之间有了更为紧密的联系，推动乡村现代化目标在乡村公共服务质量不断改善的前提下走向更高水平。这种结合将必然促成乡村振兴走新型城镇化之路。首先，城市供给延展往往带有空间上的逐步延伸，乡村振兴的过程就意味着整体方面的资源倾斜对象不再仅仅是城市单个主体，而是更大范围的、有发展需求的“城与乡”，而城镇交界处的节点能够适时地承接这一延伸而来的资源和服务“馈赠”，达到这一区域发展功能的优化，这种优化本身就是一种城镇化不断向农村反哺的过程。其次，基于“联结—共生”的成长关系，农村通过自身振兴，达到空间结构、人员队伍建设、特色产业优化集聚而增进自身与城市发展水平在目光吸引力、现代化治理方面的水平相近程度。因此，“联结—共生”的城乡公共服务供给相较于以往而言，更加强调城乡之间紧密融合关系的塑造。在城乡关系由二元对立到融合共生的背景下，过去以弱化乡村性、强化城市性为主导的现代化发展路径应更加转向以乡村空间多功能分化为核心的多元路径，公共服务供给正汲取着积极的存在意义，力图将更大范围的共生包容倾向加速城乡融合，以乡村内生力、城镇辐射力与规划约束力共同驱动新型城镇化之路向前发展。

“联结—共生”功能指向下的城乡公共服务供给，事实上是把城市和乡村看作成彼此之间彼此联系、相互促进的整体，两者通过紧密联结并走向共生发展，不断加速着城市与乡村两者的成长进程和融合速率。这种功能指向所蕴含的包容理念本身是积极发挥以人为中心的价值机制，推进城乡公共服务合作供给的城乡融合趋势。新型城镇化致力于联结城乡、衔接城乡，使乡村在尽快实现教育、医疗卫生、社会保障、生态环境持续改善的同时享受更高质量的现代化城市公共服务供给发展成果，而“联结—共生”的功能指向，为乡村公共服务供给得以有效突破经济与社会效益、应然与实然需求、缺位与“缺人”管理的供给悖论，推进新型城镇化，加速城乡融合等，提供了切实有效的路径选择。

第二节　前沿性技术：技术赋能乡村精准治理

一、问题精准识别：乡村精准治理的基础和枢轴

在推进国家治理体系和治理能力现代化中，中国需要完成的最大任务是将中国特色社会主义制度优势成功转化为治理效能。这一目标提出的根本要求是抓重点、补短板、强弱项、堵漏洞、固优势。乡村治理是国家治理体系中最薄弱环节、最大短板、最底层根基。作为中国特色社会主义制度框架和治理实践中不可分割的部分，乡村治理长期以来形成的富有中国特色的“压力型体制”和“运动式治理”机制，在给乡村治理带来一定政治、经济、社会、文化等发展成效的同时，也使其面临着“国家与农民关系失衡、乡村治理内卷化和去政治化”[①] 的诸多挑战。抗击新型冠状病毒肺炎疫情的实践表明，基层政府在乡村治理、疫情防控、社会稳定等方面发挥了关键作用，但也暴露出当前的短板与不足。乡村治理如何“真正把问题解决在萌芽之时、成灾之前”[②] 已成为我们必须深刻思考的核心议题。

新形势下乡村治理体系建设的理论和实践指向是治理精准化，而治理精准化的逻辑和现实轴心则是问题精准识别。就乡村治理问题识别而言，在国家治理的理论研究和实践创新中大致形成了宏观制度设计、中观理论研究和微观现实情境三个层次的问题。而不论是制度的顶层设计、政策的制定与执行，还是学者的理论构想与乡村现实之间的张力，能否精准识别问题决定了乡村治理能否真正做到由制度优势向治理效能转化所要达到的“治理有效”。

在乡村治理领域，精准识别治理问题是中国特色社会主义制度优势能否在乡村彰显、制度优势能否转化为乡村治理效能、治理行动能否有效促进农业农村农民现代化的前提和中心。我们将问题精准识别放在乡村治理体系和

---

① 吕德文：“乡村治理70年：国家治理现代化的视角”，《南京农业大学学报（社会科学版）》2019年第4期，第11－19页。

② 习近平：“充分发挥我国应急管理体系特色和优势 积极推进我国应急管理体系和能力现代化”，http：//www. gov. cn/xinwen/2019－11/30/content_5457226. htm。

治理能力现代化建设中如此重要的位置，主要出于两个方面考虑：一是再好的治理技术和方法，如果解决的是“错误”的农业农村农民问题，那么，不仅不能解决既有的问题，造成人财物等各项资源的低效使用和高效浪费，更为严重的是，它还会误导乡村治理者以为已经解决了应该解决的那些问题，但却导致真实的、潜在的、更主要的问题在客观或主观上被积攒了下来，并逐渐演化为更大的危机和风险，如自然灾害、群体性事件、安全生产事故等。为此，不论是在美丽宜居乡村建设、城乡融合发展规划、基层组织建设、“三治”有机结合，还是基层公共服务供给等乡村治理重点领域，作为乡村治理有效的前提和中心，问题精准识别的第一个要求就是要能够准确识别出正确的治理问题，也只有在此前提下，乡村治理行动和结果才可能是高质高效的，才可能实现精准发力、精准施政、精准起效。二是乡村治理者并非完全没有识别正确问题的意识和能力，并且事实上，不论是基于上级压力还是内在动力，他们也逐步意识到乡村治理问题识别的重要性，且努力尝试着去做。然而，囿于主、客观条件的限制，它们对复杂性和不确定性程度高的风险型、不确定型治理问题的识别，虽然在特定意义上是正确的，但时常表现为模糊、主观、笼统的经验特征，而基于这种问题识别结果所进行的治理方案设计也难免陷入模糊、主观、笼统的非科学境地。当然，在低度复杂性和低度不确定性的治理情境下，这些治理方案能够在一定程度上解决治理问题，但伴随着社会运行和社会变化加速化、复杂性和不确定性急剧增长，基于模糊问题识别的结果以及既有治理方案“以不变应万变”① 的行动策略，其成效式微了，甚至说，它们不仅不能从根本上解决问题，反而将精确的、清晰的问题掩盖了起来，治理也就陷入“囫囵吞枣”的局面，即不管问题究竟如何，一“管”一“控”了之，这就导致乡村治理行动事实上的低效或无效，最终在危机和风险频发中宣告治理失灵。因此，问题精准识别的重要意义，不仅在于是否能够识别正确的问题，更在于能否精准地识别出它们。只有对乡村治理问题实现精准化识别，才能对其实施精准化治理，才能真正意义上实现治理有效和治理高效。

围绕着治理问题识别或政策问题建构的中心议题，乡村治理的相关行动者主要包括：研究者、治理者和基层民众。从乡村治理者的角度来看，他们

① 张康之、程丹：“论不确定环境下的组织快速反应”，《新视野》2008 年第 1 期，第 35 – 37 页。

既可以像研究者那样来分析和建构问题，也可以像受众群体那样来表达诉求。为此，治理者的问题视角更具理论与实践的融合性，在这种寻求理论与实践相结合的问题建构取向下，治理者对问题的识别及其能力更值得我们（研究者倾向）去关注，因为这是决策科学化的逻辑前提和治理精准化的行动边界。

乡村治理者的问题识别及其能力是在乡村经济社会发展及其治理的具体情境下社会性地建构起来的。在对现实的理解上，乡村治理者可以从研究者那里获得间接而非直接的支持。研究者的咨询意见，不是直接给基层治理执行者，而是给高层治理决策者的。按照决策—执行二分的体制和逻辑，作为决策支持系统构成部分的研究者，将咨询意见提供给作为决策者的政策制定者或上级治理者，而后者在选择性接受过程中将研究者的意见和建议镶嵌入决策文本当中，进而基层政府和乡村自治者也就在执行政策、实施治理的具体行动中间接地获得来自上级决策文本中所包含的咨询意见。在这种间接获取过程中，乡村治理者对现实的认知和理解很有可能出现信息编码—解码上的失真、扭曲、遗漏等现象，这既可能来自决策者的选择性接受、文本化表达，也可能来自乡村治理者本身的知识水平、认知结构、理解能力上的偏差。在研究—决策—执行的长通路信息流中，被信息化处理的现实出现失真、扭曲、遗漏现象也是正常的，但也并非不可避免。如果治理者和研究者都不去做这方面的努力，而是将这种缺失了的现实作为现实本身理所当然地接受，那么，情况就会变得更加糟糕。受思维惯性、行动惰性，以及自身能力的局限，乡村治理者会比上级治理者更容易出现这种被动接受情况。

与研究者相比，在乡村社会具体情境中积累实践经验的乡村治理者，其对乡村社会现实的感知、认识和理解更具有优越性和优先性。然而，他们同样面临着批评，即乡村治理者对现实的感知、认识和理解更多的是经验性、主观性、感性、直觉性的，因而，很容易受到个体自身素质和能力差异性的影响，个体行动者的认知结构和思维结构也会影响其对现实的判断力和洞察力。更为重要的一点批评是，乡村治理者贴近乡村现实，但他们真的能够深入到田间地头、农民农户当中去吗？这不仅是治理者主观意愿的问题，更是在特定治理等级结构下，基层治理者要不停地应付来自上级的文件、汇报、表格、检查等纯粹事务性工作，迫使他们离不开办公室，始终处于忙碌的状态。那么，办公室里的乡村治理者如何去了解乡村现实呢？或许，来自上级的决策文本才是乡村治理的现实。事实上，决策文本不仅是其感知、认识和理解现实的来源，更是其合理建构乡村治理“理想”的来源。

由上述分析框架可见，乡村治理者自身具有透过理想和现实之间差距进行治理问题识别的能力和可能性，但也存在极大的局限性。尽管乡村治理者在实践行动中对乡村社会现实进行观察，但他们却缺乏总结提炼和理论升华的能力；尽管它们有着多种渠道来获得对治理理想的建构，但他们又缺乏将理想与现实情境进行有效匹配，精确计算“差距”的能力。因而，就乡村治理问题识别而言，乡村治理者经常遭遇的困境是：一方面，感知到问题，但却不知道问题具体指向什么，无法确定问题边界，界定问题实质，规范性陈述问题情势；另一方面，感知不到问题，主观认为并接受，现实理所当然如此，不觉得它与更高层次的理想之间存在差距，即不存在问题。这就给乡村治理问题的精准识别带来极大困惑，对基于此项前提而开展的乡村精准治理带来极大困难。

伴随着乡村治理体系的不断开放和治理主体的日益多元化，将会有更多的社会力量参与到乡村治理体系和治理能力现代化建设中来。这些都可能为乡村治理者的问题精准识别能力提升带来契机。在逻辑和现实上，这项能力的提升路径可以归结为两大类：一类是内在自我提升路径，另一类则是外部赋能提升路径。事实上，乡村治理者能力的内在自我提升路径往往不是纯粹的，它经常要和外部赋能之间发生各种互动，进而达致协同增效。因而，在问题精准识别上，我们更倾向于外部赋能来提升乡村治理者能力，并反作用于内在自我提升，进而产生更加积极的内外合力效果。

在外部赋能上，对于问题精准识别能力提升而言，他者的指导与帮助、支持与合作形成了两种赋能方案，即上级赋能和智库赋能。与上级赋能、智库赋能相比，作为一种技术赋能方案的外部工具恰当使用更具技术性优势。在乡村治理现代化中，以互联网、大数据、云计算、人工智能为代表的智能化信息技术的创新与应用，无疑是最具前沿性、科学性、实用性的外部工具。更重要的是，在乡村治理者能力提升上，上级赋能、智库赋能和技术赋能之间不是一种非此即彼的敌对或替代关系，而是一种合作互动关系。通过上级决策者、智库研究者对前沿信息技术的应用，直接或间接地将决策者和研究者的智慧集成到智能化信息技术平台上，并在人机智能融合中实质性地沟通起了上级赋能、智库赋能、技术赋能三者，使之统一到技术赋能的融合路径当中。

二、乡村具体场景：以科技创新为驱动的精准治理

在技术赋能这一融合路径中，以智能化信息技术为中介，乡村治理者、上级决策者、智库研究者将各自感知、发现或学习而来的各类知识、数据、信息都集成到共同的乡村云数据平台，并高效利用智能化信息技术创新的数据技术及其集合，采集、计算、存储、加工乡村治理海量数据，形成基于大数据、云计算、区块链、人工智能、5G 等前沿技术的乡村治理全域智能联控。我们已经处在大数据、云计算、区块链、人工智能、5G 等前沿技术蓬勃发展的更高阶段。因而，我们应更多地思考当上级赋能和智库赋能融合并统一到技术赋能之后，在人机智能融合的意义上，将技术赋能带入乡村治理问题精准识别的现实场景，我们将看到怎样美好的乡村精准治理图景呢？这里略举技术赋能的几例来加以说明。

第一，人机融合智能及其应用。人、机、环境系统之间的相互作用产生了智能，这既是一个科学问题，也包含非科学部分的研究，其中，“人”是非常复杂的系统，“机”是相对简单的系统，“环境”是涨落变化极大的系统，所以人机环境系统既有确定性，又有随机性，就成了“复杂的巨系统”。钱学森先生认为，针对“复杂的巨系统”，人类目前还没有找到解决的一般原理和方法，而人机融合系统及其深度态势感知理论可能就是一种有益的尝试①。人机融合智能是充分利用人和机器的长处形成一种新的智能形式，是要寻找到一种平衡状态，让人的无序和有序与机的有序和无序相得益彰，达到安全、高效、敏捷的智能融合结果。在乡村治理现代化领域，通过人机融合智能系统，将人类智能和人工智能虚实融合、相互支持配合，在乡村治理具体任务环境中对政府、企业、非政府组织、农户和新型经营主体所拥有的各种各类各样资源进行安全、高效、敏捷地分配和控制。通过人机融合智能的语音和自然语言处理系统，高效辅佐乡村治理者抓取和掌握乡村舆情、乡村社会风险、服务需求和满意度等数据信息，并及时提供治理行动预案和政策执行实时方案，以供乡村治理者做出更加科学准确的行动决策。

---

① 刘伟、伊同亮：“关于军事智能与深度态势感知的几点思考”，《军事运筹与系统工程》2019 年第 4 期，第 66 – 70 页。

第二，超个性化医保监测技术。在普通居民——特别是农村居民——的日常医疗保健中，试图对医护人员描述自己的痛苦或需求可能是一项艰巨的任务。但通过超个性化医保监测技术，计算机化身可以高效、准确地帮助农村居民告诉医护人员需要知道的一切。利用这项突破性技术，结合大数据、云计算、“互联网 +”、人工智能等智能化信息技术，开发和创建超个性化的计算机化身“虚拟人”，使用临床诊断个人的身体和生物医学信息，借助超级计算机生成仿真程序。基于这项技术的医疗保健，可结合乡村地区不同种类的居民或患者，积累其日常就诊、体检、保健等各类与医疗保健相关的数据信息，使管理者和决策者能够更快更好地进行对农村居民健康实施跟踪，并根据农村居民个性化的健康状况，精准实施个性化的医疗保健政策；基于超个性化医保监测技术的虚拟人项目，使医生能够提供更精确的诊断，根据患者的特定生理状况制定医疗保健干预措施，并运行个性化药物和临床模拟以进行有效治疗，使医护人员能够更加准确地诊断患者的过去和当前的健康状况，预测未来可能的发展趋势，避免寻求医疗保健的农村居民遇到某种形式的诊断错误，使医生能够提供更精确的诊断，根据患者的特定生理状况制定医疗保健干预措施，并运行个性化药物和临床模拟以进行有效治疗；基于“互联网 +”、云计算、大数据技术的超个性化监测系统，根据超个性化的云数据，模拟计算个体医疗保健的可能状态或发展趋势，并适时以超个性化的方式，利用微型人工智能或智能移动终端为每个农村居民提供医疗保健、饮食健康、生活习惯调整等方面的个性化建议，真正做到预防和监测的目的大力缓解乡村地区医护人员短缺、水平参差不齐、基础设施条件差等各类问题。

第三，微型人工智能及其应用。作为信息技术软硬件创新的重要趋势，用“小”AI 解决“大”烦恼的微型人工智能（Tiny AI）入选 2020 年十大突破性技术之一①。我们应重点考虑搭载微型 AI 的智能监测传感器、人工智能 + 遥感、差分隐私（Differential Privacy）等前沿技术对乡村治理智能监测、隐私保护、精准施策的创新价值。为此，技术对乡村治理者问题精准识别的赋能，可通过微型 AI 芯片集成乡村治理数据采集终端技术，更加高效节能地为乡村云数据平台采集、计算、存储和加工数据；利用差分隐私技术，解决乡村治理多元行动者（如上级决策者、基层政府、乡村自治者、研究者，以

① 10 Breakthrough Technologies (2020). *MIT Technology Review*, 123 (2), 15–29.

及其他社会力量等）合作的数据安全、隐私、伦理等技术性障碍；利用无人机、智能机器人搭载智能监测传感器，创新对乡村治理中农村垃圾、生活污水、厕所、村容村貌等重点领域的智能高效监测；借助智能监测模型、人工智能算法、宇航芯片等重点研发工程，创新“人工智能+遥感”的数据采集与处理工作模式，对乡村海量遥感数据进行高速提取、精细分析和可视化展现。

第四，人居环境精准监测技术。农村人居环境整治是推进乡村治理现代化、建设美丽宜居乡村的重点内容，而智能化精准监测整治对象、识别治理问题则是打赢这场硬仗的关键前提。为此，技术对乡村治理者问题精准识别的赋能，可通过人居环境精准监测技术创新，以农村生活垃圾处理、生活污水治理、厕所革命、村容村貌提升为重点，利用智能监测传感器，开展摸底调查、定期监测、智能分析，汇聚相关数据资源，接入乡村云数据平台；长期定点智能化精准观测秸秆、农膜、畜禽粪污等农业废弃物，远程智能化精准监测农村水源地、规模化养殖场、农村生活垃圾处理点、农业废弃物处理站点等；利用人居环境精准监测技术与微型AI终端设备的有机结合，鼓励社会资本提供农村人居环境监测终端设备、数据挖掘、商业分析等新型服务，引导和培训农村居民利用智能设备积极参与农村人居环境网络监督，共同维护绿色生活环境。

第五，涉农舆情智能分析技术。了解农民群众对农业农村经济社会发展的准确观点、真实态度和切实需求，是实施乡村精准治理，推进乡村治理体系和治理能力现代化的一项关键前提。为此，在技术赋能乡村治理者问题精准识别上，应着力突破涉农舆情智能分析技术。与以往的涉农舆情监测技术平台相比，新技术应更加注重涉农舆情热点精准监测、主题智能抓取和人机融合智能分析三者之间的高效配合。一是涉农舆情热点精准监测。利用大数据分析、机器深度学习，结合相应的算法模型，训练热点精准监测技术，重点关注突发涉农热点事件，增强信息收集整理和分析研判能力，切实提高乡村治理的引导力、掌控力、传播力和影响力。二是涉农舆情主题智能抓取。通过人工智能和机器深度学习，训练涉农舆情主题智能抓取技术，打破以往涉农舆情主题按照部门职能分工和工作任务进行划分的陈旧方式，按照当地农民群众准确观点、真实态度和切实需求进行主题智能抓取。基于这项创新技术，乡村治理者应根据舆情主题智取抓取结果不断细化分类，综合梳理，最终确定全方位、多层次的舆情热点精准监测和主题智能抓取重点。三是涉农舆情人机融合智能分析。充分利用舆情监测平台、搜索引擎，并创新采取技术+人工、内部+外协方式，开展舆情热点精准监测和主题智能抓取，切实发挥舆情大数据的预测研判作用，以及基层政府决策者对舆情热点精准监测和主题智能抓取结果的科学高效应用，提高乡村治理者的网络舆论引导能力、监测能力、分析能力和回应能力，做好基于涉农舆情智能化分析的顶层设计和落地行动决策。

当然，深入探究乡村治理问题精准识别的技术赋能场景，应优先完成智能化信息技术创新的关键共性技术攻关、战略性前沿性技术超前布局、技术集成应用与示范，以及人工智能研发应用等。更为重要的是，当我们强调前沿技术创新应用之于农业农村农民现代化的重要意义和实践价值时，并非一味地强调“器具现代化”[①]，而是要赋能“被技术遗忘的角落”[②]，通过技术赋能给农业农村农民，赋能给基层政府，赋能给乡村自治者，赋能给想要努力推动乡村振兴、实现农业农村农民现代化的一切合作行动者。为此，技术赋能乡村治理者及其问题精准识别能力，就是要在上级智慧、智库智慧、机器智慧等多重智能融合中充分发挥乡村治理者自身的主观能动性和主体地位，只有这样，才能真正将乡村振兴各项战略落到实处，激活推动乡村治理体系和治理能力现代化的各项制度优势，助推其高效转化为乡村治理效能。

三、技术赋能路径：实现成熟乡村的治理精准化

当前，我们正处在一个由智能化信息科技引领的、前所未有的大变革时代。基于物联网、大数据、云计算、移动互联、人工智能等“互联网+”技术所开展的现代化治理方式，正在被广泛运用于国家治理体系和治理能力现代化建设当中，并深刻体现新时代中国特色社会主义的制度优势，不断提升政府管理、社会治理，以及乡村治理的治理效能。习近平总书记强调：“要建立健全大数据辅助科学决策和社会治理的机制，推进政府管理和社会治理

① 曹锦清：《黄河边的中国：一个学者对乡村社会的观察与思考》，上海文艺出版社2001年版，第371页。

② 刘祖云、王丹：“‘乡村振兴’战略落地的技术支持”，《南京农业大学学报（社会科学版）》2018年第4期，第8－16页。

模式创新，实现政府决策科学化、社会治理精准化、公共服务高效化”①。总书记的这一重要论述，为我们指明了推进国家治理体系和治理能力现代化的信息科技创新路径。而在作为国家治理体系中极为重要构成部分的乡村治理领域，这一论述又为运用智能化信息科技创新乡村治理模式、提升乡村治理能力、推进乡村治理现代化提供了明确的方向指引。因此，本书从以下几方面提出实现乡村精准治理的技术赋能路径。

创新乡村治理现代化的内涵。大数据等新兴信息技术赋能乡村精准治理既是国家治理能力和治理体系现代化的当然内容，也是治理理论和信息技术在乡村社会发展中融合的新形态，乡村治理现代化的内涵要不断创新发展，以解决技术和社会发展带来的新问题。第一，形成统一的乡村精准治理大数据赋能观念。利用信息技术提升乡村精准治理的规范性和科学性，充分发挥信息技术赋能乡村精准治理的现代化潜能，形成城乡一体的乡村治理理念，整合村两委、基层政府、社会力量、乡村社会成员等多元乡村治理资源，用数据思维、数据能力提升乡村治理赋能，创新治理实践，实现乡村治理决策科学化。第二，创新乡村自治与大数据等信息技术深度结合的治理理念。大数据等新兴信息技术对乡村精准治理赋能的深层障碍是乡村自治的封闭性与大数据等信息技术的开放性之间存在差异，在乡村振兴背景下需要将乡村自治内涵扩展为国家治理能力现代化的具体展开，在乡村治理内涵中加入更加开放的公共因素，以协调乡村自治的公共治理能力需要与乡村治理封闭实践之间的差异，最终服务于国家乡村振兴战略，充分发挥国家治理能力和治理体系现代化在乡村精准治理实践中的效能。

创新信息科技的智能识别力，推动乡村治理服务精准化。传统乡村治理模式主要表现形式为“问题引领行动”，以问题为触发机制的治理理念，使乡村治理处于被动状态，存在治理主体单一，治理成本高、治理方式粗放、治理效率低下等问题。将智能化信息技术引入乡村治理，在问题导向中融入海量数据，以全面的数据信息指导行动，可以强化治理主体对问题的预测，变被动为主动，在事件发生以前完善防御措施，有效压缩事态扩大的概率，从而节约治理成本，提高治理的精准性与有效性。此外，传统治理主要集中

---

① 习近平：“实施国家大数据战略加快建设数字中国”，http：//www. xinhuanet. com/2017 - 12/09/c_1122084706. Htm。

于内部取向，数据孤岛导致政府信息闭塞，政府在提供公共服务的过程中往往不能精确了解大众的实际需求，往往按照常规提供单一化的公共服务及公共产品，导致公共服务供给碎片化、被动化和低质量化。通过大数据海量的信息去进行分析预测，将有效帮助政府在公共服务供给过程中由被动、碎片和粗放的服务模式转变为主动、整体和精准的服务模式。由从上至下、政府主导、供给方驱动的单向供给模式转型为上下互动、参与表达和需求方导向的双向供给体系。例如，江苏省通过农村大数据平台，搭建基层治理服务新平台，打造“线上线下结合、前台后台打通、纵向横向联动”的村民服务平台，打破县级与村级上下信息壁垒，实现群众办事不出门，公共服务送上门的便利。此外，大数据在实现精准扶贫，为贫困群众提供精准服务，打赢脱贫攻坚战上成果显著。

内外兼顾，双向提升心理赋能成效。在内部治理上，激发工作人员自我效能感。稳定大数据平台管理人员和乡村治理者的队伍规模，并逐步提升其能力素质，能够有效激发工作人员的自我效能感，减少工作疲惫感。因此，首先，配齐配强专班人员，为基层政府注入精干力量，并定期组织工作人员参加业务培训和经验交流，提升其业务处置能力，确保平台指挥有力、执行到位。其次，完善乡村治理者队伍的培养机制和激励机制，提升其工资福利待遇，明确上升空间和上升渠道，并因需制定个性化培训方案，加强对乡村治理者工作情况的督查，完善对其服务结果的考核奖惩制度，增强其社会认同感，激发其工作热情。最后，重视技术人才的培养，加强乡村技术人才队伍保障，吸引各类人才返乡创业，鼓励乡贤能人进村，将新型技术人才纳入乡村技术平台建设体系。在外部治理上，提升村民的能力素质水平。村民的能力素质水平与技术发展现状严重不匹配，是造成技术心理赋能过程受阻的重要原因。为此：第一，需要转变村民保守的传统观念，通过与科研院校、技术企业合作开展各类科普讲座，开展技术应用的优先试点工作等，让村民通过亲身体验强化其互联网思维与现代化意识，为技术心理赋能营造良好氛围。第二，重视提升村民的知识技能，使用多样的宣传媒介或者平台，开展各类宣传活动，如利用微博、微信等各类新兴媒体，普及与信息技术使用相关的政策知识，开展技能培训工作等，有助于促进村民掌握和使用现代化技术，增强自我发展能力。第三，全面提升村民的参与度和认同感，如发挥榜样力量，宣扬新时代法治、自治精神，带动身边村民参与到乡村治理的过程中。

精准施政。科技创新应最终落脚于乡村治理的现代化。运用智能化信息科技做好乡村社会风险的研判预测。要把乡村社会风险化解在源头，必须切实增强防控风险的责任感和自觉性，逐个环节校准责任偏差，不断提高实时动态监测、实时预警能力，推进乡村社会风险防控工作科学化和精细化，对各种可能出现的风险及其原因要做到心中有数、对症下药、应对有策。运用智能化信息科技做好乡村社会舆情的关联分析。随着互联网技术和智能终端的普及，微博、微信等多种互动平台进入公众生活，为每个人提供可以自由书写的公共平台；而云计算技术开发使得基层政府及其他乡村治理主体能够以用户的实时数据为基础，分析民众的需求和情绪变动，能够准确分析出个人、组织与社群之间的相关性，以此为依据制定出“量身定制”的政策，从而实现乡村治理的精准化、现代化、智能化。运用智能化信息科技提高乡村治理的精确性和靶向性。各级各类政府部门在国家治理、政府治理、社会治理，以及乡村治理中积累数以亿计的公共服务大数据，对这些数据进行有效的处理分析，可以提高乡村治理的精确度和靶向性，从而不断促进乡村治理精准化的实现。比如，利用互联网与移动应用建设全面、详尽、精准的扶贫信息系统，对扶贫对象精确识别、精确帮扶、精确管理，提高扶贫效率和效果①。

第三节　融合性路径：村干部“微腐败”治理

一、村干部“微权力”运行的复杂乡村生态

相较于我国行政体制内的公务员群体，在乡村治理中扮演重要角色的村干部是通过村民自治机制选举产生的，其掌握的“微权力”与公权力同样来源于公民权利的让渡。他们既位于村民自治体系的最上层，管理着一个村的所有村民，又位于国家行政体系的最末端，协助乡镇政府落实相关政策，双重化的身份在无形中放大了村干部的“微权力”。而相较于在宏观政治生态

① 陈潭：“数据驱动社会治理的创新转向”，《行政论坛》2016 年第 6 期，第 1 – 5 页。

下基本处于公开运行状态的公权力而言，这种“微权力”运行所面临的乡村政治生态则充满了复杂多变的人情世故。一方面，以村干部为代表的基层党组织是落实国家各项“三农”政策的“最后一公里”，作为国家和乡镇政府进行乡村治理的代理人，村干部必须配合上级政府执行各项方针政策。此时，村干部若将乡镇政府的满意度作为第一顺位可能会导致村民产生不满，而村干部与村民有着或近或远的亲缘、地缘关系，“低头不见抬头见”之下并不能采取强硬手段。另一方面，对于村民群众来说，村干部管理着村庄中大大小小的生产、生活事务，虽是“干部”却又保持着“农民”的身份，理应是村庄利益的守护人。此时，村干部若将村民满意度作为第一顺位可能会导致乡镇政府的某些指标无法完成，而乡镇政府制定的一系列奖惩措施又与村干部的切身利益有着密切关联。在这种代理人与当家人矛盾的对立下，迫使村干部在开展日常工作时很难做到“双赢”，从而陷入在国家与村民夹缝中“求生存”的尴尬境地。

在40余年的经济体制改革过程中，我国城乡经济差距逐渐缩小，农村经济发展速度越来越快，农业也逐渐脱离最初分散、封闭的传统自耕农状态，向集约化、开放性的新型经济形态过渡。当前，中国经济正面临百年未有之大变局，我国农村经济的发展也处在一种不充分、不平衡的混沌状态。在我国的东部沿海地区部分乡村的经济发展势头强劲，村庄主导产业正由基础的种植业、加工业向休闲农业、乡村旅游和农村电商等方向积极转型；而中西部地区的大部分乡村地区仍处在以第一产业为主，工业结构层次较低的发展状态中，与东部地区农村经济社会发展程度存在梯度差距。村干部作为农村经济建设的直接组织者、推动者和实践者，在经济发展程度不同的地区工作重点不同。因此，如何因地制宜充分发挥村干部的“领头羊”作用是学术界长期以来的热点话题。村干部始终处于农村工作的第一线，是实施各项乡村治理政策的关键所在，就其履职行为来说，大体可以分为：政治引导、经济管理、维持社会秩序、文化建设等四方面的内容。在党的十九大报告中，强调了在新时代，为实现全面建成小康社会的宏伟目标，必须切实贯彻创新、协调、绿色、开放、共享的新发展理念，以新发展理念指引农村经济，加快推进农业农村现代化。因此，在农村经济转型期这一关键阶段，村干部作为农村经济建设的参与者、组织领导者和带头人，需要跟上乡村经济的发展速度及时调整工作重点，充分发挥自身的经济只能以带领村民共同致富，实现农村现代化。

政策作为政党或国家为实现一定的目标或任务而制定的相关行为准则，是实现有序治理的高效统治手段。新中国成立初期，在乡村面积广阔，农村人口比重大的现实条件下，中国共产党正是依靠政策将分散且孤立的农民密切联系到党和国家各项工作当中的，在广大农村地区建立了基层组织，学术界一般将这一过程归纳为“政策下乡”。政策的制定和实施都是以政治力量为支撑，长期以来国家制定的各项“三农”政策在很大程度上支配着农村和农民的命运，而农民也形成了服从政策的意识，推动了农村社会的规范化、组织化，也大大提高了农民对党和国家的认同感。在当前乡村治理的现实情境中，仍然存在村干部贿选、扰乱民主选举的现象，还有部分村庄因大量青壮年人口外出务工，“空心化”日益严重而陷入“少数人自治”，村民参与度不高的尴尬局面，这些现象或是直接或是间接地表明了制度漏洞的存在。虽然近年来中央频频出台各项惠农、利农政策，不断加大扶持力度，但依旧存在一些倾注了大量资源仍发展缓慢的特殊地区。这是因为，政策与生俱来的宏观性决定了其在乡村治理中无法彻底的具体化、乡土化，即在乡村的实际治理实践中，不是村干部的每一项行为都能找到与之对应的行为准则或政策规定，政策不完全性的存在使现行制度并不能完整的覆盖“微权力”的实际使用范围，这就导致了百姓口中的“上有政策，下有对策”。因此，我们可以认为，村干部掌握的“微权力”在乡土社会中的实际运行过程并不完全由中央所决定，而是受当地的“地方政策”和“乡土规则”影响较大，有时会偏离原本既定的政策路线。

学者费孝通在《乡土中国》中曾这样描述：“中国社会是乡土性的，直接靠农业谋生的人粘在土地上的。在地方性的限制下，乡村成为生于斯、长于斯、死于斯的社会。”基于此，“熟悉”变成了乡土社会的典型特征，“熟人社会”也成为学术界描述中国乡村社会性质的经典论述。在乡村社会中，血缘关系和亲情纽带构成了社会秩序的基础，人们会因为“熟悉”而产生信任，进而去认可他人提出的观念或做出的行为，并在未来的生活中自觉维护这种“信任”，在一代又一代的更迭中，这种“非正式的规则”被反复加强成为大众默认的“地方共识”。

与公众社会不同，熟人社会经历长久的发展后形成了独特的行动逻辑，在这其中，人情机制起到了核心作用，将散漫的农民群体紧紧维系在同一张微观关系网络中。在熟人社会中，人情并不是指一个人的感情如何，而是一种人与人之间的关系。费孝通对此的解释是："好像把一块石头丢在水面上所发生的一圈圈推出去的波纹。每个人都是他社会影响所推出去的圈子的中心。"人情的运用是一种持续性的此消彼长，人们之间的互相"亏欠"构成了网络式的"人情关系网"，不论是日常生活中的互帮互助还是婚丧嫁娶等仪式活动中人情往来，通常很难精准的"偿还"自己所亏欠的人情。以任意时间为截点，在该截点下人情交往必然存在着盈亏，这就等价于熟人社会中长期存在着"未偿还"的人情。基于此，熟人社会的人际交往普遍遵循着"报"的逻辑，一个行为会引发多个层面的人情亏欠，这种亏欠并不是单纯的经济性或政治性，而是多维度下权利和义务的交织。熟人社会是立体的，人情机制的存在维系了熟人社会的秩序，乡村社会中的每一个个体都被笼罩在"微权力"下的熟人关系网中。他们既是人情机制约束的对象，也是推动人情机制日益规范的监督者。在乡村社会中，礼治的特点更多表现为：没有正式的制度规则，礼治化身为村规民约通过道德约束力潜移默化的发挥作用，"无讼"是礼治秩序下调解矛盾、化解冲突的主要方式。受传统礼治秩序的影响，村民在日常生活和工作中逐渐形成了"礼尚往来"式的思维定式，他们并没有将这种互惠往来、"送礼办事"的行事风格看作是"贿赂""腐败"的表现，而是一种增进彼此情感，强化集体意识的表现。

二、村干部"微腐败"的经济差异性实证检验

本书使用的数据来源于课题组成员于 2019 年 8 月为分析村干部"微腐败"行为的影响因素在浙江省 S 县进行的问卷访谈调研，并结合当地农林部门、乡镇（街道）的相关数据。S 县下设 4 个街道 10 个镇 1 个乡，共有 452 个村委会，年末总人口数为 726 304 人。本次调研采取分层抽样的方式，以村干部为调查对象，在各乡镇（街道）分别发放 15 份问卷，共计发放问卷 225 份，回收有效问卷 213 份，问卷有效率为 94.67%。本次调研的主要内容分为村干部个人情况、所在村情况三部分，其中村干部个人情况主要包括：所担任的职务、主要错误事实、受到的处分及其他基本情况；所在村情况主要包括村集体经济收入、村庄区位、村主导产业等，以便深入研究有序和无序环境下村干部的"微腐败"行为。

（一）研究假设

按照环境犯罪学、社会心理学等相关领域的研究成果，村干部“微腐败”的滋生会受到无序社会环境、不良制度设计等外部因素的影响，并逐渐内化为个体的不良行为习性。但同时，作为一种不构成犯罪的“微”行为，村干部的“微腐败”经常受到乡村经济社会生态和制度安排基层自由裁量的有意回避。因而，在探析村干部“微腐败”行为滋生的影响因素时，不仅要考虑其与某些可能诱发腐败或提供腐败滋生土壤的无序环境之间的关联性，还要考虑其与在乡村经济社会发展的特定生态中形成的习俗、惯例、规则等有序环境之间的关联性。

在无序环境影响因素方面，当前，我国乡村经济社会正处于加速转型的进程中，旧秩序被打破，新秩序尚未建立完善，这就导致一种事实上的暂时性“无序”状态，因而，适合采用“破窗理论”来进行关联性分析。基于环境犯罪学、社会心理学等领域对无序环境与人的不良行为之间关联性的早期研究成果，围绕“无序是否与犯罪存在相关性？如果相关，对无序的干预会降低犯罪的发生吗？”[①] 这两个核心问题，美国政治学家詹姆斯·威尔逊（James Q. Wilson）和犯罪学家乔治·凯林（George L. Kelling）于1982年提出了“破窗理论”（Broken Windows Theory），揭示出了某些犯罪与具有诱发性的外部环境之间存在相关性[②]。该理论以“破窗”为隐喻，当某个公共建筑的一扇窗户被损坏且没有得到及时修理，那么该建筑的其他窗户也会陆续损坏。这是由于破损的窗户给人们造成了一种无人管理的心理暗示，即使损坏其他窗户也不会付出额外的代价。由于这一理论在治安与犯罪防控方面的有效应用，得到了法律实务界的认可和学术界关于环境犯罪学的研究热潮，也激发了这一理论自身的丰富和发展。当然，这并不表明外部环境是引发犯罪的唯一因素，但它的确可以对一个人产生强烈的暗示性和诱导性。借助这一理论框架，在乡村经济社会转型期暂时性“无序”环境中，村干部“微腐败”行为会与职务竞选、地理区位、产业调整等因素构成某种关联性。据此，我们提出3个研究假设：

---

① 李本森：“破窗理论与美国的犯罪控制”，《中国社会科学》2010年第5期，第154－164页。

② Wilson, J. Q., Kelling, G. L. (1982). Broken Windows: The Police and Neighborhood Safety. *The Atlantic Monthly*, 249 (03), 29－38.

H_1：在经济快速发展阶段，村庄及其治理处于旧制度被打破而新制度尚未完善的暂时性“无序”状态下，担任特定职务的村干部更容易借机利用所掌握的“微权力”做出以权谋私的“微腐败”行为。

H_2：位于市区的农村和位于郊区的农村之间因其区位不同而存在明显的发展差异，因而其村干部“微腐败”行为的类型也会有所不同。

H_3：村庄处于产业结构转型升级阶段时，村干部能够接触到的资金和资源不断增多，且相关管理制度尚不完善，更容易受外部环境诱惑而做出“微腐败”行为。

在有序环境影响因素方面，乡村是一个“熟人社会”，长期以来形成了“礼尚往来”的习俗与传统。在农业农村现代化进程中，这些交往行动惯例依然是乡村经济发展与社会治理事务中被公众默认的潜在“规则”。与此同时，在国家“三农”发展战略安排中，基于“下乡”资源的分配和使用，乡村社会及其治理中形成了所谓的“分利秩序”，“这种非正式的资源分配规则取代国家资源分配的正式规则，成为人所共知的‘潜规则’，人们已经接受或至少不会反对这种利益分配方式。”[①] 这也就事实上构成了乡村社会某种“有序”环境，村干部“微腐败”行为的发生就不完全适用环境犯罪学中无序环境的设定，因而，更适合采用社会心理学研究中的“社会学习理论”来解释在有序环境中村干部“微腐败”滋生的影响因素。美国心理学家阿尔伯特·班杜拉（Albert Bandura）在 1977 年提出的社会学习理论认为个体学习他人行为存在三种机制：联结、强化和观察学习[②]。在观察学习机制中，环境中的他者是一个重要的信息来源，人们仅通过观察他人或模仿榜样就可以学习某种社会态度和行为。在强化机制中，个体会通过观察他人做出某种行为所得到的奖励或惩罚后果来选择是否以及怎样做出相同或相似行为。借助这一理论框架，在“礼尚往来”习俗和“分利秩序”规则构成的“有序”环境中，村干部“微腐败”行为会与履职中同僚行为惯例、产业发展中多方分利规则等因素构成某种关联性。据此，我们提出 2 个研究假设：

H_4：在村干部履职过程中，其所处的熟人工作环境和观察到的其他同僚行为都会对其产生一定的心理暗示作用，“随大流”地做出不同类型的“微

① 王海娟、贺雪峰：“资源下乡与分利秩序的形成”，《学习与探索》2015 年第 2 期，第 56－63 页。

② Bandura, A. *Social Learning Theory*. Prentice Hall. 1977.

腐败”行为。

H_5：在大众默认的“分利秩序”潜规则下，面对各项惠农、利农政策带来的资金和资源，作为既得利益者的村干部会“合理地”做出“微腐败”行为。

（二）描述性统计

对全样本进行描述性统计后得到表5－1，从统计结果可以看出本次调查的被访者以男性（98.6%）为主，女性仅占到了1.4%。做出“微腐败”行为的村干部整体年龄偏大，主要集中在51～60岁，最小值为38岁，最大值达到了75岁。而他们的学历普遍以初中和高中为主，分别占到了54.5%、34.3%，少数（5.6%）具有大专以上学历。除了村干部的自身特征外，调研数据还统计了村干部所在村庄的基本情况。在调查中，87.3%的被访者所在村庄位于郊区，位于市区的村庄较少。这些村庄大多以农业为主导产业，从事工业或服务业的村庄仅占21%。村与村之间的集体经济收入差距较大，最低值仅有16万元，最高值达到了658万元，多数村2018年村集体收入集中在50万元以下。从表5－1可以看出，44.13%的村庄2018年集体收入在50万元以下，仅有7.98%的村庄2018年集体收入在201万元以上。

表5－1　全样本描述性统计

变量		频数	百分比	变量		频数	百分比
性别	男	210	98.59%	村庄区位	市区	27	12.68%
	女	3	1.41%		郊区	186	87.32%
年龄	50岁及以下	68	31.92%	村主导产业	农业	168	78.87%
	51～60岁	94	44.13%		工业	23	10.80%
	61～70岁	49	23.00%		服务业	22	10.33%
	71岁及以上	2	0.94%				
文化程度	小学及以下	12	5.63%	2018年村集体经济收入	50万元及以下	94	44.13%
	初中（含中专）	116	54.46%		51万～100万元	59	27.70%
	高中	73	34.27%		101万～150万元	33	15.49%
	大专及以上	12	5.63%		151万～200万元	10	4.69%
					201万元及以上	17	7.98%

被访者所担任的职务主要可以分为村委会主任、村委会委员、村监委主任和村党支部书记4类，其中村党支部书记所占比例最高，达到了45.5%。根据图5－1可以看出这些村干部“微腐败”行为的具体类型较多，共有16

种。其中，违规招投标所占比例最高为 16.8%，其次是私分社保指标占比 12.6%，违规处置村集体财产占比 12.1%，违反“三资”管理规定占比 10.7%，受贿占比 9.8%，私设会计账簿占比 9.3%，职务侵占占比 6.5%。其他种类还有占用集体资源、滥伐林木、违反民主决策、污染环境、挪用资金、扰乱换届选举、贪污、不正当的两性关系、公款旅游，占比皆在 3.5% 以下。

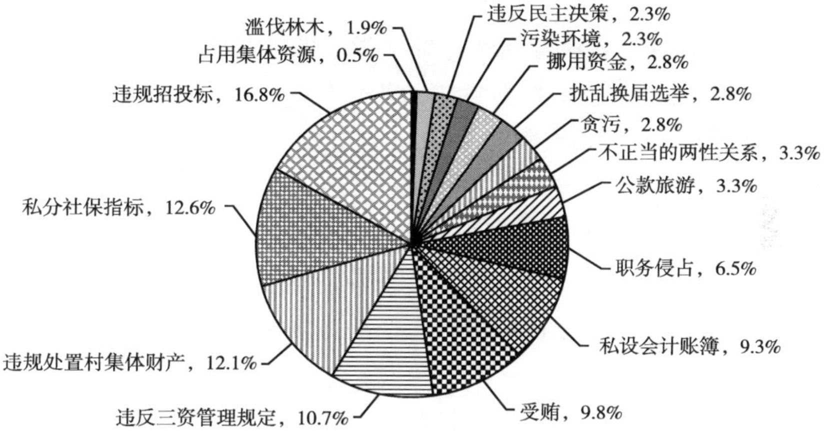

图 5－1　村干部“微腐败”行为的具体类型统计饼状图

绝大部分被访者在“微腐败”错误后，都得到了不同程度的党内处分，有 22 人仅受到了行政处分。图 5－2 显示出乡镇政府对于村干部“微腐败”的处分整体偏轻，约有 62.5% 的被访者获得了警告或严重警告处分，14.7% 的被访者被撤销了党内职务，较为严重的留党察看和开除党籍处分的被访者都占到了 11.4%。

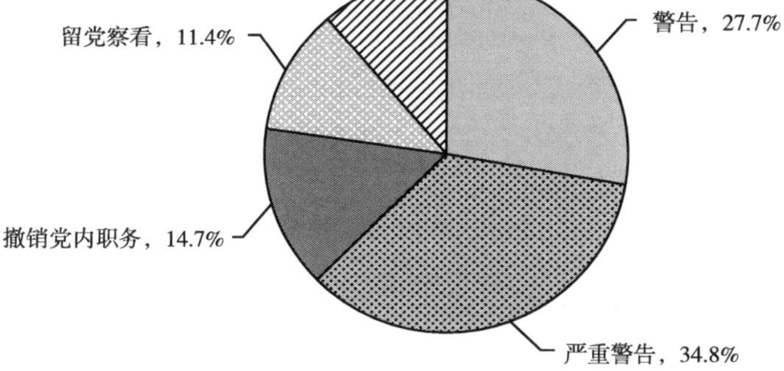

图 5－2　村干部“微腐败”后党内处分统计饼状图

（三）变量界定

通过整理数据和参考有序 Logit 回归模型的相关研究，本书将村干部“微腐败”的主要错误事实作为被解释变量，把解释变量归为自身条件和村庄条件两大部分，来探究农村基层干部做出不同“微腐败”行为的影响因素。

1. 被解释变量。

由图 5－1 可以直观地看到被访者“微腐败”行为的具体种类较多。为了便于进行回归分析，本书根据定义和党纪党规对“微腐败”行为的种类进行了整合。合并后共有四大类：第一类指刑法有规定但未达到犯罪标准的“微腐败”行为，包括贪污、职务侵占、受贿、挪用资金；第二类指损害集体利益的“微腐败”行为，包括违规处置村集体资产、违规招投标、违反三资管理规定、私设会计账簿、占用集体资源；第三类指损害群众个人利益的“微腐败”行为，包括私分社保指标、扰乱换届选举、违反民主决策；第四类指其他行为，包括滥伐林木、污染环境、公款旅游、不当两性关系。针对这四类行为分别赋值，将被解释变量作为多分类变量引入模型。

2. 解释变量。

（1）自身条件。担任何种职务。根据国家规定，村干部的职务可以分为党内职务和行政职务两类。本次调查中被访者的党内职务以党支部书记为主，行政职务主要包括村民委员会委员、村民委员会主任以及村监委主任三种类型。能否将群众利益和集体利益放在首位对村干部来说尤为重要。

是否担任其他兼职。除了上文中提到的职务外，为维持村务工作有序开展，各行政村根据当地政府所实行的《村级财务管理制度》设立会计、出纳和经济合作社社长等职务。本次调查中，不少村民委员会委员兼任村内出纳或会计职务，村党支部书记大多兼任经济合作社社长。

（2）村庄条件。村庄区位。根据表 5－1 的描述性统计可知，被访者所在的村庄或位于市区或位于郊区。位于市区的村庄有较为充足的发展资源和发展机会，在经济利益的诱惑下，村干部做出“微腐败”行为是否会有显著变化。

村主导产业。本书引入虚拟变量 Industry1、Industry2 分别代表以农业为主导产业和以工业为主导产业，用来考察不同主导产业是否对村干部“微腐败”行为存在影响。

村集体经济收入。此变量直接反映了一个村经济发展水平的高低。村集体经济收入较高意味着该村经济发展态势良好，村干部工作到位，能够积极带领全村人民走上致富道路。在集体经济收入较低的村，则需要村干部进一步提升工作能力，充分利用当地资源推动产业转型升级。见表 5 - 2。

表 5 - 2　　　　变量定义及赋值

	名称	赋值	均值	标准差
被解释变量	“微腐败”行为	刑法有规定但未达到犯罪标准的微腐败 = 1，损害集体利益的“微腐败”行为 = 2，损害群众个人利益的“微腐败”行为 = 3，其他行为 = 4	2.18	0.89
解释变量	职务	村委会委员 = 1，村委会主任 = 2，村监委主任 = 3，村党支部书记 = 4	2.64	1.32
	是否担任兼职	是 = 1，否 = 0	0.52	0.50
	村庄区位	市区 = 1，郊区 = 0	0.17	0.33
	Industry1	农业为主导产业 = 1，非农业为主导产业 = 0	0.79	0.41
	Industry2	工业为主导产业 = 1，非工业为主导产业 = 0	0.11	0.31
	村集体经济收入	Ln（2018 年村集体经济收入）	4.05	0.92

（四）实证分析

在对 S 县行政村的村庄条件和村干部自身条件进行描述性分析的基础上，采用有序 Logit 模型进行回归分析。

本书首先进行了平行性检验（Test of paraller lines），得到结果如表 5 - 3 所示，平行性检验 $\chi^2 = 22.386$，$P = 0.071 > 0.05$，说明平行性假设成立，即各回归方程相互平行，可以进行有序 logit 回归分析。

表 5 - 3　　　　平行性检验结果

Model	- 2Log Likelihood	Chi - Square	df	Sig
Null Hypothesis	494.113			
General	471.727	22.386	14	0.071

本书使用 Stata14.0 对数据进行回归分析，在 Logit 回归模型中，常用似然比检验（likelihood ratio test）来判断模型是否统计性显著，而似然比统计量近似地于服从 χ^2 分布（Willam H. Green，1990）。有序 Logit 回归结果（表

5-4）显示似然比检验的统计量χ^2的值为21.14，而$P\{\chi^2>21.14\}=0.002$，小于边界值0.05，即检验结果落入了拒绝域，故可推翻原假设，认为所建立的Logit模型是合理的。

表5-4　村干部“微腐败”行为影响因素的有序Logit回归模型结果

“微腐败”行为	Coef.	St. Err.	t-value	p-value	[95% Conf Interval]	
职务*	0.211	0.11	1.92	0.055	-0.005	0.427
是否担任兼职	-0.396	0.289	-1.37	0.17	-0.962	0.169
村庄区位**	-1.148	0.454	-2.53	0.011	-2.038	-0.258
industry1*	0.854	0.478	1.79	0.074	-0.082	1.791
industry2**	1.462	0.601	2.43	0.015	0.284	2.64
村集体经济收入	0.194	0.163	1.18	0.236	-0.127	0.514
Constant	0.418	0.917			-1.379	2.215
Constant	2.805	0.942			0.959	4.651
Constant	4.055	0.961			2.172	5.938
Mean dependent var	2.178			SD dependent var	0.893	
Pseudo r-squared	0.040			Number of obs	213.000	
Chi-square	21.135			Prob > chi2	0.002	
Akaike crit.（AIC）	519.202			Bayesian crit.（BIC）	549.454	

注：***表示在显著性水平1%下显著，**表示在显著性水平5%下显著，*表示在显著性水平10%下显著。

从表5-4可以看出，职务、村庄区位、村主导产业是影响村干部做出不同“微腐败”行为的显著因素。

为了进一步确定模型的稳健性，本书使用robust test得到结果如表5-5所示，似然比检验的统计量χ^2的值为24.71，$P\{\chi^2>21.14\}=0.000$，小于边界值0.05，变量职务和村庄区位的显著性有所提高，村主导产业显著性未发生变化，三个变量的系数方向均未发生变化。

表5-5　有序Logit回归robust test

“微腐败”行为	Coef.	St. Err.	t-value	p-value	[95% Conf Interval]	
职务**	0.211	0.1	2.10	0.035	0.014	0.408
是否担任兼职	-0.396	0.276	-1.44	0.151	-0.937	0.145
村庄区位***	-1.148	0.425	-2.70	0.007	-1.982	-0.314

续表

“微腐败”行为	Coef.	St. Err.	t - value	p - value	[95% Conf Interval]	
industry1 *	0.854	0.511	1.67	0.095	-0.147	1.856
industry2 **	1.462	0.604	2.42	0.015	0.278	2.645
村集体经济收入	0.194	0.163	1.19	0.234	-0.125	0.513
Constant	0.418	0.971			-1.486	2.321
Constant	2.805	0.982			0.879	4.73
Constant	4.055	1.007			2.082	6.028
Mean dependent var	2.178			SD dependent var	0.893	
Pseudo r - squared	0.040			Number of obs	213.000	
Chi - square	24.711			Prob > chi2	0.000	
Akaike crit.（AIC）	519.202			Bayesian crit.（BIC）	549.454	

职务因素对村干部“微腐败”行为的影响系数为正，且在5%的水平下显著，可以看出村干部的职务不同确实对“微腐败”的行为类型有着一定影响，这一结果证明了前文中提出的 H_1 假设是成立的。村干部的职务越高，所做出的“微腐败”具体行为越复杂，村委会委员倾向于做出刑法有规定但未达到犯罪标准的“微腐败”行为，村党支部书记倾向于做出滥伐林木、污染环境、公款旅游、不当两性关系等其他“微腐败”行为。在 H_1 假设成立的基础上，我们看到，无论是“礼尚往来”的习俗环境还是长期工作过程中其他同僚的潜在行为，都会对村干部产生直接影响，促使他们通过观察他人行为以及这种行为是否会带来惩罚性后果来决定自己是否做出“微腐败”行为，在这种替代强化效应的作用下，他们更容易借机利用所掌握的“微权力”做出以权谋私的“微腐败”行为，因此可以推断出 H_4 假设也是成立的。

村庄区位对于村干部“微腐败”行为的影响系数为负，且在1%的水平下显著，据此可以支持研究假设 H_2：位于市区的农村和位于郊区的农村之间因其区位不同而存在明显的发展差异，因而其村干部“微腐败”行为的类型也会有所不同。市区与郊区相比，所获得的发展资源和发展机会更多，村集体经济收入较高。村干部所面对的是丰厚的集体财产，所以此类人群的“微腐败”行为更多集中于经济方面，例如：贪污、挪用资金、违规招投标等。村庄位于郊区的村干部，因为地理位置偏远，村集体所能获得的经济收入不高，心术不正又有权力的村干部更倾向于牺牲环境来增加经济收入，容易做出滥伐林木、污染环境等这种间接获得收益的“微腐败”行为。

村主导产业与村干部的“微腐败”行为存在显著地正相关的关系，且分别在5%和10%的水平下显著，据此可以支持研究假设 H_3 和 H_5，即村庄处于产业结构转型升级阶段时，村干部能够接触到的资金和资源不断增多，且相关管理制度尚不完善，更容易受外部环境诱惑而做出“微腐败”行为。在大众默认的“分利秩序”潜规则下，不少村干部在具体分配中贪污或挪用本应发给各家农户的资金来满足个人需要，进而构成了“微腐败”行为。尤其是当下不少行政村的产业结构逐渐转变，开始引进工业项目和企业，可能会因为设备不够先进或为了达到规定的生产目标而对环境造成一定破坏。

三、治理村干部“微腐败”的三治融合路径

当前，我国正处在百年未有之大变局，乡村治理正处在治理能力和治理体系向现代化转型的过程中，对村干部行为进行有效约束是推动全面从严治党向基层延伸，覆盖到“最后一公里”的重要任务，找出村干部“微腐败”产生的内在规律有利于我们从根源入手，“对症下药”探寻“微腐败”的治理之道，即以“自治”“德治”“法治”为基础的融合性治理路径。“三治融合”的乡村治理体系是新时代“以人民为中心”价值立场的体现，推动乡村治理结构整体优化、实现乡村治理目标系统转化，推动政府联合社会力量在建构制度供给与内生秩序的联通机制、形成振兴乡村的现代化治理体系和设计治理民生化为导向的政策方面深入推进“三治融合”。

第一，完善村民自治制度，防止基层民主形式化。健全村民自治体系组织架构，拓宽村民自治渠道和空间。乡村治理的本质是社会公共资源在农村地区进行配置，把村民自治向深处推进，有利于激发和调动农民生产生活积极性、有助于农村社会的稳定发展，为国家的长治久安营造良好的环境的制度优势，为未来农业农村发展提供有力的组织支撑。村务民主化管理是推进村民自治的基础性工作，而且是建设新农村的必由之路。应当积极探索民主管理新模式，为村民行使重大村务知情权、参与权、决策权和监督权，提供现实平台。在涉及农民利益的公共事宜上，要防止乡镇政府或村委会越过村民意见直接作出决定，或者被村里的宗族势力或大户操纵。不断完善科学议事制度，做到公共事项“一事一议”，做到每项村务、每笔支出“公开化”

“透明化”，让村民的意见得到充分抒发，激发农村发展新活力。

第二，构建新型礼治秩序，破除熟人社会“潜规则”。构建村干部“微腐败”零容忍的社会环境。村干部“微腐败”行为难以根除的一大原因在于乡村人情社会下村民群众对于“微腐败”模糊的界定与暧昧的态度，长此以往便形成了“礼尚往来”的习俗与传统。因此，我们亟须破除乡村地区陈旧的礼俗观念，引导村民树立正确的行为方式和处事观念，增强村民的文化素质和政治意识，培养村民对村干部工作或生活中发生的各类“微腐败”行为零容忍的态度，从而起到净化基层政治生态的关键作用。深入挖掘乡村社会中的道德力量，通过村规民约等社会规范，弘扬社会主义核心价值观，增强乡村发展软实力。

第三，强化权力监督机制，规范村干部治理行为。法治为本，要把乡村治理各项工作纳入法治化轨道，更好统筹多方社会力量、调节个体利益关系、规范生产生活行为。尤其是要把实践中的成熟经验做法制度化，以“良法”求“善治”。加强宣传教育是约束村干部行为的基础性工作，只有在思想上重视才会在行动中有所体现。村干部经由村民代表大会选举产生后，基层政府应当对其进行专项培训和科普教育，提升其思想素质、党性修养，保证其充分了解我国现行的党规党纪。同时重视警示教育，引导村干部树立正确的法制和职业道德观念，强调“微腐败”带来的严重后果，减少效仿性“微腐败”行为。在日常考核中，通过基层政府评价和村民推荐选出村级党组织带头人，发挥正向的模范带头作用。规范村务公开，加强民主评议、村干部任期和离任经济责任审计，加强了对村干部用钱用权行为的监督。除了加强对村干部自身的约束外，还需要重视群众对村干部的监督作用。加快建立健全有章可循、务实管用的村务监督机制，让村务监督走向日常化、常态化、制度化，为从源头上遏制农民群众身边的不正之风和腐败问题、促进农村和谐稳定提供有力保障。

第六章

治理智慧：乡村治理前沿理论的试验场（下）

第一节　协同性治理：乡村治理与发展的共轭

我国素有“乡村治则百姓安，乡村稳则国家稳”之说。乡村的治理工作和发展层次作为当前我国治理和发展体系中的“短板”，在一定程度上影响着国家治理的整体水平与国家现代化发展的进程。当前适逢百年未有之大变局，在现阶段国家乡村振兴战略的要求下，乡村治理和乡村发展的有效性主要体现为：秩序良好、产业兴旺、乡风文明、生态宜居和生活富裕等。

在当前乡村振兴议题中，治理与发展概念频繁共同出现，均受到各界的高度重视，但存在将两者混同的现象。治理的本意为政府行为方式，以及通过某些途径用以调节政府行为的机制，是政府的管理工具。在乡村这一场域中的治理，其统治机制并不能只依靠政府的权威和制裁，它所要创造的结构和秩序不能从外部强加，其作用的发挥要依靠多种进行统治的以及互相发生影响的行为者的互动①，既包含各级政府、乡村基层自治组织以制度、政策和规则约束进行施力，亦包含社会组织和企事业单位参与到乡村治理中去，农民群众也是自下而上的重要参与者，因此乡村治理过程的本质是各主体方的协同过程。发展的根源是事物的内部矛盾带动引发的推进，在乡村振兴背景下，乡村发展从混同体中抽出后，其核心关键词为“经济”，表现形式则为“产业”，产业的经济逻辑规律与城乡发展关系相耦合，因此乡村发展概

① ［英］格里·斯托克、华夏风：“作为理论的治理：五个论点”，《国际社会科学杂志（中文版）》1999 年第 1 期，第 19－30 页。

念和事务领域虽收窄于经济，外在为产业，但其和乡村治理同样需要多主体协同。

乡村治理与乡村发展概念在以上程度的互相抽离后，仍存在较为紧密的联系。一方面，在具体的乡村经济发展事务中，需要乡村治理内生性自治力量的有效展开和其与外生性行政化治理力量的有机结合，另一方面，乡村自治力量的公共性体现则需要经济发展成果支撑，而乡村经济的发展格局决定了层级治理关系中的具体架构。

“轭”原意为畜力车中固定代步动物的横木，同时拉一辆车的两头牛，则为共轭关系。在本书体系中，共轭关系延伸为按一定的规律相配主体间的逻辑关系，治理和发展的共轭关系的实质是上层建筑与经济基础之间的关系，既对立又统一，当且仅当合力一致时，才有利于国家治理和发展现代化的战略目标。治理与发展的所共之轭的具象化正是集体经济。农村集体经济作为体现社会主义公有制性质的基本经济制度形式之一，其运行活动协调着乡村内外环境的发展关系，同时贯穿着乡村对上层级政府与下层村民主体的治理关系。一方面，当前集体经济发展逻辑包含政府主导上对下“项目制”落地式和村庄自主内生式，该过程中集体经济与乡村的嵌合塑造了空间区域视角下乡村的发展命运；另一方面，村集体的经济产权制度和经济组织模式则很大程度上深度厘清了乡土社会关系，奠定了乡村治理效能再构建的架构基础。

乡村的集体经济是我国公有制的重要组成部分，其包含以下虚化要素：集体所有制结构、集体资产产权结构、集体经济组织形式、集体经济运行方式等；也包含实化要素：集体土地、集体林木、集体设施等。

我国集体经济走过了各具时代特点的阶段：计划经济时代、改革开放后的乡镇企业时代、分税制后的退热时代和现今集体经济新机遇时代。回顾我国各阶段围绕集体经济经营进行的治理与发展轨迹可以发现，以集体经济为核心抓手的乡村发展逻辑是内外区域单元视角下乡村发展命运的不断适配，乡村治理逻辑是上下跨层级乡村治理结构的动态调整。当前农村集体经济总体取得一定发展，2017 年全国村均集体经济组织收入已达 82.2 万元①，然而两极化现象极为显著，发展水平、收入结构、负债率等指标的背后反映的是

---

① 张立、郭施宏：“政策压力、目标替代与集体经济内卷化”，《公共管理学报》2019 年第 3 期，第 39－49，170 页。

各地乡村发展规划与治理效能协同能力的差异，那么集体经济是如何决定治理与发展合力的协同性的呢？

一、集体经济质心：产权制度与组织形式

集体经济属于劳动群众集体所有、实行共同劳动、在分配方式上以按劳分配为主体的社会主义经济组织，在我国，集体经济是公有制经济的重要组成部分。农村集体经济实行乡镇、行政村、村民小组的三级所有，土地、林木、水利设施等为集体所有，农民盖房的宅基地为无偿划拨。我国农村集体经济分为传统农村集体经济和新型农村集体经济两种类型。集体经济面临资产产权界定模糊并因此而损害其经济效率，同时集体经济组织形式和收益分配不受相关成文法律条文约束或保护，集体经济基础的薄弱势必影响乡村治理结构与发展路径。随着 2018 年开始的集体资产清产核资工作的展开，集体资产的土地等资源性资产，集体统一经营的经营性资产，公共服务的非经营性资产三类具象化要素清点完毕，截至 2019 年底，全国拥有农村集体资产的 5 695 个乡镇 60. 2 万个村 238. 5 万个组，共计 299. 2 万个单位，完成 1. 2 亿张报表在线数据报送。全国农村集体家底基本摸清，有以下几个特征：①资产总量庞大。全国共有集体土地总面积 65. 5 亿亩，账面资产 6. 5 万亿元，其中经营性资产 3. 1 万亿元，占 47. 4%；非经营性资产 3. 4 万亿元，占 52. 6%。集体所属全资企业超过 1. 1 万家，资产总额 1. 1 万亿元。②固定资产占比近半。固定资产为 3. 1 万亿元，其中 2/3 是用于教育、科技、文化、卫生等公共服务的非经营性固定资产。③资产高度集中在村级。村级资产 4. 9 万亿元，占总资产的 75. 7%，村均 816. 4 万元；乡镇、组级资产总额分别为 0. 7 万亿元和 0. 9 万亿元，分别占比 11. 2% 和 13. 1%。④集体经济实现“强体壮身”。许多村将近年来财政项目投入到集体经济组织形成的固定资产纳入账内管理，清理了一批有失公允的经济合同，核销了一批债权债务，盘活了一批闲置资产，丰富了集体经济发展路径。[①]

庞大的集体具象化资产为乡村发展提供了巨大潜力，而如何对其进行有效利用和围绕利用活动的治理行为是集体经济能否发挥协同治理与发展功能

---

① 农业农村部：《关于农村集体资产清产核资报告》，2019 年版。

的关键。

（一）健全村集体经济产权制度

所谓“产权制度”，就是制度化的产权关系或对产权的制度化，是划分、确定、界定、保护和行使产权的一系列规则。“制度化”的含义就是使既有的产权关系明确化，依靠规则使人们承认和尊重，并合理行使产权，如果违背或侵犯它，就要受到相应的制约或制裁。而现代产权制度是权责利高度统一的制度，其基本特征是归属清晰、权责明确、保护严格、流转顺畅。产权主体归属明确和产权收益归属明确是现代产权制度的基础；权责明确、保护严格是现代产权制度基本要求；流转顺畅、财产权利和利益对称是现代产权制度健全的重要标志。

集体产权包括对集体资产的占有、使用、收益和处置，因而兼具经济功能与社会属性。《关于稳步推进农村集体产权制度改革的意见》（2016）规定集体资产包括：以集体所有的土地和山林等为代表的资源性资产、以农业基础设施和集体企业等为代表的经营性资产、以用于公共服务的文化和卫生资源为代表的非经营性资产，乡村内各资产要素潜在价值被挖掘，而迅速转变为货币形态资产，对于资产新增部分价值的分配，产权归属成为首要问题，乡村内部治理将围绕其集体产权包括集体成员资格和集体资本收益分配两项议题。

集体成员界定通过产权格局重构再塑了基层治理结构。家庭人员变动带来的产权调整和农村人口外移引致的城乡生产要素的交易重组，需要治理方厘清组织产权关系，而清晰的产权界定包括三个基本要素：一是每份财产分配给明确的所有者，并且所有权具有排他性；二是财产所有者获得资产增值和剩余收益；三是所有者拥有控制和决定现有资产使用的权利、调整资产结构的权利以及销售和出租财产的权利，集体产权界定将使得乡村人口社会形态空前清晰，基于集体成员资格认定的治理单元科学划分能推动以低制度成本推动降低治理成本，形塑起健康的内部治理结构，这是产权排他性为治理带来的结构与成本优势，然而排他性的过度强化毫无疑问会影响治理效能。当前集体经济组织成员资格审定的实践模式大致按照产权的“排他性”与基层民主的“自治性”分为四种模式：封闭自治型、封闭共治型、开放自治型和开放代治型。界定模式的异化由乡村集体内因所致，包括集体经济发展程度和村民自治倾向与习惯，如何平衡排他性产权结构造成的成员利益与过程冲突是当前集体经济产权制度重塑“行政—自治”治理结构的又一轮深化改革。

集体经济收益产生于两方面：一是集体经济以集体企业形式进行市场经营活动；二是集体整合资源以服务形式从市场获得要素出租收入。收益分配活动具体包括分配原则、分配单元、分配顺序和分配目的，实现村集体保障与公共服务供给。

1. 村集体产权现代化：三权分置。

现代产权制度是权责利高度统一的制度，包含所有权、占有权、支配权、使用权、收益权和处置权。其基本特征是归属清晰、权责明确、保护严格、流转顺畅。产权主体归属明确和产权收益归属明确是现代产权制度的基础；权责明确、保护严格是现代产权制度基本要求；流转顺畅、财产权利和利益对称是现代产权制度健全的重要标志。

“三权分置”思想是指形成所有权、承包权、经营权三权分置，经营权流转的格局。“三权分置”下，所有权、承包权和经营权既存在整体效用，又有各自功能。从当前实际出发，实施“三权分置”的重点是放活经营权，核心要义就是明晰赋予经营权应有的法律地位和权能。三权分置后的经营权放活有利于土地等具象化要素的灵活配置，有利于解放农村从业人口在小农经济两权合一下的束缚。“三权分置”意在促进和保障农户获取土地的增值利益，其制度功能是实现土地使用权的市场化，而集体经济产权所带来的利益分配区分于一般产权的根本在于集体经济自带的公共性，因此收益分配需要体现集体经济的公共性，为乡村治理的内生性力量提供支撑。

2. 村集体权益保障：公益与自益。

集体成员权是复合型权利，主要包括公益和自益两方面的功能①。农村集体产权的权能拓展使成员自益权得以实现，但也使集体成员的身份性权利和财产性权利日益分离，自益权和共益权之间的张力越来越大，最突出的表现是产权改革后农民集体由封闭变开放，集体成员身份多样化、集体事务管理趋于复杂化，对农村治理体系产生重大冲击。集体产权的现代化过程既为

---

① 肖盼晴：“产权改革背景下农村集体成员权的权利结构与功能实现”，《华中农业大学学报（社会科学版）》2021 年第 3 期，第 146 - 151，第 190 - 191 页。

集体经济发展提供了动力，也对乡村治理提出了精细化的高要求。

“剩余索取权”，是指总收入在扣除所有固定的合同支付后的余额要求权，是所有权的一个重要方面[①]，而村集体经济收益分配中重“分”轻“统”将通过影响村级治理力量而削弱其公益性。股权分配模式一般以个人股和集体股为具象形式，但集体股不利于农村集体产权的明晰，对保障农民财产权益有负向影响，并且存在二次改革问题[②]。只有在兼顾村集体个人自益性和公益性的情况下，村集体的治理才能进入可持续循环。

（二）完善村集体经济组织架构与地位

经济组织是从事经济活动的机构，包括经济实体、市场中介组织、国际经济组织。经济实体是实行独立核算的、具有法人地位的单位，拥有一定的固定资产和流动资金，有固定场所，依法登记开业，自主进行生产和经营活动，自负盈亏，有工厂、商店、农场、公司等具体形式。农村集体经济组织成员如何确定，是农村集体产权制度改革中遇到的普遍性难题，也是频频引发农村集体经济组织与成员纠纷的重要原因。2016 年 12 月 26 日《中共中央国务院关于稳步推进农村集体产权制度改革的意见》（以下简称《意见》）指出，应当“依据有关法律法规，按照尊重历史、兼顾现实、程序规范、群众认可的原则统筹考虑户籍关系、农村土地承包关系、对集体积累的贡献等因素，协调平衡各方利益，做好农村集体经济组织成员身份确认工作，解决成员边界不清的问题”。

当前村集体经济组织与村民自治组织重合度较高，这已成为乡村治理的一种常态，从现代经济组织法的基本原则看，农村集体经济组织应当是指在一定的农村社区内，其农业人口为实现一定的经济目的而设立的组织体。这种组织体不是根据地缘关系和行政管理方式来决定，而是根据其组织章程来决定，同时受国家法规的约束。

1. 农村集体经济多元化组织形态。

到目前为止，尚无法律法规和政策文件对农村集体经济组织给出定义和

---

① 张浩、冯淑怡、曲福田：“‘权释’农村集体产权制度改革：理论逻辑和案例证据”，《管理世界》2021 年第 2 期，第 81 - 94，第 106，第 7 页。

② 孔祥智：“农村社区股份合作社的股权设置及权能研究”，《理论探索》2017 年第 3 期，第 5 - 10 页。

解释。理论界和实务界对于农村集体经济组织的概念内涵、具体范围在认识上也不尽一致。有的认为，农村集体经济组织应当是一个范围很宽的概念，它应当既包括公社型集体经济组织、社区合作型集体经济组织和社区股份型合作型集体经济组织，也包括各种专业合作社和乡镇企业，如农民专业合作社等。有的学者认为，农村集体经济组织不宜过宽，不应包括各种专业合作社和乡镇企业，而应仅包括公社型集体经济组织、社区合作型集体经济组织和社区股份型合作型集体经济组织。农村集体经济组织的表述有一个发展变化的过程，从历史上看，根据1955年通过的《农业生产合作社示范章程》的规定，农业集体经济组织主要就是指农业生产合作社，但该规定已于1987年失效。1986年通过的《民法通则》在第七十四条作了“村农业生产合作社等农业集体经济组织”的表述。但是，农业生产合作社作为计划经济时代的产物，已经不能再适应改革开放以来新的发展形势。因此，目前，《宪法》和绝大部分法律都已经删除、修改了“农业生产合作社”的表述。“农业生产合作社”已经不再适宜作为法律概念出现，自然也不应该再认为农村集体经济组织主要是指农业生产合作社。综合我国《土地管理法》《农村土地承包法》《农业法》《村民委员会组织法》《物权法》等法律的规定，对于农村集体经济组织法人的内涵和外延作以下理解较为适宜：

第一，资产的不可分割性。农村集体经济组织法人是农民集体作为民事主体，在法律主体上的表现形式。农村和城市郊区的土地，除由法律规定属于国家所有的以外，属于农民集体所有；宅基地和自留地、自留山，属于农民集体所有。农民集体所有的土地，由县级人民政府登记造册，核发证书，确认所有权。农民集体作为所有权人，其在法律主体上的表现形式就是农村集体经济组织。因此，农村集体经济组织以土地为中心，以地缘为基础，集体资产属于本集体成员集体所有，不可分割。需要强调的是，随着农村集体经济的发展，农村集体拥有的经营性资产越来越多。根据《中共中央、国务院关于稳步推进农村集体产权制度改革的意见》，将有序推进经营性资产股份合作制改革，将农村集体经营性资产以股份或者份额形式量化到本集体成员，作为其参加集体收益分配的基本依据。改革主要在有经营性资产的村镇，特别是城中村、城郊村和经济发达村开展。已经开展这项改革的村镇，要总结经验，健全制度，让农民有更多获得感；没有开展这项改革的村镇，可根据群众意愿和要求，由县级以上地方政府作出安排，先进行试点，再由点及面展开，力争用5年左右时间基本完成改革。农村集体经营性资产的股份合作制改革，不同于工商企业的股份制改造，要体现成员集体所有和特有的社区性，只能在农村集体经济组织内部进行。也就是说，对于土地等资源性财产，目前由于分产到户，既不能分割也不宜量化成股份或者份额；对于经营性资产，根据群众的意愿可以以股份或者份额形式量化到本集体成员，但只是作为成员参与分配的基本依据，而不是分割到成员个人。

第二，成员的社区性。集体经济组织成员由社区内的农民以土地等集体财产为纽带组成，其加入、退出有特别的程序和限制性规定。农村集体经济组织法人、营利法人和非营利法人最大的区别是，农村集体经济组织法人的成员具有天然性和身份性。所谓“天然性”和“身份性”，是指集体经济组织的成员与土地有依附关系，与农民的身份也有依附关系。因此，农村集体成员的加入、退出与其他法人有很大的区别，营利法人和非营利法人的成员原则上讲都是加入自愿，退出自由；而农村集体经济组织的成员原则上讲，其加入和退出都是与土地和农民的身份密切相关的。从这个角度讲，农村集体经济组织的成员和股份都带有一定的封闭性，不能无限制地自由流动。

第三，组织的稳定性。正如前所述，由于农村集体经济组织具有天然的地域性和社区性，因此，农村集体经济组织非经法律规定不能任意消灭，也不能轻易宣布解散和清算。

第四，职能的特定性。集体经济组织是集体资产管理的主体，农村集体经济组织依法经营、管理农民集体所有的土地；依法在农村土地承包过程中作为发包方对农村土地进行发包，发包本集体所有的或者国家所有依法由本集体使用的农村土地；尊重承包方的生产经营自主权，不得干涉承包方依法进行正常的生产经营活动；依照承包合同约定为承包方提供生产、技术、信息等服务；执行县、乡（镇）土地利用总体规划，组织本集体经济组织内的农业基础设施建设。农村集体经济组织应当在家庭承包经营的基础上，依法管理集体资产，为其成员提供生产、技术、信息等服务，组织合理开发、利用集体资源，壮大经济实力。农村集体经济组织也可以进行投资举办乡镇企业等经济活动。因此，农村集体经济组织的主要功能包括管理集体资产、开发集体资源、发展集体经济和服务集体成员。集体经济组织对外从事经营活动，具有营利性，但对内部成员则为非营利性。同时，不少集体经济组织既承担经济职能，也承担一定的村集体公益性的社会功能。伴随农村经济社会的深刻变化，农村集体经济组织呈现出三个新的特点：一是经营范围日益扩大，由主要从事农业生产经营，向第一、二、三产业融合发展转变。二是服务对象日益扩展，由本集体经济组织成员向所在地区的居民扩展。三是实现形式日益丰富，由“政社合一”的生产队、生产大队、人民公社，向“政社分设”的经济合作社、股份经济合作社等多种形式转变。

也正是因为农村集体经济组织具有以上特征，与其他法人有很大不同，我国法律将农村集体经济组织法人作为特别法人的一种加以规定，并明确规定，农村集体经济组织依法取得法人资格。

农村村民集体从初级合作社到高级合作社，再到人民公社，直至“政社分离”后形成的村民自治委员会和农村集体经济组织等，无不渗透着国家管理、控制农村的政治和社会目的，农村集体经济组织成员生存保障功能的实现以农村集体经济组织成员身份的确认为前提，农村集体经济组织成员资格事关农民的基本民事权利。农民集体是以血缘和地缘关系为主形成的团体，具有一定的排他性特征，集体产权改革是重大的体制创新，其对集体成员权的结构和内容产生重要影响，使成员的财产性权利得以拓展和实现，但也使其与身份性权利的分离日益明显。

股份合作是当前农村集体经济组织产权制度改革的主要形式之一。严格地说，当前股份合作中的“股民”，既不能从商事主体意义上来讨论，也不能从民事主体意义上来说明。股份合作社的法律地位不明确，其原因不在于它无法人地位，而在于一般经济组织的相应法律规则在其中无适用的余地或不完全适用，以这样的规则来衡量，它缺乏相应的法律基础。

针对三权分置产权制度改革后的农村集体经济组织，其按照产权制度安排和治理结构的不同，形成了如下三种形式：有限责任公司、社区股份合作社与经济合作社。以股份合作制为例，股权设置上以集体经济组织成员个人股为主导，体现了劳动者联合的根本属性。在股权界定上兼顾各类集体经济组织成员的利益，股东资格不随意转移与改变体现了集体经济的非资本联合，保证乡村内部治理层级关系清晰，通过制度安排进一步明晰和界定集体产权，在具有企业性质的同时，还负担着村委会或社区的公共服务与社会管理等公共管理职能。

2. 农村集体经济独立性组织地位。

正确理解农村集体经济组织地位，需要区分几对关系：

（1）农村集体经济组织与村民委员会、村民小组的关系。村民委员会与集体经济组织的性质是不同的。村民委员会是村民自我管理、自我教育、自我服务的基层群众性自治组织，担负着办理本村公共事务和公益事业，调解民间纠纷，协助维护社会治安，向人民政府反映村民的意见、要求和提出建议等多种职能。村民小组也具有一定的自治管理职能。因此，村民委员会和村民小组是基层群众的自治组织，主要从事本集体的公益事务，或者受政府委托从事一些管理性事务，不是以纯粹的民事主体身份出现的。而农村集体经济组织是代表村集体从事各种经营活动的组织，其原则上不承担本集体的公益性事务。因此，二者的分工和职能都是不同的。当然，在我国很多地方，特别是中西部农村，由于集体经济不发达，没有成立单独的农村集体经济组织。根据《物权法》《村民委员会组织法》等法律，在这种情况下，可以由村民委员会代行农村集体经济组织的职能，这就形成了“村社合一”，村民委员会“一体两面”的状况。但是，从促进农村集体经济发展的角度看，这种“村社合一”的局面容易导致二者职责不明，关系不清，甚至可能导致少数村委会干部控制集体资产，导致集体资产流失和滋生腐败，这是不利于农村集体经济长远发展的，也不利于农村集体经济的规范运作。因此，村委会与村集体经济组织原则上应当相分离，并从法律上对村委会和农村集体经济组织之间的关系作出更为清晰的规定，突出村委会的公共服务功能，剥离其在农村集体资产管理方面的功能，使之成为单纯的村民自治组织，其所需经费由公共财政和集体经济收益支付，村集体资产经营管理由村集体经济组织全权负责。

（2）农村集体经济组织和农民专业合作社的关系。农村集体经济组织自20世纪50年代起至今，即便是经历人民公社体制、家庭承包经营改革、集体产权量化到成员改革等，始终坚持集体所有和民主管理，其与农民专业合作社的价值取向、组织属性和功能等方面有一定相似之处。但是，两者是不完全相同的。首先，两者的合作基础不同。农村集体经济组织是20世纪50年代农业生产合作化及其后的农村人民公社化后传承下来的组织资源，以社区土地的农民集体所有为基础。农民专业合作社则以生产经营合作为基础，实行跨社区合作。其次，在成员资格的确定上不同。农村集体经济组织成员的资格确定，在实施集体产权量化到成员改革前，不是以自愿参与和承担相应权利、义务而取得成员资格，而是以社区为单位，主要与户籍挂钩，自出生即可获得成员资格；在集体产权量化到成员的改革中，不少地方又往往与土地的第一轮承包挂钩。而农民专业合作社成员的确定，以自愿参与和权利、义务对等为原则。再次，两者的分配方式不同。农村集体经济组织收益首先用于保障社区组织运转、兴办公益事业，在有结余的情况下才在成员中实施分配。农民专业合作社的收益主要用于成员分配，且按交易额分配为主。最后，两者在债务上不同。农村集体经济组织有在政社合一下发展集体经济和承担基础设施、社会事业等公益事业所形成的历史债务。农民专业合作社刚兴办，没有这类历史债务。这些差异的存在，就决定了对农村集体经济组织要成为单独一类法人组织，其与农民专业合作社是不同的法人类型。

与农村集体经济组织相关的还有一个农村集体经济组织成员资格界定问题。有的意见提出，对农村集体经济组织成员资格的认定，各地做法不一，建议明确成员资格的界定标准。有的意见则认为，农村情况千差万别，农村集体经济组织的形成历史、成员构成和资产组成均不完全相同，出台全国统一的标准难以适应不同情况，不宜由法律作出统一规定。经研究认为，根据中共中央关于农村集体产权制度改革的意见，应当按照尊重历史、兼顾现实、程序规范、群众认可的原则，统筹考虑户籍关系、农村土地承包关系、对集体积累的贡献等因素，协调平衡各方利益，确认农村集体经济组织成员身份。目前，对这个问题，一些地方正在进行改革试点，探索在群众民主协商基础上确认农村集体经济组织成员的具体程序、标准和管理办法。待改革试点结束后，根据试点情况可在相关单行法律中明确这个问题。

《民法总则》虽然赋予了农村集体经济组织的法人地位，但是正如前述，农村集体经济组织法人的设立、变更、终止有许多特殊之处；还面临如何明确其权利、义务关系，如何确定其成员资格，如何健全其组织结构、完善其治理机构，哪些财产可以处分，责任如何承担等一系列问题，对这些问题还有不同意见。而且以明晰农村集体产权归属、维护农村集体经济组织成员权利为目的，以推进集体经营性资产改革为重点任务的农村集体产权制度改革都还在进行中，一些问题还需要进一步的探索。

二、经营与非经营：集体经济功能再定位

（一）公共性与自益性

农村内部各项事务议题主要分为两类：公共服务型类项和个人受益类项。集体经济组织的内生性秩序使得其对两类项均有天然的支撑作用。例如，2020 年以来，合肥市肥西县在全省率先开展村级集体经济组织承接农村公益性项目试点，调动了村级组织和村民的积极性、主动性，也充分壮大了村级集体经济，增强村级组织自我发展、自我服务、自我管理的能力和水平。具体承接了生活垃圾治理、道路日常管护、小型农田水利项目维修养护、“一事一议”民生工程建后管养和公共设施管护等五大类，正向收益的集体经济在自治组织的协同下，为农村内生性秩序提供了源源不断的活力。

集体经济在自益性功能中体现为对个体农民的经济帮扶。以我国脱贫攻坚政策为支持，无论是自上而下的资源承接还是自我产业发展壮大，集体经济充分发挥了统分结合的经营优势，如留坝县确立了“四养一林一旅游”的长中短结合的主导产业。尤其在中短线产业（生态猪、散养鸡、中蜂、食用菌；以中药材、板栗林为主的林下产业）发展中，推行“政府 + 龙头企业 + 扶贫社 + 农户”的“订单农业”模式。在这一模式中，政府确定产业发展方向，做特色品牌，扶持龙头企业；龙头企业拿上政府的“金字招牌”农产品跑市场、拿订单，与村级扶贫社签订单、销售产品；村扶贫社承上启下，对上与龙头企业谈判农产品收购价、承接生产订单，对下执行农产品生产标准，分解订单、组织农民生产，完成订单，并获得龙头企业支付的管理费作为集体积累；农民只需按照与村级扶贫社签订的协议完成生产任务，就可以确保收入。利益链接使这四个环节都在专心做自己最擅长的事，形成了“合理分工、风险共担、利益共享”的经济共同体和覆盖产前、产中、产后全过程的服务体系。

（二）农村力量再组织化

在实行双层经营体制后，农村集体对个体农户的束缚消失，在城镇化进程中，我国农村一直处于人口“空心化”，乡村社会结构“原子化”的大趋势中，当前农村集体经济的再次活化，将使城镇化过程建立于城乡统筹发展

的基础之上。集体经济的健康发展有利于农村内部力量的整合与协调，无论是村民个体还是以经济能人为代表的“新乡贤”都投身到重建农村内部秩序的浪潮中。作为新时代的一种关系型社会资本，是现代乡村社会中社会资本的凝聚“化身”或者“人化”，构建了乡村社会成员之间的合作以及互惠互利网络，增强了乡村振兴的凝聚力，为乡村振兴战略实施提供了内外动力。

农村力量的再组织化的本质是生产力、生产关系、社会资本的注入与协同，体制内工作离退休返乡的官员、教师、医护人员、工人、复转军人，德高望重的老党员和老基层干部，在城市务工创业的“新市民”，回乡建功立业的企业家和从乡村中走出去的大学生、研究生及港澳台同胞、海外侨胞等愿意通过自己的知识、才华、资金、技术为乡村振兴作出贡献，因而具有鲜明的时代特征，这股力量，群体基础广泛，类型多种，包容性强，包括政治精英、道德精英、文化精英、技术精英、商业精英等，有在乡的不在乡的，有国内的国外的，有离退休后叶落归根的，有外出打工创业的，他们具有不同的资源，分属于不同的领域，构成不同的类型，但都满怀乡土情结投身到乡村振兴事业中，为家乡的经济社会建设作出独特的贡献。

三、治理与发展稳态：集体经济牵引与维持

乡村治理与发展的关系本质是上层建筑与经济基础之间的关系，集体经济对村级经济发展自主权与村级治理职能间的矛盾有调节作用，不以集体经济良性经营管理为抓手的二者将互相掣肘。

（一）治理型发展

治理型发展主要是指在经济发达地区，在政府主导下通过村级治理任务的安排和治理项目在村域的有序投放来促进村集体经济发展。从这个层面来说，治理在乡村社会不同发展阶段能够规范和推动集体经济发展。发展型治理则是村集体经济发展到一定程度时，发挥村集体经济的积极作用以追求更有效的治理方式的选择。

自“太湖蓝藻爆发”事件以来，C 村迅速强化了其重污染整治行政职能，限制了乡村地区普遍存在的“低小散”企业和“三高”企业的发展空间，大型企业直接从本村搬离，中小型“作坊式”企业因体量优势相对灵

活，但也受到了一定打击，C 村在面对财政萎缩导致的治理危机时，以集体经济为切入主题，采取了系列“组合拳”，包括村集体厂房翻新整改、集体建设用地腾挪，以此作为前置积极参与多层级政府主导的产业升级或技术换代进程。在经过转型阵痛期后，C 村在政府与市场的共同努力下，从以重污染印染与造纸为主要结构的产业形态转变为船舶、金属工业半成品精加工的技术知识密集型结构，在这一进程中，乡村政府在跨层级治理结构中服从太湖区以环境整治为主的区域规划，以上下财权、事权协调分配，以上对下层级治理任务为催动，以内部集体经济的资产、土地等要素整改为手段，实现了区域协调发展。

迎合市场产业升级与更新，并引导阻断集体经济与低生产效能结合，是乡村集体经济组织在配合上与下治理结构中的治理路径之一。

（二）发展型治理

发展型治理在经济不发达地区或不发达阶段。因技术积累和长三角区域产业链区位优势，C 村太阳能光伏产业尤其是硅片零部件生产业一直是该村集体土地、固定厂房服务的热门，本村集体经济组织亦进行投资参股，然而 2012 年欧盟宣布对我国进行反倾销调查，由于光伏硅片是高度以出口为导向产业，这对 C 村处于产业热情与过度扩张的光伏产业造成严重冲击，C 村为保障光伏行业的急促发展，实现本村治理持续性，在光伏产业协会统筹安排下，制定了提高行业集中度，实现光伏板材规模化、专业分工化生产与经营的治理目标，帮助光伏行业实现平稳落地，促使过热的光伏产业回归理性市场。

第二节　乡村治理：从民主走向合作的进化路径

一、乡村治理的复杂场景与多元格局

（一）后工业化背景下的乡村治理场景转换

进入信息化时代以来，伴随着要素的高速流动化、社会结构和关系的复

杂化和不确定性化、现代社会的去规则化，人类社会逐渐进入后工业化时代。在颠覆性的社会变革下，乡村治理的封闭式、被动式的传统机制陷入“失灵”，而必须放在整个社会治理的系统中去重新考虑。后工业化社会下带给乡村治理的挑战是伴随着要素高速流动、社会结构复杂化以及社会制度“失灵”到来。

我们从要素流动来看形态、结构与边界。要素流动是在一定的空间内进行的。人流、物流、资金流、信息流在实体空间的高速流动使得社会呈现出异质化的特征，原本通过地理划分的空间界限逐渐模糊。不仅在世界范围内呈现出全球化的趋势，也在城市化和逆城市化中得到体现。另外，虚拟空间的出现极大地加快了实体空间中要素的流动速度。互联网所创造的网络虚拟平台本身就是一个去中心、无边界的空间，实体空间中的主体在其中通过信息传输进行资源和要素交换可以克服地理、制度等的传统空间限制①。传统的乡村社会通过土地将农村牢牢地绑在乡村的地理空间内，社会资源和信息来源是以家庭、宗族为单位，血缘或者地缘关系为纽带联结。城乡之间存在着“刚性边界”，通过条块分割的属地原则进行管理。这种科层化的空间关系：一方面明确城乡分工与等级次序，乡村在国家工业化进程中服务于城市发展，逐渐边缘化并丧失活力②；另一方面，作为最基层的行政单元回应着国家的制度和政策安排。自改革开放后中国的市场化的不断推进和现代交通的发展使得城乡之间的流动人口大规模增加，城乡劳动力先后呈现出从农村到城市的单向流动和城乡“双向流动”的趋势。城乡之间虽然依然通过行政区划保持着地理上的划分，但其中的个体却随时随地像“液体”一般流动和融合，新意义上的城乡空间关系正在形成。

要素流动使得原本均质化、同一化、稳定化的社会结构受到冲击，成为一种处在变化中的结构。首先，在横向的社会分化方面，现代化的过程本质上是社会各要素逐渐实现充分分化和整合的过程。这种过程也伴随着主体角色的异质性、主体所属社会空间的独立与自主、分化过程中的依赖性整合的推进：社会成员正从统一的集体中脱离出来，成为一个个独立的、个性化的

---

① 向玉琼：“走向网络治理：流动性背景下的乡村治理变革”，《学习论坛》2021 年第 2 期，第 79 – 87 页。

② 曹现强：“‘大流动时代’给社会治理带来哪些新挑战”，《国家治理》2020 年第 17 期，第 33 – 38 页。

个体。村民依次从宗族、家族、生产大队、合作社等正式的和非正式的集体中脱离，不仅表现在农村人口外流，还表现在农村内部结构的“离心化”现象，即村民对约定俗成的规则和秩序的认同缺失，再也无法形成紧密的村落共同体。这些社会主体由于拥有了自主的社会地位和个体能力，因为构建了各自不同的个人“领域”。村民们完全根据理性依靠自身能力选择生活的地域和从事的工作，而不是被土地、集体限制而被动选择生活和生产方式，在这个意义上，每个个体都构建了自己的个人领域。在未来社会高度分化的情况下，社会中的个体会自然而然地形成紧密的相互依赖关系，在理性、协商和共识基础上的建立积极合作关系，而不是工业社会下对制度和集体的盲从与依附关系。其次，在纵向层级方面，要素在横向分工和纵向层级之间的流动使得整个社会成为一个极具开放性的系统，社会成员不再对集体或者组织带有盲从的依附性，对于自身的社会定位不再稳固在组织内部，而是随着行动过程不断变化。进入城市的农民工在接触城市生活后，对自身的身份定位更加多样化，留在农村里的村民也通过外出亲人、网络等途径接受流入的信息，村庄内部政治权威对村民的影响力逐渐减弱，但同时自治组织的合法性和公信力也随之降低。非稳态和非封闭的社会组织形式摧毁着不平等和等级制的土壤，也动摇了权力和权威生成的基础，理论上的阶级固化和阶级斗争都在松动①。

但正如亨廷顿所说，在社会急剧变革下，公民政治地位和政治意识的提高与国家政治体制的发展滞后之间的矛盾会成为国家与社会不稳定的主要来源之一②。建立在固定化的社会结构上的各种传统制度和机制开始出现“失灵”。在地理界限模糊的现实下，为了把人限制在确定的位置上、保持社会秩序稳态化、社会关系明晰化，现有的治理模式试图通过制度等政治元素对空间关系进行重构，人为划分出政治意义上的空间界限。由于高度社会分化下的乡村个体展现出前所未有的个体意识和差异性，带有高度控制色彩的治理手段已经难以适应新意义的“乡村”，乡村秩序正处于混乱之中，如同一盘散沙；社会成员对自治和民主的期望诉求与现实中各种不合理的机制之间

① 张康之：“论流动性提出的社会治理变革要求”，《西北大学学报（哲学社会科学版）》2019年第3期，第23-32页。

② ［美］塞缪尔·P. 亨廷顿著：《变动社会中的政治秩序》，王冠华等译，上海世纪出版集团2008年版，第4页。

的矛盾不断激化，使得社会层级的不平等和固化进一步加剧，现有的制度构建陷入功能异化并逐渐成为社会不稳定的动因。[①]

（二）作为回应机制的多元治理格局的形成

后工业化背景下要素的高速流动和社会结构的变化催发制度的变迁。为了更好地推进乡村要素的市场化、解决城乡发展不均衡的矛盾，国家层面相继出台了资本下乡、农村集体产权改革等一系列措施，以经济制度引导着政治制度的改革。从国家试点到地方自发探索，农村经济与政治组织形式多样化和精细化并存，不少制度设计效果显著，逐渐形成了治理主体多元化、利益关系复杂化、治理格局动态化的多元治理格局。

1. 治理主体多元化。

传统意义上的乡村治理主体包括正式主体和非正式主体。正式主体主要是指在法律框架和行政体制设计下的内生性主体，包括他治层面的乡镇政府和自治层面的村民委员会、村基层党组织、村民代表大会和普通村民。自《村组法》颁布以来，基层政府和自治组织就在法律制度性和权力性资源的保障下，成为乡政村治格局中的主导力量[②]。包括乡村宗族力量、乡村精英等非正式治理主体在中国传统乡土社会中发挥着道德教化、维持村落文化认同和公共秩序的作用，在市场化下村民呈现出原子化和自利性倾向，村庄也从陷入认同缺失和公共秩序混乱的局面中逐渐淡出乡村政治舞台。但农村宗族势力具有强大生命力，近年来不少学者也提出通过乡村精英重构乡村公共秩序，合理利用非正式主体，以激发农村公共参与和社会资本的蓬勃发展，成为乡村治理重新迸发活力的关键抓手。

除了以上传统的乡村治理主体外，后工业化进程的推进，使得市场力量、工业和城市因素高速介入乡村治理中来。农村土地等生产要素的市场化、资本和资源下乡将企业纳入乡村治理的体系之中。这些市场力量虽然未获得合法性权力，却通过经济、文化和社会资源获得权威，成为乡村治理中不可忽视的重要力量；在应对工业化下乡村“空心化”问题方面，社会公益和志愿

---

① 陈明、慕良泽：“社会分化、分层与民主——基层民主研究的社会结构视角”，《内蒙古社会科学（汉文版）》2012 年第 3 期，第 12－17 页。

② 任艳妮：“乡村治理主体围绕治理资源多元化合作路径探析”，《农村经济》2011 年第 6 期，第 19－23 页。

组织在解决教育、医疗、环境治理中发挥着不可忽视的作用。更重要的是，村民的政治民主意识都有了大幅提升，社会关系也充满动态化和复杂性，不少农民自发组织内生性民间组织，如经济互助小组、生产合作小组、环境保护组织等，通过了解农民需求、维护自身利益有效推进农村社区化治理。这些都可以被看作是市场和工业力量对农村治理格局的影响。

2. 利益关系交叉化。

长期以来实行的城乡二元管理体制下，集体土地的产权秩序决定着乡村利益分配形态和政治格局，进而影响着乡村治理。后工业化进程中的乡村治理呈现出多元利益主体共存又彼此排斥的分利格局，主要就体现在集体土地收益的分配上。新一轮的农村产权制度改革进一步将承包权与经营权加以分离，形成了所有权归集体、承包权归农民、经营权归其他经营主体的产权结构。在这种产权格局中，各产权主体都强调自己的目标和利益，呈现出了乡村利益分配关系的复杂性。

首先，国家公共治理目标与私人利益的冲突。中央政府的诉求在于，在遵守农村土地集体所有和土地用途管制的前提下，土地流转最大限度地按照市场规则进行自由配置，兼顾公平与效率。但农民对承包地与宅基地使用权的用益物权的不断硬化会突破集体土地“公有私用”的边界，使农民滋生出对土地愈益完整的权属意识，由此导致政府代表公共利益的治理目标与农民私人利益的冲突会强化国家与农民之间的对立关系①。农民私人利益集合而成的村庄集体经济组织可能会出现不执行国家政策、组织农民违反政府下达的土地管理、“拆违控违”政策、违规开发土地等行为，集体经济分红也可能存在挤压村庄公共物品供给支出以保障分红的现象②。

其次，作为中央政策在基层的执行者，基层政府的获利空间又与农民权利呈现出反相关关系。例如，在地方发展压力和地区间政绩的竞争体制下，地方政府天然地会压缩农民在土地非农化使用的价值补偿以增加获利空间，站到了被征地农民的对立面。农民不断增长的补偿期望与有限满足之间的反差在地方政府的谋利化行为下再次放大，使得国家与农民之间的矛盾主要体

① 桂华：“从经营制度向财产制度异化——集体农地制度改革的回顾、反思与展望”，《政治经济学评论》2016 年第 5 期，第 126 – 142 页。

② 桂华：“产权秩序与农村基层治理：类型与比较——农村集体产权制度改革的政治分析”，《开放时代》2019 年第 2 期，第 36 – 52，第 6 页。

现为地方——基层政府与农民之间的矛盾[1]。

再次，涉农企业与政府、农户之间也存在目标和行为冲突。当企业的营利活动危害到农村秩序时，企业的盈利化目标可能会与政府的治理目标相冲突。另外，企业为了降低生产成本，会极力压低生产成本。基于农村要素市场化方面法律的不完善，也可能会存在企业不遵守承包合同规定的义务的行为，损害村民利益。

最后，村庄内部也存在严重的利益分化。工业化的发展已经使得乡村面临村落集体认同的丧失与公共秩序的崩溃，村民的自利化倾向与集体公共意识之间的矛盾逐渐激化。这种冲突在后工业化的不断推进中可能会更加显化，农民政治和产权意识的强化、人口外迁和内流对原本固定化的利益分配的反抗、高频率的信息传递和关系变化与现有的固定化的经济和政治制度之间的对冲使得乡村治理正在面临前所未有的挑战。

3. 治理格局复杂化。

原先乡村公共事务管理依赖于乡规民约和宗族、乡绅等权威的认同，乡村治理主体一定程度上仅限于乡村内部和国家。作为乡村进入市场化情境中的回应，多元化的治理主体出现，且为了解决各主体间的利益冲突和纠纷，各治理主体都利用自己的资源优势扫除实现目标的障碍，但却由此进一步导致了各主体间的矛盾加剧。各主体的回应机制与行为逻辑交叉融合，构成了目前乡村复杂化的治理格局。

作为农村制度改革的主导者，在企业的效率目标与政府的公平目标相冲突、或者村民的个人利益取向与政府的公共利益取向相冲突时，政府一般是通过行政干预的手段。例如，利用政策变迁调整各方主体之间的关系，强制企业与农民服从其治理目标。而在地方政府与农民的利益冲突中，地方政府可能会操控村庄自治组织，勾结企业资本甚至是乡村黑恶势力，充分利用公共权力把农村土地作为经营的本钱，以实现获得财政收入和政绩的目标[2]。结果就是国家与企业、农民的冲突不仅得不到有效解决，甚至愈演愈烈。

下乡企业在解决盈利最大化目标与国家政策、农户意愿之间的冲突时，

---

① 吴毅、陈颀："农地制度变革的路径、空间与界限——'赋权—限权'下行动互构的视角"，《社会学研究》2015 年第 5 期，第 36 - 62，243 页。

② 张良："'资本下乡'背景下的乡村治理公共性建构"，《中国农村观察》2016 年第 3 期，第 6 - 26，94 页。

最常见也是最常用的方式就是权力寻租。权力寻租的对象一般是乡镇政府或者村委会，通过村委会召开村民动员会的方式进行动员，再由村民小组长利用金钱利益、人情面子等对村民进行逐个击破，甚至一些地区也出现了部分村干部与乡村精英、乡村黑恶势力相互勾结对“钉子户”进行压迫的策略。企业的盈利机制依赖于基层政府的支持①。企业与乡镇政府、村级组织共同分享盈利的背后，是对农民权益表达的漠视和村庄公共利益的背离，企业和村民的矛盾因此进一步激化。

由于信息势差的存在，村民在乡村治理的权力表达、政策决策与执行中被边缘化。弱小的村民无力抵抗各种经济和政治权威体制对其权利的侵蚀，逐渐丧失了参与村庄公共事务治理的积极性，游离于村庄政治体系之外。部分较为发达地区的农民民主意识较强，为了维护自己的土地权益会联合起来一致对外，呈现出村民小组的高组织性、高封闭性和组强村弱的趋势。由于存在只注重小集体利益而忽视公共利益的情况，村民小组有时与政府治理目标相冲突，使得乡镇政府和基层党组织丧失领导力，乡村治理脱离政府控制。

二、基层民主形式与实质分离中的乡村治理困境

（一）基层民主追求中的形式与实质分离

在乡村治理的新场景和新治理机制中，我们可以看到的是多方主体的目标多样化和行为复杂性，目标和利益的交叉显示出冲突和纠纷。但各地方关于如何突破乡村治理困境研究却集中在，如何改进村民自治的基层民主形式，才能保证村委会行为的公共性和村民的话语权。无论是自上而下政策建构，还是自下而上的地方探索，都以民主体制的改革方式进行着。近些年来参与式民主、协商民主、合作民主等民主形式相继被提出，治理理念和配套制度设计的更新反映出社会自主性和公民权利在乡村治理中的重要性，但从实践上看，由于民主机制设计与日益复杂化的乡村网络的脱离，各种民主形式的设计总是陷入名存实亡的困境。

① 张良：“‘资本下乡’背景下的乡村治理公共性建构”，《中国农村观察》2016 年第 3 期，第 6－26，94 页。

我国乡村治理的村民自治模式是基层民主中最重要的内容之一。“民主”作为一种舶来品，由希腊词 Demos（人民）和 Kratia（权力和统治）两个词合成，意为“人民的政权或人民的统治”，随着国家和阶级的产生而产生，并随之变化而发展出丰富的内涵。其基本内涵在于由人民作为国家的主人支配和管理社会生活中的各种公共事务，人民是建立在自由、平等和广泛的基础上行使一种社会管理的职能。20 世纪以来，西方民主形式产生了诸如精英民主理论、多元民主理论、自由民主理论、参与民主理论、协商民主理论、强势民主理论、民主社会主义思潮等学说和流派。

民主作为工业化社会的一种价值共识引入现代国家的政治体制之中。不同的历史传统、文化渊源、民族宗教、经济社会、政治哲学、政治实践，乃至国家外部环境、国际因素等对民主不同的理解使得民主实现形式在不同国家表现出多样性。就中国而言，中国的民主发展一直以来是在基层民主特别是在农村基层民主的探索过程中得到突破并不断向前发展的[①]。

我国的基层民主是建立在实体主义农村观上建立的制度体系[②]。人民公社解体后，基层政权组织形式由“政社合一”向“乡政村治”转变。1987 年通过的《村民委员会组织法（试行）》，确定了村民委员会的地位，规定“村民委员会是村民自我管理、自我教育、自我服务的基层群众性自治组织，实行民主选举、民主决策、民主管理、民主监督”。[③] 随着中国社会的发展，一方面后税费时期基层政府治理资源的短缺造成治理能力的弱化，另一方面市场经济因素的生长和农村社会利益结构的复杂使得农民被卷入开放的、流动的社会化体系之中。面对上述两方面因素对农村基层民主治理能力提出的新挑战和新要求，地方自发探索出了“一事一议”“议事堂”等民主管理形式，产生了“政经分离”“村社合一”等实现村民自治的组织和制度设计，学界的研究热点也从“选举民主”向“协商民主”、“参与民主”等民主实现形式进行扩散。

现代农村基层民主的探索一直是通过形式的完善以达到接近民主实质的

① 王诗文：“中国基层民主发展对于民主理论的挑战——关于中国村民自治的思考”，《法制与社会》2012 年第 13 期，第 205－206 页。

② 吴越菲：“重建关系性的‘乡村’：实体主义乡村发展观的关系转向及其实践脉络”，《南京农业大学学报（社会科学版）》2019 年第 4 期，第 28－36，157 页。

③ 白启鹏：“中国农村基层民主发展研究”，博士论文。

目的，包括对村民自治组织机构、制度规则和利益关系等的设计。民主形式不断变化是为了解决不同时期农村民主需求的变化和农村社会的自治问题，但是在实践的过程中，越来越复杂的民主形式却因为脱离农村社会现实而流于形式，最终反而与民主价值相背离。例如，在代议制民主饱受诟病的现实下，从西方引入的协商民主已经成为目前基层治理理论和实践的主流民主话语之一。但从苏南农村的实践来看，缺乏法律和制度支撑下的基层协商民主正面临着结构困境，其与村民代表大会之间的功能错位造成了乡村自治体系的混乱。此外，协商民主与代议制民主一样陷入了“威权主义”的困境，协商民主对于参与者理性门槛的限制和高昂的成本使得村委会和乡村精英成为主导者，会议进程也被精英所掌控，所做出的决定往往是为了迎合或是推广上层政策，普通村民依然被排斥在协商进程之外，面临“话语失灵”的困境。精英主导和自上而下的制度安排最终使得协商民主与代议制民主殊途同归。

从以投票为中心的选举民主到以对话为中心的协商民主，囿于乡村治理现实情境与治理主体的政治素养，基层民主的实践并没有实现其设计初衷，而是陷入了一种近乎偏执的自我复制中去。乡村治理对于基层民主形式的偏执是受到工业社会的技术主义的影响的。法默尔提到，在我们正在经历的工业文明中，技术理性对自然与社会过程的控制正在蔓延。研究者们运用规则、组织、技术可以把握乡村治理局面，但这种把握却只是获得了一种形式合理性，抽离了乡村社会中复杂的利益关系和治理的真正内涵。实质民主的实现，需要民主内容与形式的统一。

不可否认，基层民主自五四运动以来对于解放新思想、破除封建糟粕做出了不可磨灭的贡献，但我们也可以看到，随着我国现代化的建设、思想力量的强大，从学者到民众都认识到西方民主的发展模式并不是完全适合于所有国家，尤其是对一些发展中国家而言，在经济、政治秩序未建立起来之前，高度自由化、民主化的政治体制极有可能成为社会不稳定的动因。因此，民主治理绝不能跟在西方国家自由主义民主后亦步亦趋，而必须在立足国情的基础上实现中国特色民主化。

另外，民主在一定程度上成为西方制衡发展中国家的工具，不少发展中国家、社会主义国家都被贴上了“专制”“独裁”“不民主”的标签。在我们引进民主这种价值时同时也引进了西方对于民主的评判标准，这种标准带着居高临下的批判告诉我们：非选举是不民主的、没有言论自由是不民主的、非西方自由主义的民主就是不民主的。这种两级对立（民主——威权）来对国家政治体制进行评判的视角影响着我们国家治理的思维理念，进一步渗透在我们的治理政策中。

实际上，当我们过度纠结于是否符合那些所谓“民主的条件”时，我们就陷入了制度——结构主义的漩涡中了。乡村治理的目标不再是治理有效，而是民主。一切公共政策的提出都要尽可能地体现民主的程序和规范，而实施过程中的冲突和不满都视为民主形式设计的失败，在此基础上愈发努力地精细化以靠近民主的标准，最终则会陷入形式民主。

（二）后工业化背景下民主治理的功能异化

基层民主作为工业社会的产物，是基于同质性、固定社会结构下形成的制度体系①，在低度复杂性和不确定性的情境中尚能实现功能。但是我国乡村的基层民主在后工业化的进程中的不适配性越来越凸显，出现了民主的异化。

1. 民主机制下的治理边界的封闭化。

随着城乡地理边界的模糊，很多农村问题不仅仅局限在乡村的实体空间内部，而已经发展成为与城市要素息息相关的共生性问题，乡村治理也不再只是依靠村民自治这种封闭式的治理体系就能完成。农村基层民主通过村民自治实现，而乡村治理通过村民自治却远远不能实现治理效能。这反映出民主制度的封闭性，它将农村作为一个封闭的实体地理空间进行治理，而忽视了农村也是作为整个社会的一部分存在的。以往民主作为稳定的农村社会的治理工具尚可，而城乡资源要素的高速流动和社会关系的混合对乡村的民主治理结构提出了挑战。

2. 民主机制下主客体关系的固定化。

民主结构遵从自上而下的等级体系，问题界定和决策的做出都是由固定的组织成员决定的，组织成员之间的分工和角色是僵化的，这种限制无法发挥出每个村民的主动性和创造性。自 20 世纪 90 年代以后，工业化、城市化和市场化的迅速发展下，大量的农村人口特别是青壮年向城市流动。一方面，大量欠发达地区农村形成了“空心化”现象。在民主结构下，作为决策和协

---

① 王珂、陈鹏：“异化民主：对西方自由主义民主‘批判’的批判”，《湖湘论坛》2021 年第 3 期，第 62 – 73 页。

商主力的青壮年主体缺失，留守的老年和儿童因缺乏民主意识且力量弱小难以独立而有效发挥民主效能；以往在乡村治理中发挥“主心骨”作用的乡村精英也外出寻求更好的发展机会，能力低下的“边缘型”乡村精英逐渐依附于基层政府谋取个人利益，民主的程序和制度设计形同虚设，村落共同体的社会认同面临崩塌。在人口大量流失的背景下，民主陷入停滞状态，响应政策而进行的结构改进和制度建构不过是建立在理论想象上不断地自我重复。另一方面，越来越多的产业选择在东南部发达地区农村设厂，大量外来打工人口涌入使得这类城市化村庄原有的经济、社会秩序被打破。一般来说，发达地区农村集体经济发达，享有土地集体产权、分红等经济资源的本地人口自然而然在公共事务的决策和执行上拥有话语权。而外来流动人口的基本权利被排斥在固定的民主制度等政治体系之外，在解决村庄的公共问题上只能作为被治理的对象和不稳定的潜在因素，这种以户籍制度为基础的身份和权利的不平等打击了外来人口参与村庄治理的积极性，最终限制了民主的包容性①。

3. 民主机制下的制度体系的刚性。

目前民主的几种形式都是以固定化的乡村社会结构和社会关系为前提的，由此进行的制度安排和治理手段的反复创新和革新都是事后解决型的，具有迟缓性的。

我国基层民主制度建构的基本方式都是自上而下的，村民自治以行政嵌入式方式进行安排，在实质上沦为基层政府的下级行政机构。从国家——社会关系的理论上看，国家与乡村社会还处于一种控制与被控制的关系之中。这种控制关系下沉到基层就表现为基层政府对于农村公共事务的过度干预。为了保持乡村社会的稳定，基层政府试图通过清晰的权责关系、固定的决策程序对乡村秩序进行控制。现代化的发展已经改变了原本农村的同质化本质，社会的高度分化造成的异质性个体的普遍存在、各种资源和要素在所有空间上的加速流动和变化已经冲破了这种限制，使得乡村社会秩序出现了意料不到的混乱，而传统的具有压制性的民主设计试图对问题的控制是徒劳的②。

---

① 熊易寒：“‘半城市化’对中国乡村民主的挑战”，《华中师范大学学报（人文社会科学版）》2012 年第 1 期，第 28 – 34 页。

② 向玉琼：“走向网络治理：流动性背景下的乡村治理变革”，《学习论坛》2021 年第 2 期，第 79 – 87 页。

僵化的机制只能在问题出现进行补救，而不能灵活进行预测和预防，这恰恰是后工业化社会所提出的核心要求。乡村的社会结构不再是同质化的，社会关系也不再是线性的，而是随时在变化，民主和乡村治理机制如果不能比社会形势更快地做出调整，发展出一套自我更新和创新的机制，那就注定会陷入无效率和无休止的重复中。

三、朝向基层实质民主的合作治理进化路径

以共识和共同目标作为前提，各个乡村治理主体自发缔结合作关系，同时进行决策和执行，对行动效果及时进行反馈，作为实现共识的润滑剂的行动形式不断创新，最终形成自发循环优化的行动者网络结构，实现乡村治理的进化。

（一）平等和信任是合作治理的内核

多元主体、参与式治理、协商民主等新型治理模式中同样渗透着合作的元素，也强调了社会主体的地位，但这种关系始终没能摆脱政府中心主义的前提，社会自治仅限于政策的执行阶段，问题界定、决策、制度建构等成为政府的独占性权力。根本上来看，只有少数精英处于治理地位，大多数人都成为社会治理边缘的被治理者。

而合作治理的前提是成熟的市民社会[①]。罗伯特·阿克塞尔罗在他的《合作的进化》一书中利用社会博弈模式首先肯定了在没有集权的自私自利者中合作发生的可能性，这种合作行为发生在没有集权控制之下，这应用到政治学领域得出的结论是“政府不能只靠威胁来统治，而必须使大多数被统治者自愿服从”[②]。合作的理论假设要求政府脱离以往的权威身份，村民能够成为时刻为自己利益考虑的真正的公民。合作的前提永远都是实在的未来价值，而做出合作选择的重要因素是过去经验的影响。以往主体间是否有过合作、合作的结果是否有价值，是合作关系能否持续的依据。

包括信任、规范和网络在内的社会资本在破除公共领域的治理方面的

---

① 黄建伟、刘军：“社会治理变革中的合作治理：辨析、建构与展望”，《湖南社会科学》2019年第1期，第32－40页。

② 罗伯特·阿克塞尔罗德著：《合作的进化》，吴坚忠译，上海人民出版社2007年版。

“集体行动的逻辑”，促进自发合作方面被证明是有效的。信任是社会资本中必不可少的组成部分，因为信任和合作之间存在良性循环。在复杂性日益增长的现代社会中，为了增强社会信任，需通过两个相互联系方面产生互惠规范和公民合作网络。通过互相持续的交换等价值的产品的普遍互惠规范，逐渐形成了密集的社会交换网络，促进了集体行动困境的解决。合作结构从以往的权威——边缘结构向多中心结构转变，围绕着共识、多中心进行决策后各自行动。合作关系也不再是“依附—服从”的关系，村民应该在行动中表达自己的利益诉求，地方政府就利益达成共识的部分选择合作，双方在利益均得到满足的情况下自愿开展合作。合作的公平不是靠组织规则和制度来约束，而是由对双方未来交易的好处的预期来保证的。

（二）行动与制度的互促是合作治理的逻辑

后工业化社会下的治理体系必须是促进流动性、扫除要素流动的障碍的。在这方面，行动主义超越制度主义显示出其优势。相比起制度优于行动，行动主义并不遵循一般的问题建构——方案提出——最优方案决策——政策执行等一般的公共政策程序，也不拘泥于种种事先预定好的制度，而是由大量行动主体自主的实施自己的想法，自发进行合作。在行动中，也会存在利益冲突和背叛行为，使得预期的利益不能实现，这时需要外来的权威和规范维持合作主体间的信任，提高行动效率，但这种制度不是固定的，当其阻碍而不是促进行动开展时，随时可以被行为主体打破。由于不存在权威进行先验性的制度设计，社会治理的科层制和中心边缘结构被网络结构所替代，制度供给不再是政府的专属职能，而是由社会治理的每个行动者能动构建，达成制度与行动的互促①。

在中国的乡村治理中，政府需要扮演着外来权威者的角色，制定乡村发展战略，引导乡村发展方向，但却不参与具体行动方案的制订，而是维持地方政府、企业、社会组织和村民的平衡。在违反合作共识、破坏合作预期的行为出现时，合作网络中被背叛的一方会快速对背叛行为做出反应。这种迅速做出反馈的机制会不断自我强化，告诉政府，村民真正的价值需求是什么，选择合作的条件是什么，做什么会引起村民的愤怒，进一步建立起合作的秩

① 周军：“政府模式变革的坐标”，博士论文。

序。但这要求村民必须有与其他合作主体同等的地位和权力，在政府做出损害自身利益的行为后有力量进行反抗。

（三）网络结构是合作治理的机理

当治理聚焦于问题解决而不是权力分配，聚焦于行动而不是制度，传统的中心——边缘结构也将逐渐消解。社会中的一个个主体因为共同关注的问题、牵扯的利益和共识联结起来，形成网状结构。每个个体可以同时参与多个问题的行动构建，与多个节点发生联系，而且这种行动关系可以随时形成，也可以随时终止。在这种网状结构中，以问题而不是权威为中心意味着各个节点都是平等的地位，都有同样发表意见的权利，每个节点间的互动都会对整个治理网络产生影响并得到回应①。这种网络关系以共识为基础，以行动开展。在乡村治理网络中，只要是关心乡村相关公共问题的人，无论居住在城市还是乡村，都可以参与到公共问题的行动构建中。更重要的是，行动构建中不存在决策者和执行者的绝对区分，每个节点自由选择行动内容，在合作中不仅可以实现分工最大化，而且充分调动了行动者的积极性和自主性。行动过程中也会有矛盾和冲突产生，行动方案也可能没有达到最优效果，但由于淡化了权力、等级等，网络内部并不纠结于找出责任承担者，而是专注于寻找问题并加以改进和优化。

以信任、平等和共识为基础，在行动主义中构建的网状治理结构，能帮助我们跳出形式民主的内卷化局面，聚焦乡村治理的问题和行动。在后工业化的多元化治理主体和复杂化治理格局下，这种内部自我创新和进化的合作模式将发挥出巨大的生命力，使乡村治理走向实质民主。

---

① 向玉琼："从制度主义转向行动主义的社会治理——读张康之教授《公共行政的行动主义》"，《北京行政学院学报》2015 年第 5 期，第 58－68 页。

主要参考文献

[1] [美] 简·芳汀:《构建虚拟政府——信息技术与制度创新》,邵国松译,北京:中国人民大学出版社 2010 年版。

[2] [美] 盖伊·彼得斯:《政府管理与公共服务的新思维》,载《西方国家行政改革述评(中文版)》,北京:国家行政学院出版社 1998 年版。

[3] [美] 塞缪尔·P. 亨廷顿:《变动社会中的政治秩序》,王冠华等译,上海:上海世纪出版集团 2008 年版。

[4] [英] 亚当·斯密著:《国富论》,郭大力、王亚南译,北京:商务印书馆 2015 年版。

[5] Wagstaff, Adam & Menno Pradhan. *Health Insurance Impact on Health and Nomedical Consumption in a Developing Country*. The World Bank. 2005.

[6] Bandura, A. Social Learning Theory. Prentice Hall, 1977.

[7] Cairncross, Frances. *The Death of Distance: How the Communications Revolution Will Change Our Lives*. Harvard Business School Press, 1997.

[8] Carroll, James D. Service, Knowledge, and Choice: The Future as Post - Industrial Administration. *Public Administration Review*, 1975, 35 (6), 578 - 581.

[9] Lukić, Aleksandar Theorizing Rural Space. Croatian Geographical Bulletin, 2010, 72 (2), 74 - 75.

[10] Wilson, J. Q. & Kelling, G. L. (1982). Broken Windows: The Police and Neighborhood Safety. The Atlantic Monthly, 249 (03), 29 - 38.

[11] 安徽省统计局、国家统计局安徽调查总队:《2020 年安徽省国民经济和社会发展统计公报》。

[12] 白重恩、李宏彬、吴斌珍:《医疗保险与消费:来自新型农村合作医疗的证据》,《经济研究》,2012 年第 2 期。

［13］蔡秀玲、陈贵珍：《乡村振兴与城镇化进程中城乡要素双向配置》，《社会科学研究》，2018 年第 6 期。

［14］曹锦清：《黄河边的中国：一个学者对乡村社会的观察与思考》，上海：上海文艺出版社 2001 年版。

［15］曹现强：《“大流动时代”给社会治理带来哪些新挑战》，《国家治理》，2020 年第 17 期。

［16］陈柏峰：《熟人社会：村庄秩序机制的理想型探究》，《社会》，2011 年第 1 期。

［17］陈明、慕良泽：《社会分化、分层与民主——基层民主研究的社会结构视角》，《内蒙古社会科学（汉文版）》，2012 年第 3 期。

［18］陈沛然、汪娟娟：《城乡融合发展背景下新型农村社区公共服务能力提升路径研究——基于南京市江宁区的案例分析》，《中州学刊》，2020 年第 12 期。

［19］陈潭：《大数据驱动社会治理的创新转向》，《行政论坛》，2016 年第 6 期。

［20］［英］格里·斯托克、华夏风：《作为理论的治理：五个论点》，《国际社会科学杂志（中文版）》，1999 年第 1 期。

［21］桂华：《产权秩序与农村基层治理：类型与比较——农村集体产权制度改革的政治分析》，《开放时代》，2019 年第 2 期。

［22］桂华：《从经营制度向财产制度异化——集体农地制度改革的回顾、反思与展望》，《政治经济学评论》，2016 年第 5 期。

［23］郭佳良：《找回行动主义：技术理性失灵背景下公共价值管理研究的展开逻辑》，《公共管理与政策评论》，2019 年第 3 期。

［24］韩俊：《破除城乡二元结构走城乡融合发展道路》，《理论视野》，2018 年第 11 期。

［25］胡宏伟：《城镇居民医疗保险对卫生服务利用的影响——政策效应与稳健性检验》，《中南财经政法大学学报》，2012 年第 5 期。

［26］黄建伟、刘军：《社会治理变革中的合作治理：辨析、建构与展望》，《湖南社会科学》，2019 年第 1 期。

［27］黄学军、吴冲锋：《社会医疗保险对预防性储蓄的挤出效应研究》，《世界经济》，2006 年第 8 期。

［28］江苏省统计局、国家统计局江苏调查总队：《2020年江苏省国民经济和社会发展统计公报》。

［29］江苏省信息化监测课题组：《江苏省信息化发展水平监测报告》，《统计科学与实践》，2019年第3期。

［30］江苏省信息中心信息化促进处：《江苏信息社会发展水平报告(2018)》，《市场周刊》，2018年12期。

［31］姜妍：《从节约成本角度思考的公共产品与服务》，《中国管理信息化》，2020年第11期。

［32］孔祥智：《农村社区股份合作社的股权设置及权能研究》，《理论探索》，2017年第3期。

［33］李本森：《破窗理论与美国的犯罪控制》，《中国社会科学》，2010年第5期。

［34］李道亮：《城乡一体化发展的思维方式变革——论现代城市经济中的智慧农业》，《人民论坛·学术前沿》，2015年第17期。

［35］李珍珍、封进：《教育对健康的影响——基于上海家庭调查数据的研究》，《中国劳动经济学》，2006年第4期。

［36］刘伟、伊同亮：《关于军事智能与深度态势感知的几点思考》，《军事运筹与系统工程》，2019年第4期。

［37］刘孝斌：《长三角地区乡村基层治理影响因素分析——来自浙江省德清县三林村的调研》，《上海农村经济》，2019年第11期。

［38］刘志彪：《苏南新集体经济的崛起：途径、特征与发展方向》，《南京大学学报（哲学·人文科学·社会科学）》，2016年第2期。

［39］刘祖云、李震：《城市包容乡村：破解城乡二元的发展观》，《学海》，2013年第1期。

［40］刘祖云、王丹：《“乡村振兴”战略落地的技术支持》，《南京农业大学学报（社会科学版）》，2018年第4期。

［41］刘祖云等：《江苏农村发展报告2018》，北京：中国农业出版社2019年版。

［42］陆林：《融入与排斥的两难：农民工入城的困境分析》，《西南大学学报（社会科学版）》，2007年第6期。

［43］［美］罗伯特·阿克塞尔罗德：《合作的进化》，吴坚忠译，上海：

上海人民出版社 2007 年版。

[44] 吕德文：《乡村治理 70 年：国家治理现代化的视角》，《南京农业大学学报（社会科学版）》，2019 年第 4 期。

[45] 马俊军：《服务型政府视野下的乡村公共服务体系构建》，《农村经济》，2011 年第 3 期。

[46] 马双、臧文斌、甘犁：《新型农村合作医疗保险对农村居民食物消费的影响分析》，《经济学（季刊）》，2010 年第 1 期。

[47] 穆克瑞：《新发展阶段城乡融合发展的主要障碍及突破方向》，《行政管理改革》，2021 年第 1 期。

[48] 宁满秀、潘丹、李晓岚：《新型农村合作医疗对农户预防性储蓄的挤出效应研究——基于 CHNS 数据的经验分析》，《福建农林大学学报（哲学社会科学版）》，2010 年第 3 期。

[49] 任艳妮：《乡村治理主体围绕治理资源多元化合作路径探析》，《农村经济》，2011 年第 6 期。

[50] 上海市统计局、国家统计局上海调查总队：《2020 年上海市国民经济和社会发展统计公报》。

[51] 申志伟、蒋远胜：《中西部地区农户风险应对策略研究——基于山西和四川 100 个样本调查》，《乡镇经济》，2008 年第 3 期。

[52] 沈大风：《电子政务发展前沿（2012）》，北京：中国经济出版社 2012 年版。

[53] 沈于、陈柳：《正外部性：理解农村集体经济的一个视角——以苏南地区为例》，《南京社会科学》，2018 年第 3 期。

[54] 史清华、顾海英：《农户消费行为与家庭医疗保障》，《华南农业大学学报（社会科学版）》，2004 年第 3 期。

[55] 苏丽琴等：《江苏网络强省建设的路径研究》，《江苏科技信息》，2018 年第 23 期。

[56] 王海娟、贺雪峰：《资源下乡与分利秩序的形成》，《学习与探索》，2015 年第 2 期。

[57] 王珂、陈鹏：《异化民主：对西方自由主义民主“批判”的批判》，《湖湘论坛》，2021 年第 3 期。

[58] 王诗文：《中国基层民主发展对于民主理论的挑战——关于中国村

民自治的思考》,《法制与社会》, 2012 年第 13 期。

［59］王颂吉、魏后凯:《城乡融合发展视角下的乡村振兴战略: 提出背景与内在逻辑》《农村经济》, 2019 年第 1 期。

［60］王翌秋、雷晓燕:《中国农村老年人的医疗消费与健康状况: 新农合带来的变化》,《南京农业大学学报（社会科学版)》, 2011 年第 2 期。

［61］吴毅、陈颀:《农地制度变革的路径、空间与界限——“赋权—限权”下行动互构的视角》,《社会学研究》, 2015 年第 5 期。

［62］吴越菲:《重建关系性的“乡村”: 实体主义乡村发展观的关系转向及其实践脉络》,《南京农业大学学报（社会科学版)》, 2019 年第 4 期。

［63］武小龙:《城乡对称互惠共生发展: 一种新型城乡关系的解释框架》,《农业经济问题》, 2018 年第 4 期。

［64］夏永祥:“‘苏南模式’中集体经济的改革与嬗变: 以苏州市为例”,《苏州大学学报（哲学社会科学版)》, 2014 年第 1 期。

［65］向玉琼:《走向网络治理: 流动性背景下的乡村治理变革》,《学习论坛》, 2021 年第 2 期。

［66］肖盼晴:《产权改革背景下农村集体成员权的权利结构与功能实现》,《华中农业大学学报（社会科学版)》, 2021 年第 3 期。

［67］熊易寒:《“半城市化”对中国乡村民主的挑战》,《华中师范大学学报（人文社会科学版)》, 2012 年第 1 期。

［68］杨大蓉:《中国智慧农业产业发展策略》,《江苏农业科学》, 2014 年第 4 期。

［69］岳爱、杨矗等:《新型农村社会养老保险对家庭日常费用支出的影响》,《管理世界》, 2013 年第 8 期。

［70］张婵娟、尚虎平:《农村基本公共服务“过犹不及”诱致的逆向不均等——面向东中西部 24 个乡村的实证探索》, 《行政论坛》, 2020 年第 6 期。

［71］张浩、冯淑怡、曲福田:《“权释”农村集体产权制度改革: 理论逻辑和案例证据》,《管理世界》, 2021 年第 2 期。

［72］张康之、程丹:《论不确定环境下的组织快速反应》,《新视野》, 2008 年第 1 期。

［73］张康之:《论合作》,《南京大学学报（哲学·人文科学·社会科

学)》，2007 年第 5 期。

[74] 张康之：《论流动性提出的社会治理变革要求》，《西北大学学报(哲学社会科学版)》，2019 年第 3 期。

[75] 张康之：《论社会的网络结构》，《理论学刊》，2008 年第 3 期。

[76] 张康之：《公共行政的行动主义》，南京：江苏人民出版社 2014 年版。

[77] 张立、郭施宏：《政策压力、目标替代与集体经济内卷化》，《公共管理学报》，2019 年第 3 期。

[78] 张良：《“资本下乡”背景下的乡村治理公共性建构》，《中国农村观察》，2016 年第 3 期。

[79] 张乾友：《匿名、匿名社会及其治理》，《社会学评论》，2015 年第 3 期。

[80] 张荣天、焦华富、张小林：《长三角地区县域乡村类型划分与乡村性评价》，《南京师大学报（自然科学版)》，2014 年第 3 期。

[81] 浙江省统计局、国家统计局浙江调查总队：《2020 年浙江省国民经济和社会发展统计公报》。

[82] 郑杭生、陆益龙：《开放、改革与包容性发展——大转型大流动时期的城市流动人口管理》，《学海》，2011 年第 6 期。

[83] 周定财：《前瞻性政府：公共危机治理的政府模式选择》，《领导科学》，2010 年第 5 期。

[84] 周军、程倩：《全球化、后工业化对社会治理的挑战》，《党政研究》，2014 年第 6 期。

[85] 周军：《从管理到服务：知识视野下的政府模式变革》，《南京农业大学学报（社会科版)》，2014 年第 2 期。

[86] 周军：《后工业化进程中社会治理责任承担的新路径》，《社会主义研究》，2014 年第 3 期。

[87] 周军：《加速化社会的治理方案：从固化模式到灵活行动》，《河南师范大学学报（哲学社会科学版)》，2021 年第 1 期。

[88] 周军：《社会治理后工业分析的四个切入点》，《天府新论》，2014 年第 1 期。

[89] 周军：《在社会网络结构生成中变革政府模式》，《行政论坛》，

2016 年第 2 期。

[90] 周晓艳、汪德华、李钧鹏:《新型农村合作医疗对中国农村居民储蓄行为影响的实证分析》,《经济科学》,2011 年第 2 期。

[91] 卓越:《行政成本的制度分析》,《中国行政管理》,2001 年第 3 期。